UN NUEVO SABER
LOS ESTUDIOS DE MUJERES

TEZONTLE

Un nuevo saber. Los estudios de mujeres
Marysa Navarro y Catharine R. Stimpson (compiladoras)

Marysa Navarro enseña Historia de América Latina en Dartmouth College, donde ha sido decana asociada de Ciencias Sociales, es Charles Collis Professor of History y directora del Programa de Estudios Latinoamericanos.

Catharine R. Stimpson es editora fundadora de *Signs: Journal of Women in Culture and Society*. Ha participado en los estudios de mujeres y de género desde los años sesenta. En 1990 fue elegida presidenta de la Modern Language Association. En la actualidad es University Professor y decana de estudios graduados en New York University.

UN NUEVO SABER
LOS ESTUDIOS DE MUJERES

Nuevas direcciones

MARYSA NAVARRO
CATHARINE R. STIMPSON
COMPILADORAS

FONDO
DE CULTURA
ECONÓMICA

MÉXICO - ARGENTINA - BRASIL - COLOMBIA - CHILE - ESPAÑA
ESTADOS UNIDOS DE AMÉRICA - PERÚ - VENEZUELA

Primera edición en español, 2001

Nuevas direcciones

Este libro ha sido patrocinado por el Comité LASA / Ford - Estudios de Género en las Américas

ISBN: 950-557-423-1

IMPRESO EN ARGENTINA
Hecho el depósito que previene la ley 11.723

Prólogo

El surgimiento y desarrollo de los movimientos feministas, uno de los grandes acontecimientos del siglo XX, ha tenido un impacto notable en el mundo entero. En los Estados Unidos, entre sus muchos objetivos, ambiciones y deseos, ha buscado sobre todo la reforma de la educación, una reforma que:

- insiste en el ingreso de niños y niñas, en igualdad de condiciones, tanto a la enseñanza primaria y secundaria como a la universitaria y a la profesional;
- promueve la igualdad de oportunidades tanto para hombres como para mujeres en todas las instituciones educacionales;
- propone el cambio de los planes de estudio a todos los niveles para que éstos reflejen adecuadamente la diversidad de vida de las mujeres;
- pide que se permita y estimule a las mujeres y a las jóvenes para que hablen de sus experiencias de vida e
- insiste en que los medios de comunicación y de la cultura representen las vidas de las mujeres adecuada e imparcialmente.

Porque las naciones determinan la naturaleza de la educación dentro de sus fronteras, son muchos los movimientos de mujeres que trabajan para cambiar las instituciones nacionales y locales. Y como vivimos en un mundo global, y además el feminismo ha sido un movimiento internacional desde su nacimiento, son muchas las redes regionales e internacionales que conectan las transformaciones nacionales.

Ciertas reuniones internacionales han jugado un papel crucial en el desarrollo de estas redes, en especial algunas conferencias mundiales auspiciadas por las Naciones Unidas, con reuniones paralelas de organizaciones no gubernamentales (ONGs), celebradas en México (1975), Copenhague (1980), Nairobi (1985) y Beijing (1995). Un detalle que da una idea de la importancia de estas conferencias es que unas 6.000 mujeres participaron en la reunión de

México, mientras que unas 30.000 asistieron al Foro de ONGs de Beijing/Huairou.

En América Latina, debemos recalcar dos reuniones académicas. La primera fue la Conferencia sobre Perspectivas Femeninas en las Ciencias Sociales que se celebró en el Instituto Di Tella de Buenos Aires, en 1974. La segunda fue la Conferencia sobre Mujeres y Desarrollo que tuvo lugar en el Wellesley College, Estados Unidos, en 1976. La revista *Signs,* una de las principales publicaciones académicas creadas por el movimiento feminista en las universidades norteamericanas, publicó varios de los trabajos presentados en esta conferencia y también un volumen especial, *Women and National Development: The Complexities of Change*, editado por The Wellesley Editorial Committee (Chicago: The University of Chicago Press, 1977). Para las latinoamericanistas, sin embargo, fueran norteamericanas, caribeñas o latinoamericanas, éstos no fueron los primeros contactos ya que desde la década anterior participaban en los congresos internacionales que celebra cada dieciocho meses la Asociación de Estudios Latinoamericanos, LASA.

Este volumen forma parte de una serie compuesta por cuatro obras que lleva el título *Un nuevo saber. Los estudios de mujeres.* En su totalidad, esta serie representa una consecuencia del crecimiento de los estudios de mujeres y un paso en este proceso.

Forma parte también de un proyecto más amplio desarrollado por el Comité Estudios de Género en las Américas, patrocinado por LASA y la Fundación Ford. Este comité fue creado por la Fundación Ford en 1990 con el propósito de explorar mecanismos para fortalecer los contactos entre investigadoras dedicadas a los estudios de mujeres en los Estados Unidos y en América Latina y el Caribe, y al intercambio entre ellas. Las siguientes personas fueron invitadas a participar en el comité: Maruja Barrig (Perú), Susan C. Bourque (EUA), Marysa Navarro (EUA), Heleieth I. B. Saffiotti (Brasil), Catharine R. Stimpson (EUA), Elena Urrutia (México), Marcia Rivera (Puerto Rico) y Reid Reading (EUA). Marysa Navarro fue nombrada directora del mismo.

Sobre la base de informes elaborados por Barrig, Saffiotti, Rivera y Urrutia, sobre la investigación y la enseñanza de estudios de mujeres en América Latina y el Caribe, el comité resolvió emprender una serie de actividades para las cuales recibió fondos de la Fundación Ford, administrados por el secretariado de LASA. Entre las actividades desarrolladas por el comité cabe señalar el programa de becas de posgrado administrado por universidades latinoamericanas, talleres sobre género, un seminario sobre la intersección de raza, etnicidad, género y clase en América Latina y una serie de volúmenes con traducciones de textos publicados en los Estados Unidos sobre estudios de mujeres.

Cada volumen tiene un tema central. El primero examina la naturaleza y el significado de los estudios de mujeres en los Estados Unidos. El número dos reúne artículos sobre temas tales como la sexualidad, el género y los roles sexuales, especialmente en su relación con el poder. El número tres explora la construcción del nuevo conocimiento en lo económico, social y cultural y el uso de este conocimiento para impulsar el cambio. El volumen número cuatro es una compilación de trabajos sobre debates teóricos y metodológicos en varias disciplinas.

Los cuatro volúmenes tienen temas específicos pero todos los artículos han sido seleccionados con el mismo principio. Por razones de espacio hemos tenido que aplicar criterios de selección quizá demasiado rigurosos. No hemos podido traducir o incluir en estos volúmenes muchos trabajos de gran influencia en los Estados Unidos. La producción de obras sobre mujeres y género desde mediados de los años sesenta, época en que se iniciaron los estudios de mujeres, ha sido extraordinaria y es imposible reducirla a cuatro volúmenes. A mediados de los años noventa, en los Estados Unidos existían más de cien revistas académicas dedicadas a los temas de mujeres y de género; ochenta centros de investigación; más de seiscientos programas de estudio en instituciones de enseñanza superior y en casi todas se ofrecía por lo menos un curso sobre mujeres; más de cincuenta editoras; un boletín en Internet; dos organizaciones nacionales, la National Women's Studies Association [Asociación Nacional de Estudios de Mujeres] y el National Council for Research on Women [Consejo Nacional de Investigación sobre Mujeres]; y un sinfín de publicaciones, películas, videos, guías de enseñanza y otros materiales.

Los trabajos incluidos en estos cuatro volúmenes representan algunos de los temas y debates principales en el campo de los estudios de mujeres en los Estados Unidos. Aunque algunos textos fueron publicados hace ya algunos años, los conceptos subyacentes han tenido importancia desde el punto de vista histórico y siguen teniendo relevancia hoy en día. Todos los artículos han sido traducidos tal y como fueron publicados originariamente. No hemos traducido selecciones. Tampoco incluimos capítulos de libros. Nuestro propósito ha sido facilitar el acceso a trabajos enteros, con argumentos completos.

Prefacio

Este volumen es el cuarto y último de nuestra serie *Un nuevo saber. Los estudios de mujeres*, una antología de textos feministas escritos por académicas norteamericanas, traducidos para un público latinoamericano. En su conjunto, la serie ofrece un panorama de los distintos caminos recorridos por los estudios de mujeres en los Estados Unidos.

Casi todos los textos incluidos en este volumen fueron escritos en los años ochenta, una década compleja y difícil en los Estados Unidos, dominada por la política conservadora del presidente Ronald Reagan. Durante esta década, los estudios de mujeres, con poco más de una década de vida, enfrentaron una fuerte oposición por parte de los sectores más conservadores de la sociedad norteamericana. Un grupo compuesto mayoritariamente por mujeres fue su portavoz. Su crítica principal era que los estudios de mujeres no conformaban un verdadero campo académico sino que en realidad eran un movimiento político que tenía el propósito de implantar el feminismo en las universidades y en los centros de investigación. También acusaba a estas académicas de despreciar a "las mujeres tradicionales" que querían ser esposas y amas de casa.

A pesar de esta oposición, que formaba parte de una gran hostilidad hacia el movimiento de mujeres y que se expresó en recortes de fondos federales para los programas de igualdad de oportunidades y derechos reproductivos, los estudios de mujeres siguieron creciendo dramáticamente. Y a inicios del siglo XXI, uno de los desarrollos importantes desde el punto de vista educacional en los Estados Unidos es el establecimiento de programas doctorales en estudios de mujeres o en estudios de género.

Son muchas las circunstancias que permitieron la expansión de los estudios de mujeres en el mundo académico norteamericano, entre otras, la existencia de un fuerte movimiento político, la misma descentralización de la estructura educacional, con unas 3.500 instituciones, aproximadamente, y la existencia de fondos para la creación de programas de estudio en instituciones como la Fundación Ford. Pero los estudios de mujeres también se expandieron en la década de los ochenta porque produjeron obras innovadoras que respondían a las necesidades intelectuales de dos grupos importantes. El primero estaba conformado por las estudiantes que asistían a los cursos de estudios de mujeres en grandes números. Muchas vieron sus vidas transformadas por lo que leían y escuchaban. El segundo estaba compuesto por investigadoras y profesoras de todas las disciplinas, pero, particularmente, las humanidades y las ciencias sociales. Muchas encontraron en los estudios de mujeres un espacio en el que podían examinar y renovar la relación entre conciencia y concientización, política e investigación. Algunas planteaban que los estudios de mujeres debían ser *el brazo armado* del movimiento de mujeres, y que el feminismo debía instalarse en las universidades, una posición que alentaba las acusaciones de la oposición conservadora. Otras hacían una separación entre el feminismo y la investigación, y explicaban que se podía ser a la vez feminista e investigadora. Como feminista, se podía trabajar para mejorar las condiciones de todas las mujeres, pero, como investigadora, había que escuchar todas las ideas y opiniones, hasta las antifeministas.

Pero, quizás haya sido un factor de particular importancia el hecho de que los estudios de mujeres fueran una fuente, aparentemente inagotable, de ideas fértiles. Esto hace la descripción de lo que podrían ser las ideas centrales de los estudios de mujeres una tarea difícil. Se hace investigación desde los estudios de mujeres o desde una perspectiva feminista en todas las disciplinas, y cada una de ellas tiene su conjunto de conceptos y metodologías, que no pueden traducirse fácilmente de una disciplina a otra. Aunque las personas que trabajan en el campo de la biología y las que lo hacen en literatura quieran hacer investigación juntas desde una perspectiva interdisciplinaria, se comprometen a colaborar con lenguajes disciplinarios muy diferentes. Además, cada una tiene un punto de vista o un planteo político que enmarca su análisis. Algunas son liberales, otras son marxistas; otras, feministas radicales; éstas se apoyan en el psicoanálisis y aquéllas son eclécticas. En la década del ochenta, comenzaron a aparecer taxonomías que buscaban categorizar estos marcos analíticos, pero en estas obras también se señalaban conflictos y dificultades. Finalmente, la estructura descentralizada de la educación superior en los Estados Unidos, con su compleja variedad de instituciones públicas y privadas, hace nuestro campo de estudio particularmente complejo y diferenciado.

Por otra parte, se fueron incorporando a los planteles docentes nuevas generaciones de mujeres con intereses distintos a los de las primeras fundadoras de los programas. Kate Millet, una estudiante de posgrado en la década de los sesenta, publicó *Sexual Politics*, un texto fundacional de los estudios de mujeres en 1970, cuando tenía 36 años. En 1980, ya tenía 46 años y sus libros eran estudiados en los cursos de estudios de mujeres.

Pero, a pesar de su falta de estructura intelectual general, los estudios de mujeres adquirieron algunas direcciones comunes. Desde el punto de vista institucional, muchos programas empezaron a llamarse "programas de estudios de género", como lo señalamos en el volumen dos de esta serie. Desde el punto de vista intelectual, la evolución más importante fue la crítica arrasadora a una idea fundacional con respecto a las diferencias entre hombres y mujeres. Siguiendo a Simone de Beauvoir, los estudios de mujeres habían dado como un hecho la distinción entre sexo, una categoría biológica del ser, y género, una categoría psicosocial de comportamiento. Lamentablemente, el poder entre los dos géneros –femenino y masculino– carecía de simetría. Había una jerarquía entre ellos. Los hombres dominaban y eran primarios, y las mujeres eran sumisas y secundarias. Una estructura de pensamiento aparentemente universal era la oposición binaria entre femenino y masculino, unida a otras oposiciones binarias, tales como la existente entre materia (femenina) y espíritu (masculino), o naturaleza (femenina) y cultura (masculino).

La crítica y reconceptualización de los ochenta, con raíces en los setenta, fue el resultado del trabajo de tres grupos distintos pero relacionados, todos intentando responder a la misma pregunta: ¿qué significa hacer estudios de mujeres? Un primer grupo, surgido en los años ochenta y que floreció en la década de los noventa, señaló que la separación entre el sexo y el género era demasiado simplista. Los estudios de mujeres/estudios de género tenían que describir un mundo compuesto por el sexo, categoría biológica; la sexualidad, la organización del deseo y el eros; y el género, una identidad psicosocial. La exploración académica de la sexualidad recibió el apoyo del psicoanálisis feminista norteamericano, inglés y europeo; las escritoras francesas cuyas teorías y textos *experimentales* que se conocían bajo el nombre de *l'écriture féminine* traducidas al inglés en la década de los setenta; y los estudios gay y lesbianos que pasaron a llamarse *queer studies,* "estudios *queer*", en la década de los ochenta. Los estudios *queer* toman su nombre de una palabra del argot inglés que quiere decir homosexual. Los estudios *queer* buscan algo más que mirar el mundo desde la perspectiva de los gays o de las lesbianas. Nos piden que miremos el mundo desde la perspectiva de lo perverso, de la otredad, de lo que no es normal. Bajo el liderazgo intelectual de investigadoras tales como Eve Kosofsky Sedgwick y Gayle Rubin, los estudios *queer* adoptaron el concepto freudiano de *perversidad polimorfa* que subyace en la identidad adulta normal, y luego exploraron el mundo desde la perspectiva de los que rehusan reprimir los deseos no-normativos para plantear que todos y todas somos capaces de tener un comportamiento perverso y también normal. Todo esto, en momentos en que surgía un nuevo candor sexual en la sociedad norteamericana, expresado en el arte, la música, las películas, los videos y la literatura de las mujeres.

El segundo grupo no tuvo una respuesta teórica uniforme ante la disyuntiva de reemplazar la dualidad sexo/género con el trío sexo/sexualidad/género, aunque su tendencia general fue quedarse con la dualidad. Pero rechazó totalmente la descripción de las mujeres como sumisas. Los trabajos de la historiadora Gerda Lerner, la crítica literaria Elaine Showalter y la psicóloga Carol Gilligan, entre otros, se centraron en la creatividad de las mujeres en la historia, la cultura y en sus propias identidades, demostrando así que las mujeres eran capaces de actuar, de ser agentes en los procesos de transformación.

El tercer grupo, que a menudo se confunde con el segundo, se dedicó a estudiar las profundas diferencias que separan a las mujeres y, muy particularmente, a explorar las diferencias étnicas, de raza, clase y sexuales entre ellas. También adquirieron importancia las diferencias religiosas y nacionales, impulsadas por el crecimiento de los estudios de mujeres en el campo internacional, con lo cual se profundizó nuestro entendimiento de la complejidad de las identidades femeninas. Y, por lo tanto, de la imposibilidad de hablar de *la mujer*. Nadie es simplemente una mujer. Una puede ser una mujer, afronorteamericana o latina, católica, de clase media y haber sobrevivido a un cáncer. Otra mujer podría ser una refugiada vietnamita que trata de radicarse en California y trabaja en un hospital con pacientes enfermos de sida. O sea que las mujeres, parafraseando la terminología de Kimberley Crenshaw, están en la intersección de varias fuerzas que interactúan con fluidez y dinamismo para dar forma a la identidad cambiante de una persona. Es obvio que las mujeres están situadas en distintas intersecciones. Esto quiere decir que una mujer de clase acomodada puede tener una empleada doméstica y explotarla, que unas mujeres tienen más poder que otras, tanto a nivel nacional como internacional, y que las relaciones entre ellas son también relaciones de poder. Por lo tanto, los estudios de mujeres no pueden hablar de las mujeres como si todas fueran víctimas. Unas tienen poder y otras no; algunas lo tienen en relación a un contexto pero no en otro.

Una consecuencia importante del desarrollo de estas ideas fue poner fin a un gran número de generalizaciones. Éstas habían conformado el fundamento de los esfuerzos para movilizar políticamente a las mujeres en una causa común, pero no habían dado el resultado deseado. Fueron muchas las mujeres que se resistían a verse agrupadas con otras mujeres con las cuales tenían poco en común, o hacia las cuales sentían franca hostilidad. Desde el punto de vista intelectual, esas generalidades provenían de una praxis llena de entusiasmo pero descuidada que ignoraba los peligros del *esencialismo*, la convicción de que las mujeres tienen no solamente una naturaleza inmutable y universal, sino también una narrativa sobre ellas inmutable y universal. O sea que, durante los años ochenta, los estudios de mujeres fueron haciéndose más específicos y contextualizados.

Esto ocurrió conjuntamente con la difusión del pensamiento posmoderno en los Estados Unidos, especialmente en las humanidades y en algunas ciencias sociales, lo que se llamó en aquel entonces con el nombre de *teoría*. El posmodernismo es un paraguas bajo el cual también entran el posestructuralismo, el poshumanismo y la deconstrucción, nombre que ya no se refiere a un método de análisis literario y textual, sino que tiene el sentido general de desmontar las producciones culturales y la cultura. El posmodernismo no causó un revuelo inicialmente en los estudios de mujeres, porque también era antiesencialista y antiuniversal. Pero sí lo causó el estilo de su antiesencialismo y antiuniversalismo. Para muchas académicas, la *teoría* era algo literalmente incomprensible, un vocabulario ajeno, jerga. Además, planteaba serios desafíos epistemológicos a ideas ampliamente aceptadas sobre el lenguaje, la realidad y la relación entre ambos, y sobre la construcción del ser humano. La crítica feminista Nancy K. Miller se preguntaba por qué los teóricos posmodernos se habían puesto a deconstruir el ser humano justamente cuando las mujeres reclamaban su condición de sujeto. Otro aspecto inquietante era que la teoría parecía indiferente al mundo material, a la economía, la sociología y la política. Parecía separarse de la acción política. "Díganme" –preguntó una investigadora afronorteamericana durante una reunión en Nueva York a la que asistieron las dos compiladoras de este volumen– "¿qué teoría va a poner fin al racismo?".

La década de los ochenta quedó en el siglo pasado. Desde entonces han surgido nuevos temas de discusión, entre otros, la relación entre las mujeres y las nuevas tecnologías de reproducción, el feminismo global, las nuevas formas de esclavitud sexual y el SIDA. Lo religioso está recibiendo también más atención. Sin embargo, la temática de los años noventa en los estudios de mujeres no cumplió con su recorrido, por lo menos en los Estados Unidos. Los ensayos que conforman este volumen definieron esa década y dieron forma al futuro. Uno de los criterios para su selección fue el hecho de que ofrecen algo más que un planteo, un análisis o una posición. Ofrecen un mapa del territorio en el que se sitúan, y luego discuten sus limitaciones y lo reformulan, dejándonos con una guía más útil. Desde el punto de vista temático, comparten la idea de que descubrimos y también construimos los significados humanos, y de que nuestro trabajo intelectual es descubrir cómo las distintas sociedades construyeron sus significados, en particular, con respecto al sexo, la sexualidad y el género.

Los cuatro primeros ensayos son ejemplos de los nuevos cambios señalados. Son trabajos que reflejan una aceptación cautelosa de las nuevas ideas. "Escribiendo el cuerpo: hacia una comprensión de *L'Écriture Féminine*", de Ann Rosalind Jones, explora la obra de las cuatro escritoras francesas que más han influido sobre los estudios de mujeres en los Estados Unidos, después de Simone de Beauvoir: Helene Cixous, Julia Kristeva, Luce Irigaray y Monique Wittig, de las cuatro, la más interesada en la identificación de mujeres con mujeres y en el análisis materialista del mundo. Jones rescata, sobre todo, las ideas de estas escritoras sobre *jouissance*, una sexualidad femenina libre y la sofisticación de sus ideas sobre representación, pero critica su tendencia al esencialismo y su indiferencia ante las diferencias entre las mujeres.

Los artículos que siguen analizan las relaciones entre el feminismo, como movimiento político; los estudios de mujeres y los estudios de géneros como movimientos educacionales, y las teorías posmodernas. En "Feminismo y deconstrucción", Mary Poovey nos ofrece un resumen de lo que es la deconstrucción y *l'écriture féminine*. Si bien aprecia la ayuda que nos prestó la deconstrucción al desmitificar ciertas categorías históricas rígidas, tales como las oposiciones binarias de la cultura occidental, teme que esta teoría no tenga suficiente conciencia de lo que son las condiciones históricas específicas, y le preocupan su conservadorismo potencial y su funcionamiento. El ensayo de Poovey fue publicado por primera vez en *Feminist Studies* en 1988, junto con varios otros trabajos sobre posmodernismo, incluso "The Race for Theory", un artículo muy crítico de Barbara Christian, una de las fundadoras de la crítica feminista negra.

El artículo de Linda Alcoff, "Feminismo cultural *versus* posestructuralismo: la crisis de identidad en la teoría feminista", publicado por primera vez ese mismo año, comienza con un problema de definición, la definición del concepto mujer, cuestión central de los estudios de mujeres. Desdibujando los límites entre el feminismo y los estudios de mujeres, nos explica que el feminismo cultural nos ofreció el posestructuralismo, una respuesta importante, o el nominalismo. El problema que nos plantea la primer respuesta es que es esencialista, y la segunda rechaza la posibilidad de una definición. Alcoff trata de darnos una tercera solución, la *posicionalidad* que nos permite tener un sujeto con género que no se desvíe hacia el esencialismo, y que construya significado y relaciones sociales. Son ejemplos de este tipo de trabajo, Teresa de Lauretis, Denise Riley y el Colectivo Rio Combahee, un grupo de mujeres de color. Si Alcoff está a la búsqueda de una teoría de la mujer como sujeto, Sandra Harding en "El feminismo, la ciencia y las críticas anti-iluministas" trata de buscar un punto de vista epistemológico para situarse, un lugar desde el cual mirar al mundo. Ella también busca una posición entre el *objetivismo* que bruñe los legados del Iluminismo y sus metas de conocimiento, libertad y felicidad; y lo que ella llama *interpretacionismo,* la escrutadora crítica posmoderna del Iluminismo. Harding busca una posición intermedia, una tercera posición, que reconozca las diferencias entre mujeres, las aprecie como personas que saben, elabore un empirismo feminista con conciencia histórica y ayude al desarrollo de un punto de vista feminista que fundamente el conocimiento en la experiencia.

Si los primeros cuatro trabajos contienen ideas que abarcan varias disciplinas, los artículos siguientes están escritos desde varias disciplinas. Esta sección empieza con un ensayo escrito por una física, por la influencia que han tenido las disciplinas científicas en la segunda mitad del siglo XX. El artículo de Evelyn Fox Keller comienza con una revisión de las distintas críticas que hicieron las feministas a la ciencia: desde pedir que sean más las mujeres que hacen ciencia, hasta el rechazo de la ciencia por el poder de su sesgo machista. Fox Keller no quiere rechazos, desea tanto un compromiso con la posibilidad de una búsqueda objetiva de la verdad como la búsqueda de universales. Pero pide que la ciencia sea más consciente de sí misma, dialéctica y pluralista. Haciendo gala de estas virtudes, usa el psicoanálisis para demostrar cómo hemos transformado la *objetividad* en sinónimo de masculinidad y dominación. Nos promete, implícitamente, que podemos deshacer esa ecuación que ha dado un poder epistémico a los hombres y divulgar esa capacidad crucial –lo cual será bueno para la ciencia–.

La antropología está representada aquí porque jugó un papel esencial en los estudios de mujeres, por su interés, ya tradicional, en las cuestiones de sexo y género, sus perspectivas interculturales y su habilidad, al igual que la historia, de demostrar cómo los roles de género cambian con el tiempo. De allí la selección "El uso y abuso de la antropología: reflexiones sobre el feminismo y la comprensión intercultural", de Michelle Zimbalist Rosaldo, trabajo en el que la autora intenta elaborar un marco teórico para interpretar el tema de *mujeres y género*. En el debate sobre la presencia omnipotente del sexismo, reconoce pertenecer al grupo que ve las formas humanas y culturales siempre dominadas por los hombres, aunque la dominación masculina no tenga ni un contenido ni una forma universal. Las actividades de las mujeres y el género adquieren sentido a través de numerosas y variadas interacciones sociales concretas, y el cometido de la antropología es comprender la producción de estos sentidos múltiples.

En las humanidades, *film studies*, los estudios de cine, adquirieron importancia por el poder cultural y social del cine, y por su rol fundamental en la generación y distribución de representaciones modernas de mujeres y género. Teresa de Lauretis insistió en que estudiemos el cine no solamente como cultura popular o como arte, sino como tecnología social. Es decir, el cine mismo produce y contraproduce una visión social. Ella es también un nexo entre los estudios de cine feministas y los estudios *queer*. "Repensando el cine de mujeres: teoría estética y teoría feminista", su artículo en esta colección, comienza con una pregunta que hacemos frecuentemente en nuestros cursos: "¿cómo hablan las mujeres?". Especialmente en un discurso que las negó, que borró su existencia, que las reificó, aceptando su existencia pero negando su subjetividad, la posibilidad de hablar es tan importante en la construcción de una identidad como el oxígeno y la sangre lo son para el cerebro. Como otras críticas, De Lauretis plantea una segunda pregunta: ¿cómo miran el mundo las mujeres, más precisamente, cómo miran la pantalla? ¿Qué mirada dirigen a la película, la historia que cuenta, sus personajes? Y luego, plantea una de *sus* preguntas: ¿cómo producirá el cine de mujeres, con creadoras y espectadoras, un nuevo sujeto social? Según ella, verá diferencias en y entre las mujeres pues el sujeto femenino adquiere su género de muchas fuentes de identidad, entre otras, la raza, la clase y la preferencia sexual.

Los últimos tres ensayos vienen de la crítica literaria feminista. A diferencia de otras artes, la literatura les hizo un lugar a las mujeres o, mejor dicho, éstas se hicieron un lugar en ella. Como las otras artes, la literatura tuvo una influencia enorme en la representación de las mujeres. Tanto las mujeres como los hombres crearon esas representaciones y, en consecuencia, la literatura dio a los estudios de mujeres materiales de excepcional riqueza cultural. El primer artículo es "Mujeres, hombres, teorías y literatura", de Carolyn G. Heilbrun. Es un texto desenfadado y mordaz, de una talentosa escritora que publicó varias novelas de misterio bajo el nombre de Amanda Cross. Su carrera es la prueba fehaciente de que es posible escribir en varios géneros literarios. Por lo tanto, no es de sorprender que pida pluralismo, para que tanto las obras de cultura popular como las clásicas estén en el aula y se las estudie desde el humanismo liberal así como también desde el posestructuralismo, para una comprensión más compleja y clases más animadas.

Los artículos de Sandra Gilbert y Susan Gubar por un lado, y Elaine Showalter por otro, también pagan tributo a los aspectos positivos del pluralismo. Para Gilbert y Gubar, la crítica feminista forma parte de una historia intelectual que tiene dos metáforas fundamentales para la creación y la persona creadora: el espejo, un instrumento mimético que refleja la realidad, y la lámpara, que desencadena las energías expresivas interiores de una persona. Sin embargo, la crítica feminista también altera esa historia. Haciendo un juego de palabras, Gilbert y Gubar dicen que la crítica feminista no es una señora con una lámpara sino una vampiresa, desafiante, marginal, teatral, que no está para servir al patriarcado. Hoy en día, la lucha entre el espejo y la vampiresa tiene que ver sólo en parte con el poder patriarcal. También incluye al posmodernismo, que desinfla la figura del autor o de la autora, y con el legado del humanismo, que lo bruñe. Rehusando elegir entre el humanismo y el posmodernismo, Gilbert y Gubar demuestran que ambos se necesitan. Por su parte, Showalter cuenta las historias paralelas, que a veces se superponen, de la crítica feminista y la crítica afronorteamericana en los Estados Unidos, dos actividades culturales opositoras que deben reconciliarse con la cultura dominante. Ahora, dice Showalter, ambas deben también enfrentar la teoría crítica posestructuralista y su profundo desafío a las ideas sobre las mujeres, el género y la raza, que previamente eran consideradas fundacionales.

Todas estas autoras están todavía vivas y continúan escribiendo, con una excepción. En 1981, Michelle Zimbalist Rosaldo murió en un accidente haciendo trabajo de campo en las Filipinas. Todavía hoy la echamos de menos.

Pensamos que las ideas presentadas en estos ensayos son innovadoras y pueden ser de gran utilidad. Esperamos que las lectoras del continente latinoamericano, desde su realidad, su historia y su cultura, las cuestionen, las refinen, las corrijan, las aumenten y las hagan suyas.

De nuevo, gracias a María Florencia Ferre en Buenos Aires, a Gail Vernazza en Hanover, Estados Unidos, y muy especialmente a Janice Petrovich de la Fundación Ford por su apoyo durante todos estos años.

Marysa Navarro
Catharine R. Stimpson

Escribiendo el cuerpo: hacia una comprensión de *L'Écriture Féminine*[*]

Ann Rosalind Jones

Francia es actualmente el escenario de los feminismos. El Movimiento de Liberación de las Mujeres (*Mouvement de libération des femmes*, MLF) crece todos los días, pero también crecen sus facciones: las publicaciones feministas sostienen amargos debates; un grupo de escritoras boicotea una editorial feminista; en congresos norteamericanos, las francesas se contradicen mutuamente a todo volumen (Monique Wittig a Hélène Cixous: "Ceci est un scandale!"). Pero, en el campo de la teoría, las francesas comparten una crítica profunda de los modos con los que el occidente afirma haber discernido la evidencia -o la realidad- y un recelo de los esfuerzos por cambiar la condición de las mujeres que no tomen en cuenta las fuerzas en el cuerpo, en el inconsciente, en las estructuras básicas de la cultura invisibles para el ojo empírico. En suma, las feministas francesas, por lo general, creen que el pensamiento occidental está basado en una represión sistemática de la experiencia de las mujeres. Por lo tanto, su afirmación de que la naturaleza femenina es la base de su teoría tiene sentido como punto de partida desde el cual se puede deconstruir el lenguaje, la filosofía, el psicoanálisis, las prácticas sociales y la dirección de la cultura patriarcal tal como la vivimos y la resistimos.

Esta posición, plantear la *féminité* como un desafío al pensamiento centrado en el varón, ha despertado curiosidad y ha en-

[*] Título original en inglés: "Writing the Body: Toward an Understanding of *L'Écriture Féminine*", publicado en: *Feminist Studies*, vol. 7, núm. 2 (verano de 1981). Traducción de Jessica McLauchlan y Mirko Lauer, revisada y corregida por Marysa Navarro.

contrado resonancias entre las feministas norteamericanas, cada vez más abiertas a la teoría, a la crítica filosófica, psicoanalítica y marxista de los modos masculinistas de ver el mundo. (En recientes congresos feministas norteamericanos, las conferencistas fueron acusadas de ser demasiado teóricas.) Y me parece que es, precisamente, desde el ángulo de la teoría que algunas posiciones de las feministas francesas deben ser cuestionadas, como lo fueron en Francia desde el surgimiento del MLF. Mi intención es, pues, plantear algunas preguntas sobre la consistencia teórica y (¡sí, no hay forma de reprimirlas!) las implicaciones prácticas y políticas de las discusiones y celebraciones francesas de lo femenino. Pues si planteamos que la subjetividad femenina proviene de la fisiología y de los instintos corporales de las mujeres a medida que afectan la experiencia sexual y el inconsciente, pueden surgir, como de hecho surgen, problemas teóricos y prácticos.

Las cuatro francesas que discutiré aquí –Julia Kristeva, Luce Irigaray, Hélène Cixous y Monique Wittig– tienen un enemigo común: el pensamiento masculinista; pero tienen diferentes modos de resistirlo y trascenderlo. El terreno común es un análisis de la cultura occidental como una cultura fundamentalmente opresora y falogocéntrica. "Yo soy el centro unificado, autocontrolado del universo", proclamó el hombre (blanco, europeo y de clase dominante). "El resto del mundo, al que yo defino como el Otro, sólo tiene sentido con relación a mí, como hombre/padre, poseedor del falo."[1] Esta proclamación de centralidad ha tenido el apoyo no sólo de la religión y de la filosofía, sino también del lenguaje. Hablar y, sobre todo, escribir desde esa posición es apropiarse del mundo, es dominarlo por la destreza verbal. El discurso simbólico (el lenguaje, en varios contextos) es otro medio por el cual el hombre objetiva el mundo,

[1] Para un resumen de los antecedentes intelectuales del feminismo francés, véase Elaine Marks, "Women and Literature in France", en: *Signs* 3, núm. 4 (verano de 1978): 832-42. Para un análisis agudo del falogocentrismo en acción, véase un estudio sobre los personajes y las críticas de un cuento corto de Balzac, de Shoshanna Felman "Women and Madness: the Critical Phallacy", en: *Diacritics* 5, núm. 4 (invierno de 1975): 2-10.

lo reduce a sus términos, habla por todo y todos los demás, inclusive las mujeres.

¿Cómo se resiste, entonces, a las instituciones y a las prácticas significativas (discurso, escritura, imágenes, mitos y rituales) de esa cultura? Las francesas están de acuerdo en que la resistencia se da bajo la forma de *jouissance*, es decir, en la reexperimentación directa de los placeres físicos de la infancia y de la sexualidad posterior, reprimidos pero no borrados por la Ley del Padre.[2] Kristeva se detiene aquí; pero Irigaray y Cixous continúan para subrayar que a las mujeres, históricamente limitadas a ser objetos sexuales de los hombres (vírgenes o prostitutas, esposas o madres), se les impidió expresar su sexualidad en sí o para ellas mismas. Si pueden hacer esto y si pueden hablar sobre ello en los nuevos lenguajes que se requieren, establecerán un punto de vista (un lugar de *différence*) desde el cual los conceptos y controles falogocéntricos puedan ser examinados y desmontados, no sólo en teoría, sino también en la práctica. Al igual que Cixous, Wittig produjo varios *textes féminins*, pero insiste en que la teoría y la

[2] *Jouissance* es una palabra rica en connotaciones. La traducción más simple es "placer". El sustantivo viene del verbo *jouir*, que significa "disfrutar", "deleitarse sin temor a las consecuencias"; es también tener un orgasmo.

Véase la nota del traductor Stephen Heath en *Image-Music-Text* de Roland Barthes (Nueva York: Hill and Wang, 1978): 9. Una nota a la "Introducción 3", en: Elaine Marks e Isabelle de Coutivron (eds.), *New French Feminisms: An Anthology* (Amherst: University of Massachusetts Press, 1980) explica las connotaciones feministas de la *jouissance* de la siguiente manera: "Cuando es atribuido a una mujer, este placer es de un orden distinto al que representa en la economía libidinal masculina, a menudo descripto en términos de ganancia capitalista y fines de lucro. La *jouissance* de las mujeres comprende la noción de fluidez, difusión y duración. Es una especie de invitación en el mundo de los orgasmos, un dar, derrochar, dispensar placer sin preocuparse por los finales y las conclusiones" (36, n. 8).

La Ley del Padre es la formulación de Lacan para el lenguaje como un medio a través del cual los seres humanos son colocados en la cultura, un medio representado y reforzado por la figura del padre en la familia. Véase Anika Lemaire, *Jacques Lacan* (Londres: Routledge and Kegan Paul, 1977, trad. de David Macey), especialmente la Parte 7, "The Role of the Oedipus in Accession to the Symbolic".

práctica de la *féminité* deben concentrarse sobre las mujeres mismas y no sobre sus divergencias con los hombres o con la visión que los hombres tienen de ellas. A partir de un ataque conjunto al falogocentrismo, estas cuatro escritoras desarrollan estrategias distintas.

Julia Kristeva, una de las fundadoras de la revista de semiótica marxista *Tel Quel* y autora de varios libros sobre escritores de vanguardia, el lenguaje y la filosofía, encuentra en el psicoanálisis el concepto de los impulsos corporales que sobreviven a las presiones culturales hacia la sublimación y surgen en lo que ella llama el *discurso semiótico*: el lenguaje de gestos, rítmico y prerreferencial de escritores como Joyce, Mallarmé y Artaud.[3] En vez de renunciar a su feliz fusión infantil con sus madres, su oralidad y su analidad, estos hombres reexperimentan esas *jouissances* subconcientemente y las ponen en juego, construyendo textos en contra de las reglas y las regularidades del lenguaje convencional. ¿Cómo encajan las mujeres en este esquema de liberación semiótica? Indirectamente, como madres, porque ellas son los primeros objetos de amor del que se separa y aleja la criatura en el curso de su iniciación en la sociedad. De hecho, Kristeva considera el discurso semiótico como un desafío incestuoso al orden simbólico, que afirma el retorno del escritor a los placeres de su identificación preverbal con su madre y su rechazo a identificarse con su padre y con la lógica del discurso paterno. Las mujeres, para Kristeva, también hablan y escriben como *histéricas*, como extrañas al discurso dominado por lo masculino, por dos razones: el predominio, en ellas, de los impulsos relacionados con la analidad y el parto, y su posición marginal *vis à vis* la cultura

[3] La obra de Julia Kristeva comprende: *Semiotiké: Recherches pour une semanalyse* (París: *Tel Quel*, 1969); *Le Texte du roman* (The Hague: Mouton, 1970); *Des chinoises* (París: des femmes, 1974); *La révolution du langage poétique* (París: Seuil, 1974); *Polylogue* (París: Seuil, 1977); y *Pouvoirs de l'horreur: essai sur l'abjection* (París: Seuil, 1980). También publicó a menudo en *Tel Quel*, inclusive en el número 74, de otoño de 1977, sobre mujeres y escritura de mujeres. Para su crítica de ciertas nociones de *féminité*, véase su entrevista con Françoise van Rossum-Guyon, "A partir de *Polylogue*", en *Revue des sciences humaines* 168, núm. 4 (diciembre de 1977): 495-501.

masculina. Su estilo semiótico incluye probablemente separaciones repetitivas y espasmódicas del discurso dominante, que se ven forzadas a imitar más a menudo.[4]

Sin embargo, Kristeva no está segura de que las mujeres deban tratar de elaborar discursos alternativos. Ella ve cierta potencia liberadora en su posición marginal, la cual es (admirablemente) improbable que produzca un sujeto/hablante o un lenguaje fijo y exigidor-de-autoridad: "En experiencias sociales, sexuales y simbólicas, ser una mujer siempre ha suministrado recursos para otro fin, para transformarse en otra cosa: un-sujeto-en-formación, un sujeto a prueba". En vez de formular un nuevo discurso, las mujeres deberían persistir en desafiar los discursos establecidos: "Si las mujeres tienen que desempeñar un rol... es sólo asumiendo una función *negativa*: rechazar todo lo finito, lo definido, lo estructurado, cargado de significado, en el estado actual de la sociedad. Esa actitud coloca a las mujeres del lado de la explosión de los códigos sociales: con los movimientos revolucionarios".[5] Para Kristeva, *la mujer* representa no tanto un sexo como una actitud, cualquier resistencia a la cultura y al lenguaje convencional; los hombres también tienen acceso a la *jouissance* que se opone al falogocentrismo: "Una práctica feminista sólo puede estar [...] en desacuerdo con lo que ya existe de manera que podamos decir 'eso no es' y 'eso tampoco es'. Por 'mujer' me refiero a aquello que no puede ser representado, que no es dicho,

[4] Julia Kristeva, "Le Sujet en procès", en: *Polylogue*, ob. cit.: 77. Véase, en el mismo volumen, su discusión sobre la maternidad como una experiencia que desarticula las categorías del pensamiento masculinista, en "Maternité selon Giovanni Bellini": 409-438. Amplía su planteo sobre los significados de la maternidad para la creatividad de las mujeres en "Un nouveau type d'intellectuel: le dissident" y "Héréthique de l'amour", *Tel Quel*, núm. 74 (otoño de 1977): 3-8, 30-49, respectivamente. Para una explicación de su teoría de la semiótica y de los conceptos de *l'écriture féminine* de Irigaray, véase Josette Féral, "Antigone, or the Irony of the Tribe", *Diacritics* 8, núm. 2 (otoño de 1978): 2-14.

[5] En "Oscillation du 'pouvoir' au 'refus'", una entrevista de Xavierè Gauthier, en *Tel Quel*, núm. 58 (verano de 1974), traducido en *New French Feminisms*, ob. cit.: 166-167. Es probable que esta colección de fragmentos traducidos de las feministas francesas sea muy útil para las lectoras de lengua inglesa.

que queda mucho más allá de las nomenclaturas e ideologías. Hay algunos 'hombres' que conocen este fenómeno".[6]

Para Luce Irigaray, por el contrario, las mujeres tienen una especificidad que las distingue nítidamente de los hombres. Psicoanalista y, en el pasado, miembro de *L'École freudienne* de la Universidad de París (Vincennes), fue despedida de su puesto de profesora en el otoño de 1974, tres semanas después de la publicación de su estudio sobre el sesgo falogocéntrico de Freud, *Speculum: espejo de la otra mujer (Speculum de l'autre femme)*, una demostración profunda, aguda y sarcástica de cómo Platón y Freud definen a la mujer: un hombre imperfecto (castrado), irracional e invisible. En ensayos posteriores, continúa su planteo de que las mujeres, por haber sido atrapadas en un mundo estructurado por conceptos centrados en los hombres, no tuvieron manera de conocerse o de representarse a sí mismas. Pero ofrece, como punto de partida para la autoconciencia femenina, los cuerpos y el placer sexual de las mujeres, precisamente por su falta de representación o mala interpretación en el discurso masculino. Dice que las mujeres sienten una sexualidad difusa que surge, por ejemplo, de los "dos labios" de la vulva y una multiplicidad de energías libidinales que no pueden ser expresadas o comprendidas dentro de las arrogaciones afirmadoras-de-identidad del discurso falogocentrista ("Yo soy un ser unificado y coherente y lo que es significante en el mundo refleja mi imagen masculina").[7] Irigaray señala también que la sexualidad explica las relaciones problemáticas de las mujeres con la lógica y el lenguaje (masculinos): "*la mujer tiene órganos sexuales casi en todas partes.* Ella

[6] Kristeva, "La femme, ce n' est jamais ça"; entrevista en *Tel Quel*, núm. 59 (otoño de 1974), traducida en *New French Feminisms*, ob. cit.: 134-138. Kristeva escribió, principalmente, sobre escritores; pero véanse los comentarios a algunos temas típicamente femeninos en una docena de escritoras francesas recientes en: "Oscillation...", *Tel Quel*, núm. 58: 100-102. Comenta ciertos elementos estilísticos de las mujeres en su entrevista con van Rossum-Guyon (nota 3), aunque los derive de fuentes sociales, en vez de libidinales.

[7] Una entrevista a Irigaray, "Women's Exile", en: *Ideology & Consciousness*, núm. 1 (1977): 62-67, traducida e introducida por Diana Adlam y Couza Venn.

siente placer casi en todas partes [...] La geografía de su placer es mucho más diversificada, más múltiple en sus diferencias, más compleja, más sutil, que lo imaginado -en un (sistema) imaginario centrado un poco demasiado en uno y lo mismo–".

> "Ella" es infinitamente otra en sí misma. Ésa es, sin duda, la razón por la cual se la llama temperamental, incomprensible, perturbada, caprichosa -para no hablar de su lenguaje, en el que "ella" se dispara en todas las direcciones y en el cual "él" es incapaz de discernir la coherencia de un significado–. Las palabras contradictorias parecen un poco absurdas a la lógica de la razón e inaudibles para el que oye con cuadrículas ya hechas, un código preparado de antemano. En sus planteamientos -al menos cuando se atreve a hablar– la mujer se re-toca constantemente.[8]

Irigaray concede que el descubrimiento de su autoerotismo por las mujeres no llegará por sí mismo, automáticamente y no les permitirá transformar el orden existente: "Para que una mujer llegue al punto de poder disfrutar su placer como mujer, es necesario un largo rodeo por el análisis de los diversos sistemas que la oprimen".[9] La propia Irigaray escribe ensayos en los que usa categorías marxistas para analizar el uso y el intercambio que los hombres hacen de las mujeres y, en otros, utiliza la fisiología femenina como una fuente de metáforas y contraconceptos críticos (contra la física, la pornografía, la misoginia de Nietzsche,[10] los mitos). Sin embargo, su concentración en las bases físicas para diferenciar lo masculino y la sexualidad física no cambia: para subvertir la opresión falocéntrica en sus niveles más profundos, las mujeres deben reconocer e imponer su *jouissance*.

[8] Luce Irigaray, "Ce Sexe qui n'en est pas un", en: *Ce sexe qui n'en est pas un* [*Ese sexo que no es uno*] (París: Minuit, 1979), y *Amante marine* (París: Minuit, 1980). Su primer libro fue un estudio clínico, *Le Langage des déments* (La Haya: Mouton, 1973).

[9] *New French Feminisms*, ob. cit.: 105.

[10] Irigaray discute la posición histórica de las mujeres en términos marxistas en "Le Marché aux femmes", en: *Ce sexe...*, ob. cit. Sus respuestas a Nietzsche están en *Amante marine*.

Desde 1975, cuando fundó los estudios de mujeres en Vincennes, Hélène Cixous ha sido la portavoz del grupo *Psychoanalyse et politique* y una escritora prolífica para su casa editorial *des femmes*. Al igual que Kristeva, admira a escritores como Joyce y Genet que produjeron textos antifalogocéntricos.[11] Pero está convencida de que el inconsciente de las mujeres es totalmente distinto del de los hombres, y que su especificidad psicosexual es lo que imbuirá de poder a las mujeres para derrocar las ideologías masculinistas y crear nuevos discursos femeninos. Acerca de su propia escritura dice: "Je suis là où ça parle" ("Estoy allí donde se/el id/el inconsciente femenino habla").[12] Cixous produjo una serie de análisis sobre el sufrimiento de las mujeres bajo las leyes de la sexualidad masculina (una narración en primera persona, *Angst*, la obra de teatro *Portrait de Dora*, el libreto para la ópera *Le Nom d'Oedipe*) y un conjunto creciente de demostraciones de lo que podrían ser los discursos femeninos una vez liberado el id: *La*, *Ananke*, e *Illa*. En su obra *Vivre l'orange* (des femmes, 1979), elogia a la escritora brasileña Clarice Lispector por lo que considera una atención peculiarmente femenina hacia los objetos, la habilidad de percibirlos y representarlos de una manera generosa y no dominante. Cree que este cuidado empático y los modos literarios a los que da origen, surgen de fuentes libidinales, no socioculturales: el "gesto típicamente femenino, no desde el punto de vista cultural sino libidinal, [es] producir a fin de dar vida, placer, no para acumular".[13]

[11] Los estudios de Hélène Cixous sobre escritores masculinos incluyen su tesis doctoral *L'Exil de Joyce ou l'art du remplacement* (París: Grasset, 1968); *Prénoms de personne* (*sur Hoffman, Kleist, Poe, Joyce*) (París: Seuil, 1974); y las introducciones a James Joyce y Lewis Carroll para Aubier. Desde 1975, todos sus libros fueron publicados por la editorial *des femmes*.

[12] Hélène Cixous, "Entretien avec Françoise van Rossum-Guyon", en: *RSH* 168 (diciembre de 1977): 488. "Ça parle" es una fórmula lacaniana pero, en otra parte (en su ensayo/ficción *Partie* [París: des femmes, 1976], por ejemplo) se burla de lo que considera una obsesión padre/falo del psicoanálisis reciente.

[13] Hélène Cixous, "Entretien...": 487; y *Vivre l'orange* (incluye una versión inglesa de Cixous con Ann Liddle y Sarah Cornell), (París: des femmes, 1980): 9, 105-107.

Cixous critica el psicoanálisis por su "tesis de una determinación anatómica 'natural' de la diferencia/oposición sexual", concentrándose en los impulsos físicos antes que en las partes del cuerpo para su definición de los contrastes masculino y femenino: "En mi opinión, es en el nivel del placer sexual que la diferencia se hace más nítida, en la medida en que la economía libidinal de la mujer no es ni identificable por un hombre ni atribuible a la economía masculina".[14] En su manifiesto sobre *l'écriture féminine, La risa de la medusa* (*Le rire de la Méduse*) (1975), sus comparaciones y su lirismo sugieren que admira en las mujeres una sexualidad notablemente constante y casi místicamente superior a la obsesividad fálica que trasciende:

> Aunque la sexualidad masculina gravita en torno al pene, al engendrar ese cuerpo centralizado (en la anatomía política) bajo la dictadura de sus partes, la mujer no crea la misma regionalización que sirve a la dupla cabeza/genitales y que está inscrita sólo dentro límites. Así como su inconsciente abarca al mundo, su libido es cósmica.

Con palabras cercanas a las de Irigaray, de inmediato pasa a vincular la sexualidad difusa de las mujeres con su lenguaje, en este caso, el lenguaje escrito: "Su escritura sólo puede continuar, sin inscribir o discernir contornos [...] Ella deja que el otro lenguaje hable, el lenguaje de mil lenguas que no conoce ni el encierro ni la muerte [...] Su lenguaje no contiene, lleva; no frena, hace posible".[15]

El pasaje termina con su invocación de otros impulsos corporales (*pulsions*, en francés) en un continuo con la autoexpresión de las mujeres: "El impulso oral, el impulso anal, el impulso vocal –todos estos impulsos son nuestra fortaleza y entre ellos está el impulso a la gestación–, así como el deseo de escribir: un deseo de vivir el yo desde dentro, un deseo de vientre hinchado, de lenguaje, de sangre".

[14] Hélène Cixous, "Sorties", en: *La jeune née* (París: Bibliothèque 10/18, 1975), traducido en *New French Feminisms*, ob. cit.: 98.

[15] *New French Feminisms*, ob. cit.: 259-260.

En su escritura teórica e imaginativa (*La jeune née*, 1975, combina las dos), Cixous insiste en la primacía de múltiples impulsos libidinales específicamente femeninos en el inconsciente de las mujeres y en la escritura de los futuros discursos femeninos liberadores.

Lo que Kristeva, Irigaray y Cixous tienen en común es que oponen la experiencia corporal de las mujeres (o, en el caso de Kristeva, el efecto corporal de las mujeres como madres) a los patrones fálico/simbólicos enclavados en el pensamiento occidental. Aunque Kristeva no privilegia a las mujeres como las únicas poseedoras del discurso prefalogocéntrico, Irigaray y Cixous van más allá: si las mujeres tienen que descubrir y expresar quiénes son para traer a la superficie lo que la historia masculina ha reprimido en ellas, deben empezar con su sexualidad. Y su sexualidad empieza con sus cuerpos, con su diferencia genital y libidinal frente a los hombres.

Éste es un argumento poderoso por varias razones. Vimos versiones del mismo en el feminismo radical de los Estados Unidos. En el contexto francés, ofrece una isla de esperanza en el vacío dejado por la deconstrucción del humanismo, que se reveló como una invención ideológicamente sospechosa de los hombres. Si los hombres son responsables del imperio del sistema binario de significados reinante –identidad-otro, hombre-naturaleza, razón-caos, hombre-mujer– las mujeres, relegadas al polo negativo y pasivo de esta jerarquía, no están implicadas en la creación de sus mitos. (¡Desde luego, ya no están impresionadas por ellos!) Y la inmediatez con la que el cuerpo, el *id*, la *jouissance*, son supuestamente vividos promete una claridad de percepción y una vitalidad que puede derribar montañas de engaños falogocéntricos. Por último, en la medida en que el cuerpo femenino es visto como una fuente directa de la escritura femenina, un poderoso discurso alternativo parece posible: escribir desde el cuerpo es recrear el mundo.

Pero la *féminité* y *l'écriture féminine* son conceptos tan poderosos como problemáticos. Se los ha tachado de idealistas y esencialistas, se los critica por encontrarlos atados al sistema que pretenden socavar; por ser teóricamente confusos y fatales para la acción política constructiva.[16] Todas estas objeciones son justas. En realidad, deben hacerse, si las mujeres norteamericanas tienen que sacar de ellas los elementos positivos del pensamiento francés sobre la *féminité* para utilizarlos.

Para empezar, la pregunta teórica básica: ¿puede el cuerpo ser una fuente de autoconocimiento? ¿La sexualidad femenina existe a pesar de la experiencia social o antes de ella? ¿Las mujeres viven, en verdad, sus cuerpos pura o esencialmente, fuera de la aculturación perjudicial analizada con tanta dureza por las mujeres en Francia y otras partes? La respuesta es no, ni siquiera desde la teoría psicoanalítica de la que dependen muchos elementos del concepto de *féminité*. Las feministas que releen a Freud y a Jacques Lacan y las que hacen nuevas investigaciones sobre la construcción de la sexualidad están de acuerdo en que la sexualidad no es una cualidad innata ni en las mujeres ni en los hombres; se desarrolla por la interacción de la persona con la familia nuclear y con los sistemas simbólicos activados por la pareja madre-padre al desempeñar los dos roles socialmente impuestos en relación con la criatura. Juliet Mitchell demostró cómo Freud describe el proceso mediante el cual las niñas en nuestra sociedad desplazan su primer amor por sus madres con un amor compensatorio por sus padres y desarrollan un sentimiento de su propia anatomía como algo socialmente menos valioso que la de los niños.[17] Nancy Chodorow documentó y teorizó sobre la dificultad de este cambio, y lo usó para dar cuenta de las complejas necesidades afectivas de las niñas y de las mujeres.[18] Al análisis del proceso mediante el cual se forma la identidad sexual, Lacan añade el

[16] El manifiesto inaugural de *Questions féministes* es una crítica larga y convincente sobre la *néoféminité*, traducido en *New French Feminisms* como "Variations on Common Themes": 212-230. Véase también la evaluación de Beverly Brown y Parveen Adama, "The Feminine Body and Feminist Politics", *m/f* 3 (1979): 33-37.

[17] Juliet Mitchell, *Psychoanalysis and Feminism* (Nueva York: Vintage, 1975). Véase, en especial, "The Holy Family", Parte 4: "The Different Self, the Phallus and the Father": 382-398.

[18] Nancy Chodorow, *The Reproducción of Mothering* (Berkeley: University of California Press, 1978).

rol del padre como portador del lenguaje y de la cultura; identifica el valor simbólico atribuido al falo como la base para los contrastes y los valores contrastantes que la niña incorpora a medida que intenta dar sentido y adaptarse al mundo falogocéntrico. Si la primera identidad de género comienza a existir en respuesta a las estructuras patriarcales -como lo dicen Chodorow, Lacan y Dorothy Dinnerstein, por ejemplo-,[19] incluso, si el inconsciente está sexuado por la familia nuclear, entonces parecería que no hay estrato esencial de la sexualidad que no esté saturado de conformaciones sociales y sistemas simbólicos. Las nuevas lecturas de Freud y la teoría de las relaciones de objetos confirman que la sexualidad no es un dato natural, sino más bien la consecuencia de una interacción social entre la gente y entre los signos.

Los trabajos teóricos y la evidencia práctica sugieren claramente que la identidad sexual ("Soy una mujer, vivo mi cuerpo sexual así") nunca toma forma aisladamente o simplemente en un contexto físico. Una criatura se hace un ser masculino o femenino en respuesta a las mujeres y a los hombres que encuentra en su familia y a las imágenes de hombre y de mujer que construye según su experiencia -en especial, la pérdida de acceso directo al padre o a la madre-.[20] Los deseos de la niña y de la persona adulta que resulta de la niña no son, por último, consecuencia de las sensibilidades eróticas aisladas de su cuerpo; estas sensibilidades son interpretadas por los significados que la niña vincula a su cuerpo mediante la experiencia temprana en un mundo sexuado. Tomar del psicoanálisis los conceptos de impulso y libido sin hablar de lo que le sucede después a los sistemas de autopercepción de la niña es dejar de lado el nivel profundo en que la sociedad falocéntrica

[19] Dorothy Dinnerstein, *The Mermaid and the Minotaur: Sexual Arrangements and Human Malaise* (Nueva York: Harper and Row, 1977).

[20] En un artículo sobre el análisis que hace Freud de la histérica Dora, Jacqueline Rose subraya que los roles masculino-femenino internalizados por la criatura entran en el inconsciente a un nivel tan profundo que gobiernan la producción de sueños. Dora, que desea a una mujer, se representa como un hombre -un sorprendente ejemplo de la imagen socializada del deseo-, "'Dora' -Fragment of an Analysis", en: *m/f* (1979): 5-21.

afirma su poder: la familia sexuada tal como se fija en el sentimiento que tiene de sí misma la criatura como ser sexuado.

La teoría psicoanalítica no es un dogma feminista, y las feministas también analizaron las ideologías sexistas que enfrentan a las mujeres, pasada ya la edad de la infancia en la familia. No es de sorprender que estas ideologías se abran paso en la experiencia cotidiana que las mujeres tienen de sus cuerpos, incluso, en situaciones que concebimos como libres de dominación masculina. Por ejemplo, prácticas liberadoras como la masturbación, el lesbianismo y la medicina centrada en la mujer coexisten con hábitos de pensamiento y sentimiento totalmente falocéntricos; no son liberadoras simplemente por aspirar a serlo. Por ejemplo, algunas mujeres descubren que su masturbación viene acompañada de fantasías desconcertantes que aclaran poco; al revés de lo que plantea la *féminité*, el autoerotismo de las mujeres, al menos en estas décadas, está saturado de imágenes de un mundo dominado por el falo. Así también, muchas lesbianas reconocen su necesidad de resistir roles de dominación y de sumisión que tienen un parecido aciago y hasta paródico con las relaciones heterosexuales. Las mujeres que dan a luz pueden preguntarse si la terminología optimista, y hasta heroica, del parto natural no está relacionada con el sospechoso ideal de "enfrentar las cosas como un hombre". Incluso, en las clínicas de autoayuda establecidas para ahorrar a las mujeres el sesgo sexista de los establecimientos ginecológicos masculinos, puede prevalecer un *magasin des images* falocéntrico. Una mujer que trabaja en una de esas clínicas, al mostrarle por primera vez a una amiga mía su cervix en un espejo, hizo un comentario (sin mala intención, claro está) que nos pareció a las dos mucho menos liberador de lo que pretendía ser: "¿Grande, no? ¿No parece potente? Igual que un pene". Es que a esta altura, la mayoría de nosotras percibimos nuestro cuerpo a través de una trama contradictoria e inestable de antigua simbolización sexual y respuesta política. Es posible que las feministas francesas hayan hecho del cuerpo femenino una entidad demasiado totalizada, deleitable y sin problemas.

Es verdad que la fisiología de las mujeres tiene significados importantes para ellas en distintas culturas, y es esencial para nosotras expresar esos significados en vez de someterlos a definiciones -es decir, apropiaciones- masculinas de nuestra sexualidad. Pero el cuerpo femenino no parece el mejor lugar para lanzar un ataque contra las fuerzas que nos alienaron de lo que podría ser nuestra sexualidad. Pues si buscamos una feminidad innata precultural, ¿dónde nos deja esa posición (aunque en *contenido* sea, obviamente, distinta del dogma masculinista) en relación con las teorías anteriores sobre la *naturaleza* de las mujeres? Yo me siento muy halagada por las alabanzas de Cixous a las percepciones generadoras de las mujeres, pero cuando habla de un impulso hacia la gestación, empiezo a oír los ecos de la glorificación coactiva de la maternidad que ha plagado a las mujeres durante siglos. Si definimos la subjetividad femenina mediante realidades biológicas libidinales universales dadas, ¿qué sucede con el proyecto de cambiar el mundo en un sentido feminista? Además, ¿la sexualidad de las mujeres es tan monolítica como para que una noción de feminidad compartida típica le haga justicia?, ¿qué pasa con las variaciones de clase, raza y cultura entre las mujeres?, ¿qué hay de los cambios en la sexualidad de *una* mujer en el tiempo (con los hombres, con las mujeres, con ella misma)?, ¿cómo puede una voz libidinal -o los dos labios de la vulva presentados de manera tan impactante por Irigaray- hablar por todas las mujeres?

La crítica psicoanalítica de la *féminité*, como un concepto que pasa por alto importantes realidades psicosociales, no es la única crítica posible de las posiciones de Irigaray y Cixous. Otras francesas atacaron fuertemente, desde el materialismo, lo que ellas llaman *néoféminité*, objetándolo como un ideal de oposición simétrica comprometido con el sistema ideológico que las feministas quieren destruir. (*Questions féministes*, la publicación fundada en 1977, con Simone de Beauvoir como editora titular, es una fuente central para este tipo de pensamiento en Francia.) Las feministas materialistas, como Christine Delphy y Colette Guillaumin, desconfían de la lógica por la cual la *féminité* define a los hombres como fálicos -solipsistas, agresivos, excesivamente racionales- y luego ensalza a las mujeres que, por la naturaleza de su sexualidad contrastante, están orientadas-hacia-el-otro o la otra, sienten empatía y son multi-imaginativas. En vez de cuestionar los términos de esa definición (la mujer es lo opuesto del hombre), la *féminité* los mantiene como celebración de la diferencia entre las mujeres y los hombres. Trastoca los valores asignados a cada parte de la polaridad, pero sigue dejando al hombre como el referente determinante, sin alejarse de la oposición masculino-femenino, sino participando en ella.

Pienso que ésta es una posición convincente, tanto en el nivel filosófico como pragmático. Lo que necesitamos hacer es salir de la lógica binaria centrada en los hombres. No necesitamos preguntar en qué medida la mujer es diferente del hombre (aunque la pregunta "en qué se diferencian las mujeres de lo que los hombres *piensan* que ellas son" es importante). Necesitamos saber cómo las mujeres llegaron a ser lo que son a través de la historia, la historia de su opresión por los hombres y por las instituciones diseñadas por los hombres. Sólo mediante un análisis de las relaciones de poder entre los hombres y las mujeres, y de las prácticas basadas en ese análisis acabaremos con nuestra opresión y sólo entonces descubriremos lo que las mujeres son o pueden ser. Más estratégicamente, necesitamos saber si la afirmación de una naturaleza femenina compartida, como lo dice la *féminité*, puede ayudarnos en la acción feminista hacia una variedad de metas: la posibilidad de trabajar, o de trabajar marginalmente o de trabajar según nuevas definiciones, o de no trabajar; la libertad para ejercer una diversidad de prácticas sexuales; el derecho a la maternidad, a no ser madre, o alguna otra forma de participación en la reproducción todavía no teorizada; la afirmación de los valores femeninos históricamente condicionados (la crianza, las ambiciones comunales en vez de individuales, la insistencia en mejorar la calidad de la vida privada), y la exploración de valores nuevos. Si concentramos nuestras energías en contraponer una visión de *La Mujer* a la visión de los hombres en el pasado y en el presente, ¿qué sucede con nuestra posibilidad de defender a la multiplicidad de mujeres y las diversas posibilidades de vida futura por las que están luchando?

En una crítica a la *féminité* como elogio de la diferencia de las mujeres con respecto a los hombres, debemos mencionar a Monique Wittig. Miembro activo de las *Féministes révolutionnaires* a principios de los años setenta y colaboradora de *Questions féministes* desde el primer momento, Wittig escribió cuatro libros muy diferentes, aunque relacionados por su enfoque de mujeres entre mujeres: las estudiantes de *El Opoponax*, la hermandad tribal de *Les guérrillères*, la pareja apasionada de *El cuerpo lesbiano*, las usuarias del vocabulario posfalocéntrico de *Borrador para un diccionario de los amantes*. Wittig escribe sus novelas, sus monólogos y sus historias para explorar qué son o podrían ser las relaciones sociales entre mujeres identificadas con mujeres.[21] Ella reescribe la cultura tradicional sobre la base de parodias burlonas: una de las entradas en *Borrador para un diccionario de los amantes* es "Así hablaba Federica, cuento para criaturas" ("Ainsi parlait Frederika, conte pour enfants"), sin duda una alusión a Federico Nietzsche, entre las menos reverentes de la crítica cultural francesa. También inventa nuevos escenarios, como las ceremonias o los festivales en *Las guerrilleras* y *El cuerpo lesbiano*, y nuevos modos, como la épica feminizada de *Las guerrilleras* y el diálogo lírico de *El cuerpo lesbiano*, para representar lo que una mujer/vida femenina -separatista pero no aislacionista- podría ser.

Como lo demuestran sus conferencias en los Estados Unidos, Wittig desconfía tanto del pensamiento que define a las mujeres en relación (oposición) con el hombre, como del tono mítico/idealista de ciertas formulaciones sobre la *féminité*.[22] Durante el Segundo Congreso sobre Sexo que tuvo lugar en Nueva York en septiembre de 1979, en su argumentación a favor de un planteo sobre las mujeres más centrado en lo político Wittig utilizó un vocabulario marxista más conocido para las feministas norteamericanas que los esquemas filosóficos y psicoanalíticos de Irigaray y Cixous:

[21] Todos los libros de Wittig fueron traducidos al inglés: *L'Opoponax* por Helen Weaver (Plainfield, Vt.: Daughter's Press Reprint,1976); *Les guérillères* por David Le Vay (Nueva York: Avon, 1973); *The Lesbian Body* por David Le Vay (Nueva York: Avon, 1976); *Lesbian Peoples: Material for a Dictionary* (con revisiones sustanciales) por Wittig y Sande Zeig (Nueva York: Avon, 1979).

[22] Monique Wittig, "The Straight Mind", conferencia en el Feminist as Scholar Conference, mayo de 1979, en Barnard College, Nueva York.

> Nos queda [...] definir nuestra opresión en términos materialistas, decir que las mujeres son una clase, lo cual significa decir que la categoría "mujer" como "hombre" es una categoría política y económica, no es una categoría eterna [...] Nuestra primera tarea [...] es disociar por completo a las "mujeres" (la clase en la que luchamos) de "mujer", el mito. Pues "mujer" no existe para nosotras; es sólo una formación imaginaria, mientras que "mujeres" es un producto de una relación social.[23]

En *Questions féministes*, Colette Guillaumin también señala que las características psíquicas elogiadas por las defensoras de la *féminité* fueron, en realidad, determinadas por los roles familiares y económicos impuestos a las mujeres por los hombres. Insiste en que no es para nada liberador que las mujeres reclamen para sí virtudes que los hombres siempre encontraron convenientes. ¿Cómo pueden amenazar a un Amo la ternura maternal o la empatía sin exigencias?[24] Lo liberador es comprometerse a analizar y poner fin a las estructuras patriarcales que produjeron esas cualidades sin referencia a las necesidades de las mujeres.

Tengo otra objeción política al concepto de *féminité* como un conjunto de características psicosexuales de todas y cada una: hace desaparecer las diferencias vividas de las mujeres. En la medida en que cada una de nosotras tiene una relación particular tribal, nacional, racial o de clase con respecto a los hombres, estamos, de hecho, separadas las unas de las otras. Como lo demostraron las penosas y contraproducentes divisiones de clase y de raza en el Movimiento de Mujeres en los Estados Unidos, necesitamos comprender y respetar la diversidad de nuestras situa-

23 Monique Wittig, "One Is Not Born a Woman", texto de su discurso en la City University of New York Graduate Center, septiembre de 1979.

24 Colette Guillaumin, "Question de différence", en: *Questions féministes* 6 (septiembre de 1979): 3-21. Guillaumin señala que la *diferencia* también tiene que verse con otros grupos oprimidos (el Tercer Mundo y la población negra de los Estados Unidos, por ejemplo), que todavía no consiguieron su autodeterminación política. Hacer valer su diferencia contra la clase dominante fortalece su solidaridad de grupo, pero a expensas de un análisis de las fuentes políticas de esa diferencia.

ciones sociales concretas. Una visión monolítica de la sexualidad femenina compartida, en vez de vencer al falocentrismo como doctrina y práctica, probablemente nos ciegue ante nuestras necesidades variadas e inmediatas, y ante las luchas específicas que debemos coordinar para satisfacerlas. ¿Qué significan "dos labios" para las mujeres heterosexuales que quieren que los hombres reconozcan su placer clitorídeo, o para las africanas o las mujeres del Mediano Oriente que, a consecuencia de clitoridectomías faraónicas, no tienen ni labios ni clítoris con los cuales *jouir*? ¿Acaso la celebración de lo Maternal versus lo Patriarcal tiene el mismo sentido, o algún sentido, para las mujeres blancas de clase media que están luchando por el derecho al aborto, para las mujeres negras y del Tercer Mundo que se resisten a la esterilización forzada, para las mujeres en economías agrícolas de subsistencia donde el sustento de la familia depende del trabajo de todas las criaturas que nacen y sobreviven? Y no hay duda de que una mujer asigna diferentes significados a su sexualidad a lo largo de su historia individual. Es posible que lo que más necesiten las muchachas en el mundo occidental sea liberarse de las expectativas sexuales y de la actividad sexual, ya que los medios de comunicación, la propaganda, las presiones de sus pares y la pornografía infantil las sexualizan demasiado pronto. Las mujeres de diversas edades sufren cambios radicales en su identidad sexual y en sus respuestas a lo sexual a medida que entran en relaciones con hombres, con mujeres, o eligen el celibato y la amistad como alternativas. Y es difícil ver cómo las situaciones de mujeres mayores, consignadas a la inactividad sexual por su edad o por ser viudas, al trabajo sin salario en las familias de otros o a la pobreza desoladora, pueden ser comprendidas o cambiadas por el concepto de *jouissance*. Vuelvo a preguntar si una voz libidinal, por más que no sea definida falocéntricamente, puede hablar de los problemas económicos y culturales de todas las mujeres.

Por lo tanto, yo diría que necesitamos la profundidad teórica y la energía polémica de la *féminité* como idea alternativa. Pero una unidad entre las mujeres, sensible a la historia y poderosa, vendrá de nuestra práctica compartida y de nuestra experiencia en el mundo material y contra él. Como lente y como estrategia parcial, la *féminité* y la *écriture féminine* son vitales. Es indudable que las mujeres deben deshacerse de las actitudes despreciativas y erróneas sobre su sexualidad presentes en las culturas y lenguas occidentales (y también en las otras) en sus niveles más profundos, y crear representaciones que impugnan los discursos falocéntricos es una parte importante de esa lucha ideológica. Las mujeres ya empezaron a transformar no sólo los temas, sino también las maneras de producir significado en poesía, en ficción, en cine y en las artes visuales. (De hecho, las investigaciones de las feministas sugieren que las francesas posiblemente se hayan precipitado al decir que recién ahora las mujeres están empezando a desafiar el orden simbólico.) Pero, aunque tomemos *l'écriture féminine* como un ideal utópico, como un mito que nos estimula y no como un modelo de cómo escriben o deberían escribir todas las mujeres, surgen (¡de nuevo!) problemas teóricos y prácticos frente a un ideal definido de esta manera. ¿Puede ser el cuerpo la fuente de un nuevo discurso? ¿Es posible, aceptando un sentido no mediado y *jouissant* del propio cuerpo (o, más probablemente, reconstruido de forma positiva) pasar directamente del estado de excitación inconsciente a un texto femenino escrito?

Madeleine Gagnon afirma que sí, en *La Venue à l'écriture*, un texto escrito con Cixous en 1977. En su opinión, libres de la economía autolimitante de la libido masculina ("Lo tendré una vez y sólo una vez, por un solo órgano; una vez terminado, asunto concluido; así que debo cuidarme, guardarme y evitar desbordes prematuros"), las mujeres tienen una mayor espontaneidad y riqueza en el cuerpo y en el lenguaje:

> Nunca hemos sido amas de otros o de nosotras mismas. No necesitamos enfrentarnos para liberarnos. No tenemos que vigilarnos o erigir algún otro *yo* para comprendernos. Lo único que tenemos que hacer es dejar que el cuerpo fluya, desde adentro; lo único que tenemos que hacer es borrar [...] cualquier cosa que pueda obstruir o dañar las nuevas formas de escritura; retenemos todo lo que nos viene bien, todo lo que nos agrada. Mientras

> tanto, el hombre se enfrenta constantemente. Se opone y se tropieza contra su *yo* erguido.[25]

Pero la teoría psicoanalítica y la experiencia social sugieren que el salto del cuerpo al lenguaje es especialmente difícil para las mujeres.[26] La teoría lacaniana sostiene que la introducción de la niña al lenguaje (el orden simbólico representado por el padre y construido sobre las oposiciones fálico-no fálico) es compleja, porque ella no puede identificarse directamente con los polos positivos de ese orden. Y, en muchas culturas sin escritura, se obedecen los tabúes contra la palabra femenina: abundan las imposiciones de silencio, las burlas de las conversaciones femeninas o de los *libros de mujeres*. Lo importante de los primeros grupos de concientización en los Estados Unidos es, precisamente, que buscaron superar la falta de decisión verbal inducida en las mujeres por una sociedad en la que los hombres tuvieron la primera y la última palabra. Además, para las mujeres con trabajo, esposo o amante, criaturas, compromisos políticos activistas, encontrar el tiempo y la justificación para simplemente empezar a escribir presenta un enorme problema práctico e ideológico.[27] Es más probable que escribamos y que leamos lo que escribimos, si empezamos trabajando contra las dificultades concretas y los prejuicios que tiene que enfrentar la escritura de las mujeres en vez de simplifi-

[25] Madeleine Gagnon, "Corps I", en: *New French Feminisms*, ob. cit.: 180. Véase Chantal Chawak, para una exposición similar en "La Chair linguistique", *New French Feminisms*, ob. cit.: 177-178.

[26] Cora Kaplan combina descripciones psicoanalíticas y antropológicas de las vacilaciones de las mujeres para hablar, en: *Language and Gender Papers on Patriarchy* (Inglaterra: Women's Publishing Collective, 1976). Así también, Sandra M. Gilbert y Susan Gubar demuestran cómo la ambivalencia por el origen social hacia el rol de escritora ha influido en mujeres que escriben en inglés, en: *The Madwoman in the Attic: The Woman Writer and the Nineteenth-Century Literary Imagination* (New Haven: Yale University Press, 1979).

[27] Véase Tillie Olsen, *Silences* (Nueva York: Delacorte, 1979), para una discusión de las exigencias prácticas y las dudas que han obstaculizado la escritura de las mujeres, en especial "The Writer-Woman: One Out of Twelve": 177-258.

car e idealizar el proceso definiendo la escritura como una efusión espontánea del cuerpo.

La idea de un retorno verbal a la naturaleza parece particularmente sorprendente viniendo de mujeres que en otras circunstancias (¡y con toda razón!) desconfían de un lenguaje penetrado por el dogma falocéntrico. Es verdad que las técnicas narrativas convencionales, la gramática y la sintaxis, llevan implícito el punto de vista unificado y el dominio de la realidad externa que los hombres reclamaron para ellos. Pero los modos literarios y el lenguaje no pueden ser los únicos objetivos de la transformación; el *contexto* de los discursos de las mujeres necesita ser repensado y ampliado. Una mujer puede sentir *jouissance* en una relación privada con su propio cuerpo, pero escribe para otras. ¿Quién escribe? ¿Quién lee? ¿Quién hace que los textos de las mujeres sean accesibles a las mujeres? ¿Qué es lo que desean leer las mujeres sobre la experiencia de otras mujeres? Asumir una postura de poeta o novelista es entrar en un rol entrecruzado de cuestiones de autoridad, público, modos de publicación y distribución. Creo que estamos más en deuda con el *cuerpo* de las primeras escritoras, editoras y vendedoras de libros feministas que con el fluido libidinal/corporal de cualquier escritora. La novelista Christiane Rochefort resume con divertida franqueza las fuerzas públicas encontradas y las voces que crean el dilema que enfrentan las francesas que quieren escribir:

> Bien. Aquí estás ahora, sentada en tu escritorio, sola, sin permitir que nadie interrumpa. ¿Estás libre?
>
> Primero, después de esta larga búsqueda, estás nadando en una terrible sopa de valores, pues para estar a salvo has tenido que rechazar los supuestos valores femeninos, que no son femeninos sino un esquema social e identificarte con los masculinos, que no son masculinos sino una apropiación de los hombres –o una atribución a los hombres– de todos los valores humanos, mezclados con los antivalores de dominación-violencia-opresión y demás. En esta mezcla, ¿dónde está tu verdadera identidad?
>
> Segundo, se supone que tienes que escribir de cierta forma, con preferencia: quiero decir que en ciertas formas no se te ve demasiado como usurpadora. Novelas. Poesía menor, en cuyo

> caso serás estigmatizada en francés con el nombre de *poetesse* (poetisa): no todas se pueden dar ese lujo [...]
>
> También se supone que debes escribir *sobre* ciertas cosas: la casa, los hijos, el amor. Hasta hace poco en Francia había una supuesta *literatura femenina*.
>
> Tal vez no quieres escribir *sobre*, sino escribir, punto. Y por supuesto, no quieres obedecer este orden social. Por lo tanto tiendes a reaccionar contra él. No es fácil ser genuina.[28]

Cualesquiera sean las dificultades, las mujeres están inventando nuevas formas de escritura. Pero, como lo demuestran la erudición y las piezas teatrales con voz que escribe Irigaray (como lo demuestran también sus juegos traviesos de palabras y sus citas del griego, el alemán y el portugués, los neologismos fantásticos de Wittig y su revisión de los géneros convencionales) lo están haciendo deliberadamente, con un nivel de autoconciencia de la teoría y de la literatura feminista que va más allá del cuerpo y del inconsciente. Así es, también, como deben ser leídas. Para reconocer los juegos intertextuales de todas estas escritoras es necesario tener un gran conocimiento de los figurones *masculinos* de la cultura occidental; sus obras demuestran que la oposición a una cultura siempre se construye, en una primera instancia, con pedazos y retazos de esa misma cultura, por mucho que se la desmonte, critique o trascienda. Responder a *l'écriture féminine* no es más instintivo que producirla. La escritura de las mujeres será más accesible tanto a las escritoras como a las lectoras si la reconocemos como una respuesta consciente a realidades socioliterarias, en vez de aceptarla como un desbordamiento de la comunicación no mediada de una mujer con su cuerpo. Llegará el momento en que la práctica de las escritoras transformará lo que vemos y entendemos en un texto literario; pero, hasta la mujer que se siente a escribir sobre su cuerpo lo hará contra sus madres, parteras y hermanas socioliterarias y por su intermedio. También debemos

[28] Christiane Rochefort, "Are Women Writers Still Monsters?", conferencia dada en la Universidad de Wisconsin, Madison, en febrero de 1975, traducida en *New French Feminisms*, ob. cit.: 185-186.

reconocer que no hay nada de universal en las versiones francesas de *l'écriture féminine*. El habla, el canto, los cuentos y la escritura de las mujeres en otras culturas que no son las de Francia necesitan ser examinadas y comprendidas en su contexto social si deseamos llegar a tener una imagen de la creatividad de las mujeres que verdaderamente las empodere.

Pero, después de todo esto, corro el riesgo de ir demasiado lejos con mi crítica de la *féminité* y *l'écriture féminine* y eso sería una verdadera pérdida. Las feministas norteamericanas pueden adoptar, por lo menos, dos elementos importantes de la posición francesa: la crítica al falocentrismo en todas las formas materiales e ideológicas que tomó, y el pedido de nuevas representaciones de la conciencia de las mujeres. No es suficiente recuperar viejas heroínas o imaginar otras nuevas. Como las francesas, necesitamos revisar las palabras, la sintaxis, los géneros, las actitudes arcaicas y elitistas frente al lenguaje y las representaciones que limitaron el autoconocimiento y la expresión de las mujeres durante los largos siglos del patriarcado. Pero no necesitamos reemplazar el falocentrismo por un *concentrismo* débilmente teorizado que niega a las mujeres sus especificidades históricas para reconocer la profundidad que debe tener el rechazo de los valores masculinistas.[29] Si recordamos que las mujeres realmente comparten una opresión en todos los niveles, aunque cada una de nosotras se vea afectada por la misma de diferente manera -si podemos traducir la *féminité* en un ataque concertado y directo contra el lenguaje y contra los arreglos sociosexuales que nos alejan de nuestras potencialidades y nos distancian las unas a las otras-, entonces habremos emprendido el camino para ser *les jeunes nées* imaginadas por los feminismos franceses en su sentido más generoso.

[29] "Concentrismo" es un concepto de Elaine Showalter, utilizado en su trabajo titulado "Feminist Literary Theory and Other Impossibilities", leído en el Smith College durante la Conference on Feminist Literary Criticism, Northampton, 25 de octubre de 1980.

Feminismo y deconstrucción*

Mary Poovey

Existen tantas deconstrucciones como feminismos. Discutir la relación entre deconstrucción y feminismo equivale a eludir –o, por lo menos, postergar– el tema de su definición. Esto me exige co-

* Título original en inglés: "Feminism and Deconstruction", publicado en: *Feminist Studies*, vol. 14, núm. 1 (primavera de 1988). Traducción de Jessica McLauchlan y Mirko Lauer, revisada y corregida por Marysa Navarro.

He aquí lo que dice Alice A. Jardine sobre la idea de *la mujer*:

> El problema que presentan las teóricas francesas al usar "la mujer" o "lo femenino" como metáfora de aquello que remueve el orden paterno de significación es que con el uso creciente de las comillas para la palabra "mujer", las mujeres, en tanto seres que piensan y escriben, se ven colocadas en la situación de preguntar constantemente si se trata de mujeres, o de la mujer, de sus *cuerpos* escritos o de sus cuerpos *escritos*. Rechazar "la mujer" o "lo femenino" como conceptos culturales [...] es, aunque parezca irónico, volver a definiciones metafísicas –anatómicas– de la identidad sexual. Por otro lado, aceptar la metaforización de la mujer significa arriesgar de nuevo la ausencia de las mujeres como sujetos en las luchas contra las teorías de presencia metafísica. Al tratar de analizar, separar las determinaciones ideológicas y culturales de "lo femenino" de "la mujer de verdad" –en apariencia, el camino más lógico–, *las mujeres*, son algo literalmente y figurativamente imposible–.

Véase su "Pre-texts for the Transatlantic Feminist", en: *Yale French Studies* (1981): 223-224. Jardine discute este dilema con más detalle en *Gynesis: Configurations of Woman and Modernity* (Ithaca: Cornell University Press, 1985): especialmente 31-49. Jonathan Culler también discute este problema pero aunque su análisis de "Leyendo como una mujer" esclarece el problema, en último término no ataca la intersección del feminismo y la deconstrucción. La nota reveladora dice, en parte: "La relación entre el feminismo y la deconstrucción es un problema complicado [...]. *Éperons* de Derrida [...] es, en este caso, un documento relevante pero en muchos sentidos no es satisfactorio". Todo lo que Culler agrega son "algunas indicaciones breves" sobre cómo podría plantearse

locar dos entidades que no existen como tales, para examinar una relación que, indiscutiblemente, existe en la crítica contemporánea, sobre todo en la crítica literaria. En este ensayo, voy a postular estas dos entidades provisionales, muy simplificadas, para iniciar la discusión; pero mi proyecto principal será sugerir algunas de las razones que explican por qué las dificultades de la definición se multiplican cuando estos dos sustantivos se ven unidos por una conjunción. Quiero tratar de explicar por qué la deconstrucción pone en cuestión el feminismo y cómo el feminismo puede usar la deconstrucción. Al hacer esto, sugiero que el feminismo debe reescribir la deconstrucción para incorporar sus estrategias en un proyecto político, y que esta reescritura transformará necesariamente el feminismo; es posible que nos lleve (conceptualmente) *más allá* del feminismo.

En primer lugar, el problema: aceptar las premisas antihumanistas de la deconstrucción es, desde ya, cuestionar la posibilidad de que, en contraste con *la mujer*, existan las mujeres. Esto no quiere decir que las hembras biológicas no existan, sino, más bien, que ni la sexualidad ni la identidad social se dan exclusivamente en el cuerpo o por él, cualquiera sea el sexo. En vez de reflejar un *yo* unitario, la identidad es relacional; como tal, *la mujer* es sólo una posición que adquiere su definición (provisional) por su ubicación en relación con el *hombre*. Esta formulación del pro-

---

esa conjunción de forma más satisfactoria. Véase *Sobre la deconstrucción. Teoría y crítica después del estructuralismo* (Madrid: Cátedra, 1984).

Existen varios análisis sobre feminismo y deconstrucción. Por ejemplo, el de Gayatri Chakravorty Spivak "French Feminism in an International Frame", en: *Yale French Studies* 62 (1981): 154-184; y "Displacement and the Discourse of Woman", en: *Displacement:* Mark Krupnick (ed.), *Derrida and After* (Bloomington: Indiana University Press, 1983): 169-195; Jane Gallop, "Annie Leclerc Writing a Letter, with Vermeer", en: Nancy K. Miller (ed.), *The Poetics of Gender* (Nueva York: Columbia University Press, 1986): 137-156; Frances Bartkowski, "Feminism and Deconstruction: 'A Union Forever Deferred'", en: *Enclitic* 4 (otoño de 1980): 70-77; Myra Love, "Christa Wolf and Feminism: Breaking the Patriarchal Connection", en: *New German Critique* 16 (invierno de 1979): 31-53; y Elizabeth Meese, *Crossing the Double-Cross: The Practice f Feminist Criticism* (Chapel Hill: University of North Carolina Press, 1986): especialmente, 72-87.

blema proviene del programa filosófico de deconstrucción tal como lo practica Jacques Derrida en particular. Parte de la crítica de Derrida a la metafísica occidental comprendió una desmitificación de la presencia o de la identidad. Al demostrar que la idea de presencia depende del lenguaje, que simultáneamente representa y está *en lugar de* las cosas que las palabras representan, Derrida sostiene que la presencia es siempre elusiva y relacional –no el terreno de la verdad, sino la ilusión producida por la infinita sustitución de significantes con los cuales nosotros (con esperanza, pero fútilmente), tratamos de capturarlo–.[1] Uno de los efectos de la desmitificación de la presencia –y una de las estrategias mediante las cuales Derrida logró la desmitificación– es la deconstrucción de las oposiciones binarias. En otras palabras, la presencia parece fijada y su integridad ontológica, asegurada, porque aparenta hallarse en oposición a otro término fijo –la ausencia–. Sin embargo, Derrida afirmó que la interdependencia de estos términos implica que ninguno puede ser autónomo, y que, en realidad, ambos adquieren su definición en la relación de la cadena de significantes a la que pertenecen. Ninguno de los eslabones de esta cadena lingüística tiene prioridad y el *terreno* que produce el efecto de significado y de esencia es el juego de sustituciones ya mencionado. Por lo tanto, el proyecto de deconstrucción no busca trastocar las oposiciones binarias, sino que problematiza la idea misma de oposición y la noción de identidad de la cual depende. La deconstrucción socava la identidad, la verdad, como tales; sustituye estas esencias con interminables postergaciones o juegos.

Desde la perspectiva de este proyecto, un feminismo que basa su epistemología y su práctica en la experiencia de las mujeres es, simplemente, otro humanismo engañado, cómplice de las instituciones patriarcales contra las cuales declara oponerse.[2] Plantear

[1] Véase Jacques Derrida, "That Dangerous Supplement", en: *Of Grammatology*, trad. al inglés de Gayatri Chakravorty Spivak, Baltimore y Londres: Johns Hopkins University Press, 1974): 141-164 [trad. al castellano: *De la gramatología* (México: Siglo XXI, 1971)].

[2] Véase Alice A. Jardine, "Opaque Texts and Transparent Contexts: The Political Difference of Julia Kristeva", en: *Poetics of Gender*: 97-98; Gayatri Cha-

que la naturaleza biológica de las mujeres fundamenta una serie de experiencias y sentimientos es caer, obviamente, en esta trampa humanista; pero incluso, decir que todas las mujeres necesariamente ocupan la posición de *otro* para el hombre, y que su opresión social surge de esta división binaria es arriesgarse a reducir la posición a esencia, porque se conserva tanto el concepto de identidad unificada como la lógica de oposición que actualmente dicta nuestro *conocimiento* de las diferencias de sexo y de la naturaleza de la mujer. Si se llevara la deconstrucción a sus conclusiones lógicas, se mantendría que *la mujer* es *sólo* una construcción social que no tiene base en la naturaleza; en otras palabras, que *la mujer* es un término cuya definición depende del contexto en discusión y no de un conjunto de órganos sexuales o de experiencias sociales. Esto hace que la experiencia que las mujeres tienen de sí mismas y el significado de sus relaciones sociales sean, por lo menos, problemáticos. También pone en tela de juicio la experiencia sobre la cual el feminismo norteamericano ha fundamentado históricamente sus programas políticos. El desafío para las que, como yo, estamos convencidas de que las mujeres de carne y hueso existen y comparten ciertas experiencias *y* que la deconstrucción de la desmitificación de la presencia tiene sentido desde el punto de vista teórico, es elaborar alguna manera de pensar tanto a las mujeres como a *la mujer*. No es una tarea fácil.

Una aproximación a este problema es la que ofreció el mismo Derrida (y otros críticos deconstructivistas, como Jean-François Lyotard, Roland Barthes y Michel Serres). En textos como *Espolones: los estilos de Nietzsche* y "La doble sesión", Derrida investigó la posibilidad de que *la mujer*, constituida en posición de *otro*, pueda subvertir o problematizar toda la metafísica basada en la presencia y la identidad. Aunque no es mi propósito analizar el argumento específico o la estrategia que Derrida elabora en estos ensayos, su proyecto es explorar y explotar ese principio que subvierte la estructura de la oposición binaria –lo que él llama

---

kravorty Spivak, "French Feminism in an International Frame", ob. cit.: 175-176; y Beverly Brown and Parveen Adams, "The Feminine Body and Feminist Politics", en: *m/f*, núm. 3 (1979): especialmente, 35-38.

con los nombres de *différance, escritura* o *suplementaridad*–. Como el juego de la sustitución, *la différance* puede ser imaginada por el momento como cualquier cosa que problematice la oposición o represente lo intermedio (el himen, por ejemplo, que es el límite entre el adentro y el afuera, y, por lo tanto, es ambos; o la masturbación, cuyas fantasías que la acompañan hacen y no hacen presente a la persona amada).[3] Por otra parte, este principio puede ser conceptualizado como un modo de hablar, que Derrida llama *la voz intermedia*. La "différance no es simplemente activa", escribe Derrida, "más bien, indica la voz intermedia, precede y establece la oposición entre actividad y pasividad".[4] Como lo explica Frances Bartkowski, esta voz intermedia "es una en la que sujeto y objeto son, a menudo, lo mismo; suele encontrarse en la forma reflexiva donde la relación sujeto-verbo-objeto está des-centrada. Anula la distancia y, por ello, puede ser vista como la forma en la que un componente erótico determinado está presente".[5]

Esta voz intermedia, como una figura de aquello que rompe la estructura de las oposiciones binarias y, por eso, la identidad de los términos que esa estructura sostiene y de la que depende, fue teorizada por las feministas francesas Luce Irigaray y Hélène Cixous como un lenguaje específicamente femenino. Ésta es una elaboración del flirteo de Derrida con lo femenino como escritura ("si el estilo fuese un hombre [...], la escritura sería la mujer").[6] Como ésta es la forma en que la mayoría de las personas en los Estados Unidos conocieron y abordaron las ideas y estrategias deconstructivas, me concentraré en esta versión de la deconstrucción, en lugar de hacerlo en la posición *femenina* adoptada intermitentemente por Derrida.

[3] Véase Jacques Derrida, "The Double Session", en: *Dissemination*, traducción al inglés de Barbara Jonson (Chicago: University of Chicago Press, 1981): 173-285 [trad. al castellano: *La diseminación* (Madrid: Fundamentos, 1975)]; y "That Dangerous Supplement", en: *Of Grammatology*, ob. cit.: 144-145.

[4] Derrida, citado en Frances Bartkowski, ob. cit.: 72.

[5] Frances Bartkowski, ob. cit.: 72.

[6] Jacques Derrida, *Espolones: los estilos de Nietzsche [Spurs: Nietzsche's Styles*, trad. al inglés de Barbara Harlow (Chicago: University of Chicago Press, 1978): 57].

Con la publicación de "La risa de la medusa" de Cixous, en *Signs*, en 1976, las ideas de las feministas francesas empezaron a ser accesibles al público norteamericano. Debido al aislamiento lingüístico de los norteamericanos y norteamericanas, y a la dificultad estilística de estos trabajos, su popularidad dependía, necesariamente, de la disponibilidad de traducciones. Poco después de la publicación del ensayo de Cixous, también aparecieron en *Signs* dos textos de Luce Irigaray, "When Our Lips Speak Together" (1980), y "And the One Doesn't Stir without the Other" (1981). En 1980 también había publicado toda una antología de textos feministas franceses (*New French Feminisms*), editada por Elaine Marks e Isabelle de Courtivron.[7] Casi en el mismo momento en que llegaron estos textos a las librerías y bibliotecas norteamericanas, empezaron a aparecer comentarios críticos. Trabajos como "Report from Paris: Women's Writing and the Women's Movement" (1978) e "Irigaray through the Looking Glass" (1981) de Carolyn Burke, "Escribiendo el cuerpo: hacia una comprensión de l'Écriture Féminine" (1980), de Ann Rosalind Jones [incluido en el presente volumen], y *The Daughter's Seduction: Feminism and Psychoanalysis* (1982), de Jane Gallop, ayudaron al público norteamericano a interpretar estos escritos escurridizos, a menudo experimentales desde lo estilístico. Al poco tiempo, las norteamericanas habían adoptado estas ideas francesas, como lo demostró la edición colectiva del número de 1981 del *Yale French Studies*, titulado *Feminist Readings: French Texts/American Contexts*.[8] A medida que el feminismo francés (a menudo injusta-

[7] Hélène Cixous, "The Laugh of the Medusa: Viewpoint", trad. de Keith Cohen y Paula Cohen, *Signs* 1 (verano de 1976): 875-893; Luce Irigaray, "When Our Lips Speak Together", trad. Carolyn Burke, *Signs* 6 (otoño de 1980): 69-79, y "And the One Doesn't Stir without the Other", *Signs* 7 (otoño de 1981): 60-67; Elaine Marks e Isabelle de Courtivron, *New French Feminisms: An Anthology* (Amherst: University of Massachusetts Press, 1980). Las futuras referencias de *New French Feminisms* son de la edición Schocken de 1981.

[8] Carolyn Burke, "Report from Paris: Women's Writing and the Women's Movement", en: *Signs* 3 (verano de 1978): 843-855, e "Irigaray through the Looking Glass", en: *Feminist Studies* 7 (verano de 1981): 288-306; Ann Rosalind Jones, "Writing the Body: Toward an Understanding of l'Écriture Fémini-

mente homogeneizado en una única *escuela* por los lectores norteamericanos -como lo estoy haciendo yo aquí ahora-) se fue abriendo paso en los programas de cursos universitarios de pregrado y de grado, su divulgación y asimilación continuó. Dos acontecimientos significativos fueron la publicación de *Speculum of the Other Woman*, de Luce Irigaray (traducida al inglés por Gillian G. Gill) en 1985 por la Cornell University Press y la crítica arrolladora del feminismo norteamericano de Toril Moi en nombre de un tipo de feminismo que asocia con Julia Kristeva (*Sexual/Textual Politics: Feminist Literary Theory*).[9]

El éxito comercial de los textos feministas franceses es una medida del atractivo que esta teoría tiene para el público feminista norteamericano. Para las feministas académicas, el atractivo del feminismo francés no reside tanto en el desmantelamiento filosófico del pensamiento binario (que comparte con la deconstrucción), como en su afirmación de que el modo intermedio de discurso que Derrida describe es un discurso *femenino*, un lenguaje especial que parece articular, cuando no derivar de él, el cuerpo femenino y, en particular, la sexualidad femenina. Al pedir que la "mujer escriba su *yo*", Hélène Cixous prepara el escenario para esta interpretación esencialista del feminismo francés con su énfasis en *la tinta blanca*. En *La risa de la Medusa*, Cixous asocia esta *tinta* con la *leche de la madre* y, aun cuando problematiza la conexión literal entre la biología femenina y el tipo de escritura que esta *tinta* produce, su texto, ciertamente, permite la interpretación de que esa escritura debe provenir de las mujeres porque expresa lo que es biológicamente único en ellas. La mujer, dice Cixous, "debe escribir sobre las mujeres y

---

ne" ["Escribiendo el cuerpo: hacia una comprensión de *L'Écriture Féminine*"] en: *Feminist Studies* 7 (verano de 1981): 47-63; Jane Gallop, *The Daughter's Seduction: Feminism and Psychoanalysis* (Ithaca: Cornell University Press, 1982); véase Colette Gaudin *et al.* (ed.), *Feminist Readings: French Texts/American Contexts*, en: número especial de *Yale French Studies* 6 (1981).

[9] Luce Irigaray, *Speculum of the Other Woman*, trad. de Gillian G. Gill (Ithaca: Cornell University Press, 1985); y Toril Moi, *Sexual/Textual Politics: Feminist Literary Theory* (Londres y Nueva York: Methuen, 1985).

lleva a las mujeres a la escritura, de donde han sido alejadas tan violentamente como de sus cuerpos –por las mismas razones, por la misma ley, con el mismo propósito fatal–". Para ella, "el cuerpo de la mujer, con sus mil y un umbrales de ardor [...] hará que la vieja lengua materna con una sola ranura reverbere con más de un lenguaje".[10] Luce Irigaray también autoriza este retorno a la biología y al esencialismo con su creación de un mito del deseo femenino y cuando basa su lenguaje *femenino* en las propiedades físicas de los genitales femeninos.

> El deseo de la mujer, es muy probable que no hable el mismo lenguaje del deseo del hombre", escribe. "La mujer encuentra más placer en el tacto que en la vista [...] El valor acordado a la única forma definible (por el imaginario masculino dominante) excluye la forma implícita en el autoerotismo femenino. La *una* de forma, sexo individual, nombre propio, significado literal, sobrepone, al apartar y dividir, este tocarse de *por lo menos dos* (labios) que mantiene a la mujer en contacto consigo misma.[11]

La razón por la cual las feministas francesas postulan un lenguaje *basado en* el cuerpo femenino es que ellas sostienen que los valores son reproducidos por el lenguaje, y que un lenguaje que privilegia la identidad, la singularidad y lo lineal perpetúa la opresión y la no-representación de la mujer. Mediante la definición de esta "economía de lo mismo" (la frase es de Irigaray), la mujer es un no-hombre; como tal, ella es lo *otro* de la norma. Como ejemplo de esto, la sexualidad de la mujer fue teorizada como algo que falta porque fue conceptualizada en términos de sexualidad masculina; por lo tanto, la mujer es semánticamente pasiva porque fue relegada a la posición de objeto y no de sujeto de deseo.[12] El proyecto de las feministas francesas es desarrollar

[10] Hélène Cixous, "La risa de la medusa" ["The Laugh of the Medusa", en *New French Feminisms*, ob. cit.: 245, 256. Todas las referencias son de esta edición].

[11] Luce Irigaray, "Ese sexo que no es uno" ["This Sex Which Is Not One", en *New French Feminisms*: 101; trad. al inglés de Claudia Reeder].

[12] Íbid.: 99-106.

un lenguaje diferente de manera que las mujeres puedan contar una historia diferente. "Si seguimos hablándonos en la misma lengua, reproduciremos la misma historia", explica Irigaray en "When Our Lips Speak Together". Esta lengua celebra la pluralidad y la indeterminación semántica, el deslizamiento engendrado por la contradicción, la rebeldía de la digresión porque son *como* los genitales femeninos, que son múltiples en vez de singulares. La mujer, explica Irigaray, en *Ese sexo que no es uno*, es indefinidamente otra en sí misma. Ésa es, indudablemente, la razón por la cual es llamada temperamental, incomprensible, perturbada, caprichosa, para no mencionar su lenguaje en el que *ella* dispara en todas las direcciones y en el que *él* es incapaz de discernir la coherencia de ningún significado. En sus afirmaciones -al menos, cuando se atreve a expresarse- la mujer se retoca constantemente. Apenas si separa de ella algo de cháchara, una exclamación, un medio secreto, una oración dejada en suspenso. Cuando vuelve al punto, es sólo para irse de nuevo desde otra salida de placer o de dolor. Es necesario escucharla de otra manera para oír "*otro significado* constantemente en proceso de entretejerse, a la vez abrazando palabras incesantemente y sin embargo soltándolas para evitar volverse fija, inmovilizada". Porque cuando *ella* dice algo, ya no es idéntico a lo que quiere decir. Además, sus afirmaciones nunca son idénticas a nada. Su rasgo distintivo es el de contigüidad. Ellas (*tocan*) ligeramente. Y cuando se alejan demasiado de esta cercanía, se detiene y empieza otra vez de "cero": su cuerpo órgano sexual.[13]

Preguntarse si alguna mujer habla *realmente* de esta manera tiene tanto sentido como preguntarse si la sexualidad masculina es *realmente* singular. Lo que importa es imaginar alguna organización de la fantasía, del lenguaje y de la realidad, distinta de la basada en la identidad y en las oposiciones binarias, que constituyen el modo dominante actualmente y, por lo tanto, igualado al sexo dominante, al hombre. Si el feminismo francés comparte con la deconstrucción el proyecto de desmitificar la economía simbólica do-

[13] Luce Irigaray, "When Our Lips Speak Together", ob. cit.: 69; *This Sex Which Is Not One*, ob. cit.: 103.

minante, entonces difiere de la práctica general de la deconstrucción, al concentrarse, en primer lugar, sobre el proyecto recuperativo de recobrar aquello que podría haber venido *antes* de la economía de lo mismo y por lo tanto podría no haber sido apropiado por los hombres.[14] Destaco la palabra "antes" porque esta empresa, como cualquier búsqueda de un origen dentro de un sistema que critica la presencia y la originalidad, será necesariamente no especulativa, y será un proyecto y, además, ficcional. Sin embargo, que la postulación de un *antes* sea crítico para el feminismo francés refuerza el esencialismo que también alienta la analogía con el cuerpo femenino. Es decir, al teorizar la posibilidad de que podría haber existido (y podría existir otra vez) un lenguaje que (todavía) no ha sido organizado en oposiciones binarias, en una lógica no contradictoria y en términos idénticos a sí mismos, las feministas francesas abren la puerta a la idea de un lenguaje *natura*" que articule con *precisión* el sujeto humano y, en especial, el cuerpo humano. Que este cuerpo sea biológicamente femenino y, por ello, *múltiple* en vez de masculino y *singular*, no mitiga el esencialismo al que la deconstrucción señala como una artimaña de la metafísica. Puede decirse, entonces, que el feminismo francés, cuando se le da la lectura que muchas norteamericanas le dieron, vuelve a caer en la misma mitificación y oposición binaria, que es el (otro) objetivo que la deconstrucción debe desmantelar o deconstruir.

[14] Julia Kristeva postula un modo significante en el que participan los individuos antes de la adquisición del lenguaje. Este modo "heterogéneo", "maternalmente connotado", al que llama "lo semiótico", es "detectado genéticamente en las primeras ecolalias de las criaturas recién nacidas como los ritmos y las entonaciones anteriores a los primeros fonemas, morfemas, lexemas y oraciones; esta heterogeneidad [...] es reactivada más tarde como ritmos, entonaciones, glosolalias, en el discurso psicótico". Véase su "From One Identity to an Other", en *Desire in Language: A Semiotic Approach to Literature and Art* (Nueva York: Columbia University Press, 1980: 133; trad. de Thomas Gora, *et al.*). Otras feministas, como Sherry Ortner, han especulado que el *antes* es filogenético: un estado de la naturaleza literalmente presocial, más o menos preservado en las sociedades *primitivas*. Véase "Is Woman to Man As Nature is to Culture?", en Michelle Rosaldo y Louise Lamphere (eds.): *Women, Culture and Society* (Stanford: Stanford University Press, 1974).

El problema que el feminismo francés presenta a las feministas norteamericanas sin quererlo fue señalado por Jonathan Culler, aunque el tema explícito de Culler no sea el feminismo francés sino los tres *momentos* de la crítica feminista norteamericana. Culler señala que pedirle a las mujeres que lean como *mujer* –o, por extensión, que escriban como *mujer*– es hacer un pedido autocontradictorio, porque "recurre a la condición de ser mujer como si fuera algo dado y, a la vez, reclama que esa condición sea creada o alcanzada". En otras palabras, una no puede leer o escribir fuera de la economía dominante porque una ha sido constituida como sujeto *por* esa economía; para que exista una lectura o escritura *femenina*, tendría que existir una posición *por fuera* de la economía dominante. Si no es así, ese *por fuera* tendría que ser concebido como una meta deseable pero, en definitiva, inalcanzable –y aun así tendría que ser conceptualizada en términos derivados del sistema de representación dominante y permitidos por éste–. Según Culler, la atracción de este punto (inexistente) de referencia es tan poderosa, y tan convincente es la impresión de que las mujeres *están* fuera del sistema de representación dominante, que casi todas las feministas, tarde o temprano, la reproducen, junto con el esencialismo implícito en ella. "Hasta las teóricas más sofisticadas hacen este llamado", acusa Culler, "hasta las teóricas francesas más radicales [...] siempre tienen momentos [...] en que hablan como mujeres".[15]

Con esto volvemos al punto de partida. ¿Es posible ser mujer si una acepta el programa filosófico de la deconstrucción?, ¿o es que la crítica que trabaja desde la deconstrucción tiene que ser *mujer*? Para ir adelantando una respuesta, quiero delinear lo que considero un aporte positivo de la deconstrucción a un feminismo interesado no sólo en la idea de *mujer* sino también en los hechos concretos y específicos de clase y raza de las mujeres en la historia. Concluiré con un análisis de las limitaciones de la deconstrucción y algunas sugerencias sobre cómo y por qué el feminismo debe, finalmente, emplear las estrategias deconstructivas

[15] Jonathan Culler, ob. cit.: 49, 63.

para desmitificar la categoría *mujer*, cuyo atractivo seductor amenaza con impedir que se hagan algunos tipos de preguntas.

Desde la perspectiva de una feminista interesada en la historia y en los determinantes sociales de raza y de clase, el aporte principal de la deconstrucción no es su programa recuperativo sino su proyecto de desmitificación. En la medida en que la deconstrucción revela la naturaleza figurativa de toda ideología, puede exponer el artificio inherente en categorías tales como *la naturaleza* y *el género*. Esto, a su vez, abre la posibilidad (aunque, como lo afirmaré en un momento, no la presupone o exige) de una práctica histórica genuina –una que pueda analizar y deconstruir las articulaciones y las institucionalizaciones específicas de estas categorías, su interdependencia y los procesos desiguales mediante los cuales han sido desplegadas y alteradas–. Dado este énfasis, las estrategias deconstructivas podrían permitir a las feministas escribir una historia de las varias contradicciones que existen dentro de las definiciones institucionales de mujer, historia que demostraría cómo estas contradicciones abrieron la posibilidad de cambio. Por ejemplo, el hecho de que el principio legal del siglo XIX llamado *coverture* institucionalizaba a la mujer casada como *la mujer* normativa, significaba que las mujeres que no estaban casadas disfrutaban de derechos que *naturalmente* correspondían a los hombres. A pesar de otros constreñimientos institucionales e ideológicos sobre su conducta, esta contradicción de la categoría *mujer* facilitó el ingreso de un creciente número de mujeres de clase media al trabajo asalariado, y ayudó a denunciar la artificialidad de una oposición que alineaba los derechos legales y de propiedad con el sexo.

El segundo aporte que la deconstrucción puede hacer es desafiar la lógica jerárquica y oposicional. Como la práctica de la deconstrucción transforma las oposiciones binarias en una economía en que los términos circulan en vez de permanecer fijos, podría (aunque no lo haga en general o necesariamente) movilizar otro sistema de ordenamiento en el que no prevalezca la construcción de falsas unidades intrínsecas a las oposiciones binarias. En otras palabras, en su modo desmitificador, la deconstrucción no sólo ofrece una jerarquía alternativa a las oposiciones binarias; también problematiza y abre la naturaleza misma de la identidad y la lógica oposicional para ser examinada, y por eso hace visible el artificio necesario para establecer, legislar y mantener el pensamiento jerárquico. Sobre esta base, las estrategias deconstructivas nos permitirían trazar con más precisión los múltiples determinantes que figuran en cualquier posición social, poder (relativo) y opresión de una persona. Por ejemplo, todas las mujeres pueden ocupar actualmente la posición de *mujer*, pero no lo hacen de la misma manera. En una sociedad gobernada por blancos, las mujeres de color encaran distintos obstáculos que las mujeres blancas y pueden compartir más problemas importantes con los hombres de color que sus *hermanas* blancas. Al deconstruir la palabra "mujer" en un conjunto de variables independientes, esta estrategia puede demostrar cómo consolidar a todas las mujeres en una *mujer* falsamente unificada ayudó a enmascarar las operaciones del poder que, en realidad, divide los intereses de las mujeres tanto como las une.

El tercer aporte de la deconstrucción es la idea del *entre-medio*. Aunque más no sea como un caso de estrategia *ad hoc*, el *entre-medio* constituye una herramienta para desmantelar el pensamiento binario. Una vez que la artificialidad de la construcción binaria ha sido revelada, la identidad de los dos términos, aparentemente fijos, y la rigidez de la *estructura* que impide formular otras posibilidades pueden ser desestabilizadas. Esa estrategia no destruiría el pensamiento jerárquico que se asoma en las oposiciones binarias o el poder concebido de forma más general, pero nos permitiría repensar el *poder* (junto con la identidad) para percibir su calidad fragmentaria. Podríamos ver, entonces, el poder que diversos grupos de mujeres tienen en el presente (y sacarle el mayor provecho), además de revelar las limitaciones del poder que parece ser (pero no es) *propiedad* de algún grupo dirigente unificado.[16]

Así, sólo para dar otro ejemplo concreto, la deconstrucción suministra las herramientas para poner al descubierto que tanto la oposición entre los *sexos* como las definiciones de *mujeres* y *hombres* son una construcción social, y no un reflejo o una articu-

[16] Véase Brown y Adams, ob. cit.: 47.

lación de un hecho biológico. Con ello, la deconstrucción ofrece la posibilidad de que la oposición supuestamente fija masculino-femenino pueda perder su prominencia social, porque podríamos empezar a reconocer que no existe una conexión necesaria entre la sexualidad anatómica y los roles o estereotipos de género. Esto, a su vez, podría legitimar conductas que no parecen *derivadas del* sexo (a los muchachos se les permitiría ser más cariñosos, por ejemplo). A su vez, esta liberación social del concepto de su *referente* natural podría abrir la puerta para revisar, incluso, la inmutabilidad de las categorías anatómicas sobre las cuales parecen estar basadas las oposiciones binarias. En vez de relegar todas las variantes biológicas a las dos categorías, *masculino* y *femenino* (con el término "anormal" absorbiendo todo lo que *sobra*), esta práctica podría permitirnos multiplicar las categorías *de* sexo y separar la reproducción del sexo, un concepto no pensable hasta el presente, y cada vez más posible en razón de las nuevas tecnologías reproductivas. Ese enfoque sobre la construcción social de la identidad sexual va más allá de la comprensión común de la construcción social que muchas feministas aceptan hoy en día, pues deconstruye no sólo la relación entre las mujeres y ciertos roles sociales, sino también la palabra "mujer". Esta *reconceptualización* del sexo y de la persona es la extensión radical –y lógica– del programa de la deconstrucción. Desafiaría la base misma de nuestra organización social actual. Al hacerlo, sentiríamos, sin duda, una pérdida, pero también podría crear las condiciones para el posible surgimiento de organizaciones del potencial humano inimaginadas.

Este nuevo mundo feliz del sujeto reconceptualizado puede estar implícito en la deconstrucción, pero no es una consecuencia necesaria de su práctica actual. En verdad, tal como se practica en la actualidad –en sus modos recuperativo y desmitificador– la deconstrucción tiende a ir en contra de los tipos de prácticas políticas especificas desde el punto de vista histórico. Aunque tenga un conocimiento superficial de lo que es la deconstrucción, cualquiera sabe que sus planteos políticos, cuando son visibles, son conservadores. Una de las razones es la popularidad de lo que denominé el *proyecto recuperativo* de la deconstrucción. Ya he sugerido que la formulación particular de la posición subversiva como lenguaje *femenino* permite un tipo de biologismo demasiado compatible con los argumentos conservadores sobre la naturaleza femenina. Más allá de esto, sin embargo, la relegación de lo *femenino* a una *posición* unificada tiene dos consecuencias limitantes. Por un lado, subordina la diversidad de las mujeres de carne y hueso que ocupan esa posición al parecido que comparten en virtud de su ubicación como *otra*. Por otro lado, se opone a cualquier análisis de quién vendría a ocupar esa posición, de por qué ciertos grupos la ocupan en distintos momentos, o de las relaciones entre esos grupos. Sólo para dar un ejemplo de este segundo problema, el proyecto deconstructivo puede ser (y fue) utilizado para analizar la marginación tanto de la gente de color como de las mujeres, y el énfasis recuperativo de la deconstrucción ha sido invocado para describir las operaciones subversivas *de la jerga* o *significa(ción)* negra.[17]

Pero aunque este énfasis en la ubicación y en los lenguajes subversivos aporta, sin lugar a dudas, un vocabulario para la conceptualización de los efectos positivos de la diferencia y, por lo tanto, para socavar los estereotipos negativos, no facilita nuestra comprensión de las relaciones entre las mujeres y la población negra, por ejemplo, ni da cuenta de los tipos específicos de opresión o de subversión que las mujeres o la población negra (o las mujeres negras) pueden sufrir o ejercer cuando se les asigna esa posición. Además, al no proveer ninguna herramienta para el análisis específico, el modo recuperativo de deconstrucción no ofrece ningún modelo de cambio. Si no podemos describir por qué un grupo particular llega a ocupar la posición de *otro* y cómo estar en esa posición difiere del efecto que pueda tener sobre otros grupos, no tenemos ninguna base sobre la cual afirmar, o mediante la cual predecir, cualquier otro estado de cosas. En otras palabras, no tenemos ninguna base para el análisis político ni para la acción política.

[17] Véase, especialmente, Hortense J. Spillers, "Interstices: A Small Drama of Words", en: Carol S. Vance (ed.), *Pleasure and Danger: Exploring Female Sexuality* (Boston: Routledge & Kegan Paul, 1984): 73-100.

La limitación fundamental de la deconstrucción está en la renuencia de quienes la practican a examinar el artificio –y la especificidad histórica– de su propia práctica. Para los críticos comprometidos con la deconstrucción, todo parece ser sujeto a su mirada desmanteladora, salvo la deconstrucción misma. En la medida en que pretende ser una estrategia magisterial, en vez de la contrapartida metodológica de una conceptualización histórica específica sobre el lenguaje y el significado, la deconstrucción –aun en su modo desmitificador– participa en el mismo proceso que dice poner al descubierto. Después de todo, el proyecto mismo de deconstruir la lógica binaria está inextricablemente ligado a la preocupación con las *estructuras* de la lengua y la conceptualización, en lugar de tener, por ejemplo, un interés en las relaciones sociales o en las instituciones mediante las cuales se produce, distribuye y refuerza el lenguaje y las ideas (inclusive, la deconstrucción). Mientras se vea solamente según su definición implícita –como una estrategia magisterial histórica– la deconstrucción deberá permanecer fuera de la política, porque no puede existir ninguna posición estable (que no sea la suya). Esto le da un riguroso control aparentemente inexpugnable sobre la conceptualización del significado. Pero, en mi opinión, esto no se debe a que la deconstrucción sea *verdadera* o porque *necesariamente* sustituya a la política, sino al hecho de que rechazó la tendencia historizante que contiene, pero aún no se enfrentó a sí misma.

Mi problema original, entonces, vuelve agravado por mi compromiso político con el futuro y también con el presente. Por su habilidad para desmantelar la lógica binaria y deconstruir la identidad, creo que la deconstrucción ofrece y continúa ofreciendo una herramienta esencial para el análisis feminista. Pero, para que esta arma de doble filo no reproduzca el sistema que pretende dividir, tiene que ser historizada y sometida al mismo tipo de escrutinio con el que desmanteló la metafísica occidental. Como parte de este proyecto historizante, deberíamos examinar el grado en que la feminización de la filosofía por parte de la deconstrucción está implicada en la feminización –y apropiación– de otras prácticas tradicionalmente consideradas masculinas (y, por eso, inaceptablemente explícitas en su agresión). También me gustaría ver algún análisis de los tipos de preguntas que la deconstrucción evita al conceptualizar sus interrogantes en términos de estructuras y juegos, y más análisis de los intereses políticos a los cuales la deconstrucción sirve en la actualidad –como también de los intereses a los que podría servir–.[18] Por último, mi predicción es que las feministas que practican la deconstrucción y otras técnicas posestructuralistas desde una posición política explícita reescribirán tan por completo la deconstrucción que la dejarán atrás, en realidad, como parte de la historización del estructuralismo actualmente en curso en varias disciplinas.

Sin embargo, por ahora y mirando hacia el futuro, propongo que las feministas materialistas necesitan perseguir simultáneamente dos proyectos. Por un lado, necesitamos reconocer que la *mujer* es en la actualidad una posición dentro de un orden simbólico binario dominante y que esa posición es arbitraria (y falsamente) unificada. Por otro, necesitamos recordar que *existen* mujeres concretas cuyas diferencias revelan la insuficiencia de esta categoría unificada en el presente y en el pasado. Las posiciones múltiples que las mujeres de carne y hueso ocupan –posiciones dictadas por la raza, por ejemplo, o por la clase o la preferencia sexual– deberían alertarnos sobre la insuficiencia de la lógica binaria y de los yo unitarios, sin hacernos olvidar que esta lógica *dictó* algunos aspectos del trato social de las mujeres (y sigue haciéndolo). Pero, al mismo tiempo, este énfasis también debe llevarnos a cuestionar la naturaleza ahistórica de lo que fue tomado como la base del feminismo. Pues si la posición de la *mujer* está falsamente unificada, y si la identidad de una *no* es dada (solamente o necesariamente) por la anatomía, entonces la mujer –o aun las mujeres– no puede seguir siendo un punto de concentración legítimo para la acción política. Las mujeres de carne y hueso fueron (y son) oprimidas, y las formas y los medios de esa opresión requieren ser analizados y combatidos. Pero, a la vez, necesitamos prepararnos para abandonar el pensamiento binario que fijó a las mujeres como un grupo que *podría* ser colectivamente (aunque no uniformemente) oprimido.

[18] Véase Bartkowski, ob. cit.: 76-77.

Yo sugeriría que las feministas materialistas necesitamos dar batalla en dos frentes. Debemos reconocer que aquello que la mayoría de las mujeres comparten actualmente es una similitud de posición enmascarada como una similitud natural, que históricamente respaldó a la opresión; y debemos estar dispuestas a abandonar la similitud ilusoria de la naturaleza que refuerza la lógica binaria, aun cuando esto amenace con poner en peligro lo que parece *especial* en las mujeres. Mi argumento es que la similitud estructural que pretende reflejar la naturaleza enmascara la operación de otros tipos de diferencia (clase y raza, por ejemplo), precisamente, mediante la construcción de una *naturaleza* que parece deseable, porque les da a las mujeres lo que parece ser (pero no es) un rol naturalmente constructivo y políticamente subversivo. A la larga, las feministas materialistas necesitaremos escribir no sólo la historia de la opresión de las mujeres sino el futuro de la(s) diferencias(s) de género. Tendremos que abandonar las campañas que reproducen el esencialismo de la diferencia de sexo y desarrollar proyectos que cuestionen ese mismo esencialismo sobre el cual se basó nuestra historia. En este sentido, la conceptualización del tema en términos de mujeres de carne y hueso es parte de la solución, pero también es parte del problema. La deconstrucción es un componente crítico del trabajo político que estoy esbozando aquí, pero, a menos que se despliegue sobre sí misma, nos encerrará en una práctica que una vez más glorifica lo *femenino* en vez de darnos los medios para hacer detonar la lógica binaria y hacer de la construcción social de las identidades (sexuadas) un proyecto para adelantar las preocupaciones políticas. Si la deconstrucción tomara al feminismo seriamente ya no se vería como deconstrucción. Si el feminismo le tomara la palabra a la deconstrucción, podríamos empezar a desmantelar el sistema que asigna a todas las mujeres una identidad singular y un lugar marginal.

Feminismo cultural *versus* posestructuralismo: la crisis de identidad en la teoría feminista*

Linda Alcoff

Para muchas teóricas feministas contemporáneas, el concepto mujer es un problema. Es un problema de importancia fundamental, porque es el concepto central de la teoría feminista y, sin embargo, resulta imposible, para las feministas, formularlo con precisión. Es el concepto central para ellas porque el concepto y la categoría mujer son el punto de partida necesario para cualquier teoría y política feminista basadas en la transformación de la experiencia vivida por las mujeres en la cultura contemporánea y en la reconsideración de la teoría y la práctica social desde el punto de vista de las mujeres. Pero, como concepto, presenta un problema fundamental, precisamente para las feministas, porque está cargado de sobredeterminaciones de supremacía masculina, invocando en cada formulación el límite, el constrastante Otro, o el mediado autorreflejo de una cultura fundada sobre el control de las mujeres. Al intentar hablar en nombre de las mujeres, el feminismo, a menudo, parece presuponer que sabe lo que las mujeres

* Este artículo fue publicado por primera vez en *Signs: Journal of Women in Culture and Society*, vol. 13, núm. 3 (primavera de 1988): 405-436, con el título "Cultural Feminism versus Post-Structuralism: The Identity Crisis in Feminist Theory". Para escribir este ensayo me ayudó enormemente participar en el Seminario sobre la Construcción Cultural del Género del Pembroke Center, que tuvo lugar en 1984-1985, en la Universidad de Brown. Quiero agradecer a Lynne Joyrich, Richard Schmitt, Denise Riley, Sandra Bartkey, Naomi Scheman y a cuatro críticas anónimas por los útiles comentarios que hicieron de un borrador de este trabajo". Traducción de Marysa Navarro.

realmente son; pero este supuesto es imprudente, ya que todas las fuentes de conocimiento sobre ellas fueron contaminadas por la misoginia y el sexismo. Donde quiera que miremos –documentos históricos, construcciones filosóficas, estadísticas de ciencias sociales, introspección, prácticas cotidianas– la mediación de los cuerpos femeninos en las construcciones de la mujer está dominada por el discurso misógino. Para las feministas, que debemos trascender este discurso, pareciera que no tenemos salida.[1]

Por lo tanto, el dilema que enfrentamos las teóricas feministas en la actualidad es que nuestra autodefinición está basada en un concepto que debemos deconstruir y des-esencializar en todos sus aspectos. El hombre dijo que la mujer puede ser definida, delineada, aprehendida –entendida, explicada y diagnosticada– hasta un nivel de determinación nunca otorgado al varón, que es concebido como un animal racional con libre albedrío. Así como la conducta del varón está subdeterminada, libre de construir su propio futuro según el curso de su elección racional, la naturaleza de la mujer sobredeterminó su conducta, los límites de sus actividades intelectuales y las inevitabilidades de su tránsito emocional por la vida. Ya sea que se la interprete como esencialmente inmoral e irracional (a la Schopenhauer) o esencialmente amable y benévola (a la Kant), siempre se la interpreta como un *algo* esencial inevitablemente accesible a la aprehensión directa e intuitiva de los varones.[2] A pesar

[1] Podría parecer que podemos solucionar fácilmente este dilema con sólo definir a la mujer como aquella que tiene anatomía femenina, pero queda la pregunta: ¿cuál es el significado, si existe, de esta anatomía? ¿Cuál es la conexión entre la anatomía femenina y el concepto de mujer? Hay que recordar que el discurso dominante no incluye en la categoría *mujer* a todas las que tienen anatomía femenina: se dice a menudo que una mujer agresiva, autosuficiente o poderosa no es una mujer *auténtica* o *verdadera*. Además, el problema no se puede evitar rechazando simplemente el concepto de *mujer* y manteniendo la categoría *mujeres*. Si hay mujeres, debe existir una base para esta categoría y un criterio para la inclusión en ella. Este criterio no necesita tener una esencia universal y homogénea, pero tiene que existir, sin embargo, un criterio.

[2] Para las concepciones de la mujer en Schopenhauer, Kant y casi todos los grandes filósofos europeos, así como para una comprensión de cuán contradictorias e incoherentes son, véase la excelente antología de Linda Bell, *Visions of Women* (Clifton: Humana Press, 1983).

de las formas variadas en que el varón interpretó sus características esenciales, ella es siempre el Objeto, un conglomerado de atributos para ser predecido y controlado junto con otros fenómenos naturales. El lugar del sujeto con libre albedrío que puede trascender los mandatos de la naturaleza está reservado exclusivamente para los hombres.[3]

Las pensadoras feministas articularon dos grandes respuestas a esta situación en los últimos diez años. La primera es reivindicar que las feministas tienen el derecho exclusivo de describir y evaluar a la mujer. Por lo tanto, las feministas culturales plantean que el problema de la cultura dominante masculina es el problema de un proceso en el que las mujeres son definidas por varones, es decir, por un grupo que tiene un punto de vista y un conjunto de intereses que contrastan con los de las mujeres, sin contar con que, posiblemente, también les tienen miedo y odio. Esto resultó en la distorsión y subestimación de las características femeninas, que ahora pueden ser corregidas con descripciones y evaluaciones más acertadas hechas por feministas. O sea que la revaluación de las feministas culturales interpreta la pasividad de la mujer como serenidad, su sentimentalismo como propensión al cuidado y a la protección, su subjetividad como un alto nivel de autoconciencia, etcétera, etcétera. Las feministas culturales no pusieron en peligro la definición de lo que es la mujer, sino la definición que nos dieron de ella los varones.

La segunda respuesta fue rechazar la posibilidad de definir a la mujer como tal. Las feministas que adoptan esta posición deconstruyen todos los conceptos de mujer y plantean que tanto los esfuerzos feministas de definirla como los misóginos son reaccionarios desde el punto de vista político y están equivocados desde el punto de vista ontológico. El hecho de reemplazar a la mujer ama de casa por la mujer supermadre (o madre tierra, o super profesional) no es ningún adelanto. Al igual que la teoría francesa posestructuralista, estas feministas plantean que estos errores ocurren

[3] Para una discusión interesante sobre si las feministas deberían buscar esa trascendencia, véase Genevieve Lloyd, *The Man of Reason* (Minneapolis: University of Minnesota Press, 1984): 86-102.

porque, cuando tratamos de definir a las mujeres, caracterizarlas o hablar por ellas, básicamente estamos reproduciendo estrategias misóginas, aun cuando aceptemos varias diferencias en el género. La política de género o de la diferencia sexual debe ser reemplazada por una pluralidad de diferencias en las que el género pierda su posición significativa.

Para decirlo brevemente, la respuesta del feminismo cultural a la pregunta de Simone de Beauvoir "¿Hay mujeres?" es decir: sí las hay, y, a renglón seguido, se definen por sus actividades y atributos en la cultura actual. La respuesta posestructuralista es decir que no y atacar la categoría y el concepto mujer problematizando la subjetividad. Las dos respuestas tienen serias limitaciones y es cada vez más obvio que es imposible trascender estas limitaciones conservando el marco teórico del que surgen. Por lo tanto, unas pocas almas valientes están rechazando estas alternativas e intentan delinear un nuevo curso que evite los problemas principales de las respuestas anteriores. En este ensayo discutiré algunos esfuerzos por desarrollar un nuevo concepto de mujer y ofreceré mi propia contribución.[4] Pero, primero, debo explicar con mayor claridad las insuficiencias de las dos primeras respuestas al problema de la mujer y por qué considero que esas insuficiencias son inherentes.

Feminismo cultural

El feminismo cultural es la ideología de una naturaleza femenina o esencia femenina reapropiada por las feministas, en un esfuerzo por dar un nuevo valor a los desvalorizados atributos femeni-

[4] Los trabajos feministas que incluyo en este grupo pero que no podré discutir en este ensayo son los de Elizabeth L. Berg, "The Third Woman", en: *Diacritics* 12 (1982): 11-20; y Lynne Joyrich, "Theory and Practice: The Project of Feminist Criticism", manuscrito inédito (Universidad de Brown, 1984). El trabajo de Luce Irigaray podría ser visto como la propuesta de un tercer camino, pero, en mi opinión, el énfasis de Irigaray en la anatomía femenina hace que su trabajo esté demasiado cerca del esencialismo.

nos. Para las feministas culturales, el enemigo de las mujeres no es solamente un sistema social o una institución económica o un conjunto de creencias reaccionarias, sino la masculinidad misma y, en algunos casos, la biología masculina. La política del feminismo cultural gira en torno de la creación y el mantenimiento de un ambiente saludable -libre de valores masculinistas y de todas sus consecuencias, como, por ejemplo, la pornografía- para el principio femenino. La teoría feminista, la explicación del sexismo y la justificación de las reivindicaciones feministas, todas pueden tener una base segura y sin ambigüedades en el concepto de la mujer esencial.

Mary Daly y Adrienne Rich defendieron esta posición.[5] Alejándose de algo muy aceptado por las feministas al comienzo de la década de 1970, la tendencia hacia la androginia y la reducción al mínimo de las diferencias de género, tanto Daly como Rich abogan por el retorno al ser mujer.

Para Daly, la esterilidad masculina lleva al parasitismo de la energía femenina, que fluye de nuestra condición biológica creadora y reafirmadora de vida: "Ya que la energía femenina es esencialmente biofílica, el espíritu/cuerpo femenino es el blanco primario en esta perpetua guerra de agresión contra la vida. Gin/Ecología es el re-clamo de la energía femenina que ama la vida".[6] A pesar de las advertencias de Daly contra el reduccionismo biológico,[7] su análisis del sexismo usa rasgos biológicos específicos de género para explicar el odio de los varones hacia las mujeres. El hecho de que "todos los varones" no puedan dar a luz los hace a depender de las mujeres, lo cual los lleva a "identificarse profundamente con el 'tejido fetal indeseado'".[8] Dado su estado de temor e inseguridad, resulta casi comprensible, entonces, que los varones deseen dominar y controlar aquello tan vitalmente

[5] Últimamente, sin embargo, Rich se apartó de esta posición y, en realidad, comenzó a moverse en la dirección que defenderé en este ensayo (Adrienne Rich, "Notes Toward a Politics of Location", en su *Blood, Bread, and Poetry* [Nueva York: Norton, 1986]).

[6] Mary Daly, *Gyn/Ecology* (Boston: Beacon, 1978): 355.

[7] Íbid.: 60.

[8] Íbid.: 59.

necesario para ellos: la energía vital de las mujeres. La energía femenina, concebida por Daly como una esencia natural, necesita ser liberada de sus parásitos masculinos, liberada para la expresión creativa y realimentada por vínculos con otras mujeres. En este espacio, libres los atributos *naturales* de las mujeres, amor, creatividad y la habilidad para nutrir pueden prosperar.

La identificación de las mujeres como hembras es, para Daly, su esencia definitoria, su ser, más allá de cualquier otra definición que les puedan dar o se den ellas mismas. Por lo tanto, dice Daly: "Las mujeres que aceptan una inclusión falsa entre los padres e hijos son fácilmente polarizadas contra otras mujeres sobre la base de *diferencias definidas por los varones*, como las de etnia, nacionalidad, clase, religión y otras, y aplauden la derrota de las mujeres 'enemigas'".[9] Estas diferencias son más aparentes que reales, más no-esenciales que esenciales. La única diferencia real, la única diferencia que puede cambiar la ubicación ontológica de una persona en el mapa dicotómico de Daly es la diferencia de sexo. Nuestra esencia está definida aquí, en nuestro sexo, del cual surgen todos los hechos que nos atañen: quiénes son nuestros aliados o aliadas potenciales, quién es nuestro enemigo, cuáles son nuestros intereses objetivos, cuál es nuestra verdadera naturaleza. Daly define de nuevo a las mujeres, y su definición está fuertemente ligada a la biología femenina.

Muchos trabajos de Rich tienen parecidos sorprendentes con la posición de Daly, dadas sus diferencias de estilo y de temperamento. Rich define una *conciencia femenina*[10] que tiene mucho que ver con el cuerpo femenino.

> En la actualidad, creo [...] que la biología femenina –la difusa, intensa sensualidad que irradia del clítoris, los senos, el útero, la vagina; de los ciclos lunares de la menstruación; de la gestación de vida llevada a buen término en el cuerpo femenino– tiene consecuencias mucho más radicales de lo que hemos pensado hasta

[9] Íbid.: 365 (el énfasis es mío).

[10] Adrienne Rich, *On Lies, Secrets, and Silence* (Nueva York: Norton, 1979): 18.

> el momento. La visión patriarcal limitó la biología femenina a sus especificaciones más estrechas. La visión feminista se apartó con disgusto de la biología femenina por estas razones; creo que volverá a aceptar nuestro físico como un recurso y no un destino [...] Debemos tocar la unidad y resonancia de nuestro físico, nuestros lazos con el orden natural, la base corpórea de nuestra inteligencia.[11]

Rich explica que no debemos rechazar la importancia de la biología femenina simplemente porque el patriarcado la haya usado para subyugarnos. Cree que "nuestra base biológica, el milagro y la paradoja del cuerpo femenino y sus significados espirituales y políticos" es la clave de nuestro rejuvenecimiento y de nuestra reconexión con nuestros atributos específicamente femeninos, que ella enumera como "nuestra gran capacidad mental [...]; nuestro sentido táctil altamente desarrollado; nuestro genio para la observación certera; nuestro físico complicado, que aguanta el dolor y brinda múltiples placeres".[12]

La explicación que ofrece Rich de la misoginia también recuerda a Daly: "La antigua y continua envidia, intimidación y pavor del varón hacia la capacidad femenina de crear vida se ha transformado reiteradamente en odio a cualquier otro aspecto de la creatividad femenina".[13] Rich, al igual que Daly, identifica una esencia femenina, define el patriarcado como la subyugación y la colonización de esta esencia por la envidia y la necesidad de los hombres, y promueve una solución que gira alrededor del redescubrimiento de nuestra esencia y de la vinculación con otras mujeres. Ni Rich ni Daly adoptan el reduccionismo biológico, pero porque rechazan la dicotomía de la oposición entre cuerpo y mente que este reduccionismo presupone. La esencia femenina para Daly y Rich no es simplemente espiritual o simplemente biológica, es ambas cosas. Pero el punto clave sigue siendo el hecho de que nuestra anatomía específicamente femenina es el ele-

[11] Adrienne Rich, *Of Woman Born* (Nueva York: Bantam, 1977): 21.
[12] Íbid.: 290.
[13] Íbid.: 21.

mento primario de nuestra identidad y la fuente de nuestra esencia femenina. Rich profetiza que

> la reposesión de nuestros cuerpos por las mujeres traerá cambios más esenciales para la sociedad humana que el manejo de los medios de producción por los obreros y las obreras [...] En ese mundo las mujeres crearán verdaderamente una vida nueva, no solamente criando a las criaturas (si decidimos hacerlo y cómo decidamos hacerlo) sino también las visiones y el pensamiento necesario para alimentar, consolar y alterar la existencia humana –una nueva relación con el universo–. La sexualidad, la política, la inteligencia, el poder, la maternidad, el trabajo, la comunidad, la intimidad tendrán nuevos significados; el pensamiento mismo se verá transformado".[14]

La caracterización de los puntos de vista de Rich y Daly como parte de una tendencia creciente al esencialismo en el feminismo fue analizada con mayor profundidad por Alice Echols.[15] Echols prefiere darle el nombre de *feminismo cultural* a esta tendencia porque equipara "la liberación de las mujeres con el desarrollo y

[14] Íbid.: 292. Tres páginas antes Rich critica la idea de que sólo necesitamos liberar el talento de las mujeres para cuidar a las criaturas, para solucionar los problemas del mundo, cosa que puede parecer incongruente dado el párrafo citado. Sin embargo, las dos posturas son coherentes: Rich intenta corregir la concepción patriarcal de las mujeres como esencialmente *cuidadoras* con una visión de las mujeres que es más compleja y multifacética. Su concepción esencialista de las mujeres es más amplia y complicada que la patriarcal.

[15] Véase Alice Echols, "The New Feminism of Yin and Yang", en: Ann Snitow, Christine Stansell y Sharon Thompson (eds.), *Powers of Desire: The Politics of Sexuality* (Nueva York: Monthly Review Press, 1983): 439-459; y "The Taming of the Id: Feminist Sexual Politics, 1968-83", en: Carole S. Vance (ed.), *Pleasure and Danger: Exploring Female Sexuality* (Boston: Routledge & Kegan Paul, 1984): 50-72. Hester Eisenstein pinta un panorama del feminismo cultural similar en su *Contemporary Feminist Thought* (Boston: G. K. Hall, 1983): especialmente XVII-XIX y 105-145. Josephine Donovan rastreó el feminismo cultural recientemente analizado por Echols y Eisenstein en las primeras visiones matriarcales de feministas tales como Charlotte Perkins Gilman (Josephine Donovan, *Feminist Theory: The Intellectual Traditions of American Feminism* [Nueva York: Ungar, 1985]: especialmente el capítulo 2).

la preservación de una contracultura femenina".[16] Echols identifica los trabajos feministas culturales por su denigración de la masculinidad y no por los roles o las prácticas de varones, por su valorización de los rasgos femeninos y por su compromiso por preservar más que por disminuir las diferencias de género. Además de Daly y Rich, Echols menciona a Susan Griffin, Kathleen Barry, Janice Raymond, Florence Rush, Susan Brownmiller y Robin Morgan como escritoras feministas culturales importantes, y documenta su posición de forma convincente señalando pasajes claves de sus obras. Aunque Echols encuentra un prototipo de esta tendencia en los primeros trabajos de las feministas radicales Valerie Solanis y Joreen, tiene el cuidado de establecer diferencias entre el feminismo cultural y el radical. Los separan sus respectivas posiciones acerca de la mutabilidad del sexismo entre los varones, la conexión entre la biología y la misoginia y el grado de fijación en los atributos femeninos de valor. Como lo señaló Hester Eisenstein, en muchas feministas radicales opera una tendencia a la concepción ahistórica y esencialista de la naturaleza femenina, pero esta tendencia es desarrollada y fortalecida por las feministas culturales, con lo cual sus trabajos son marcadamente diferentes.

Sin embargo, aunque las posturas feministas culturales separan tajantemente los rasgos femeninos de los masculinos, no dan formulaciones explícitamente esencialistas de lo que significa ser una mujer. Por lo tanto, podría parecer que la caracterización del feminismo cultural que nos da Echols le concede una apariencia demasiado homogénea y que la acusación de esencialismo carece de solidez. Sobre el tema del esencialismo Echols dice:

> Esta preocupación por definir la sensibilidad femenina no sólo lleva a estas feministas a caer en generalizaciones peligrosamente erróneas sobre las mujeres, sino a insinuar que esta identidad es innata y no construida socialmente. A lo sumo, ha habido un curioso descuido por saber si esas diferencias eran biológicas o culturales en su origen. Así Janice Raymond dice: "Sin embargo hay diferencias y algunas feministas se han dado cuenta de que esas

[16] Echols, "The New Feminism of Yin and Yang", ob. cit.: 441.

> diferencias son importantes aunque surjan de la socialización, de la biología o de la historia total de la existencia como mujer en una sociedad patriarcal".[17]

Echols señala que la importancia de las diferencias varía enormemente según su fuente. Si esa fuente es innata, el propósito del feminismo cultural de construir una cultura feminista alternativa es políticamente correcto. Si las diferencias no son innatas, el énfasis de nuestro activismo debería cambiar considerablemente. Sin una posición claramente definida sobre la fuente última de la diferencia de los géneros, Echols infiere que las feministas culturales adoptan una versión de esencialismo sobre la base de su énfasis en la construcción de un espacio libre feminista y una cultura centrada en la mujer. Yo comparto la sospecha de Echols. Es indudablemente difícil llevar los planteos de Rich y Daly a un todo coherente sin agregar la premisa omitida de que existe una esencia femenina innata.

Es de señalar que no incluí ningún trabajo feminista de mujeres de nacionalidades o razas oprimidas en el feminismo cultural y tampoco lo hace Echols. He oído decir que el énfasis que ponen escritoras como Cherrie Moraga y Audre Lorde en la identidad cultural revela también una tendencia hacia el esencialismo. Sin embargo, en mi opinión, sus obras rechazan sistemáticamente las concepciones esencialistas del género. Veáse el siguiente párrafo de Moraga: "Cuando empiezas a hablar de sexismo, el mundo se vuelve cada vez más complejo. El poder ya no se descompone en prolijas categorías jerárquicas, se transforma en una serie de arranques y desvíos. Como no es fácil llegar a las categorías, el enemigo no es fácil de nombrar. Todo es tan difícil de desenredar".[18] Moraga sigue diciendo que "algunos varones oprimen a las mujeres que aman", dejando implícito que necesitamos nuevas categorías y nuevos conceptos para describir relaciones

[17] Íbid.: 440.

[18] Cherrie Moraga, "From a Long Line of Vendidas: Chicanas and Feminism", en: Teresa de Lauretis (ed.), *Feminist Studies/Critical Studies* (Bloomington: Indiana University Press, 1986): 180.

de opresión tan complejas y contradictorias. Con esta problemática comprensión del sexismo, Moraga me parece estar a años luz de la ontología maniquea de Daly o de la concepción romantizada de la mujer de Rich. La simultaneidad de opresiones que sienten mujeres como Moraga se resiste a las conclusiones del esencialismo. Las concepciones universalistas de atributos y experiencias femeninas y masculinas no son plausibles en el contexto de una red de relaciones tan compleja, y sin la habilidad de universalizar es difícil, por no decir imposible, construir el argumento esencialista. Las mujeres blancas no pueden ser ni todas buenas ni todas malas; tampoco pueden serlo los varones de grupos oprimidos. Simplemente, no encontré trabajos de feministas también oprimidas en razón de su raza y/o clase que sitúen la masculinidad toda como el Otro. Reflejado en su entendimiento problematizado de la masculinidad, existe un concepto más rico e igualmente problematizado del concepto mujer.[19]

Aunque el feminismo cultural sea producto de feministas blancas, como lo señala Echols, no es homogéneo. Las explicaciones biológicas del sexismo ofrecidas por Daly y Brownmiller, por ejemplo, no son aceptadas por Rush o Dworkin. Pero el lazo clave entre estas feministas es su tendencia a invocar concepciones universalizadoras de la mujer y la madre de forma esencialista. Por lo tanto, pese a la falta de homogeneidad total dentro de la categoría, todavía parece justo e importante identificar (y criticar) entre estas obras, a veces dispares, su tendencia a ofrecer una res-

[19] Véase también Cherrie Moraga, "From a Long Line of Vendidas": 187; y "La Guerra", en: Cherrie Moraga y Gloria Anzaldúa (eds.), *This Bridge Called My Back: Writings by Radical Women of Color* (Nueva York: Kitchen Table, 1983): 32-33; Barbara Smith, "Introduction", en: *Home Girls: A Black Feminist Anthology* (Nueva York: Kitchen Table, 1983): XIX-LVI; "The Combahee River Collective Statement", en Barbara Smith (ed.), ob. cit.: 272-282; Audre Lorde, "Age, Race, Class and Sex: Women Redefining Difference", en su *Sister Outsider* (Nueva York: Crossing, 1984): 114-123; y Bell Hooks, *Feminist Theory: From Margin to Center* (Boston: South End, 1984). Todas estas obras se oponen a la tendencia universalizadora del feminismo cultural y resaltan las diferencias entre mujeres y entre varones, en una forma que socava los argumentos para la existencia de una esencia de género dominante.

puesta a la misoginia y al sexismo adoptando una concepción homogénea, no problematizada y ahistórica de la mujer.

No se necesita estar bajo la influencia del estructuralismo francés para disentir con el esencialismo. A esta altura, abundantes pruebas demuestran que las diferencias innatas de género, en cuanto a la personalidad y el carácter, ya no pueden defenderse, ni en los hechos, ni desde el punto de vista filosófico.[20] Las divisiones de género tienen formas divergentes en diferentes sociedades, y las diferencias que parecen ser universales pueden ser explicadas de manera no esencialista. Sin embargo, considerar el carácter pacífico y el talento para criar y nutrir como innatos en las mujeres es una creencia generalizada entre las feministas desde el siglo XIX, que se reforzó en la última década, muy especialmente entre las activistas pacifistas feministas. Conocí a muchas jóvenes feministas atraídas por movimientos como el Campamento de Paz de las Mujeres (*Women's Peace Encampment*) y en grupos como Mujeres por un Futuro No Nuclear (*Women for a Non-Nuclear Future*), por creer que el amor maternal que las mujeres sienten por sus criaturas puede destrabar las puertas de la opresión imperialista. Tengo gran respeto por el orgullo autoafirmativo de estas mujeres, pero también comparto el temor de Echols de que su impacto sea "reflejar y reproducir los supuestos de la cultura dominante sobre las mujeres", que no sólo no logran representar la variedad de vidas de las mujeres, sino que alientan esperanzas irreales sobre la conducta femenina *normal* que la mayoría de nosotras no puede satisfacer.[21] Nuestras categorías de género están constituidas positivamente y no son meras descripciones a posteriori de actividades previas. Se repite una circularidad entre la definición de la mujer como un ser esencialmente pacífico e inclinado al cuidado, y las observaciones y juicios que haremos de futuras mujeres y las prácticas en las que

[20] Existe mucha literatura sobre este tema, pero dos buenos lugares para comenzar son Anne Fausto-Sterling, *Myths of Gender: Biological theories about Women and Men* (Nueva York: Basic, 1986); y Sherrie Ortner y Harriet Whitehead (eds.), *Sexual Meanings: the Cultural Construction of Gender and Sexuality* (Nueva York: Cambridge University Press, 1981).

[21] Echols, "The New Feminism of Yin and Yang", ob. cit.: 440.

nos veremos comprometidas como mujeres en el futuro. ¿Es que las feministas quieren comprar un nuevo boleto para que las mujeres del mundo se suban en la calesita de las construcciones femeninas? ¿No preferimos bajarnos de la calesita y escaparnos?

Esto no debería significar que todos los efectos políticos del feminismo cultural hayan sido negativos.[22] La insistencia en ver las características femeninas tradicionales desde un punto de vista diferente, en usar una perspectiva *de espejo*, como medio de engendrar un cambio de *gestalt* en los datos que compartimos normalmente sobre las mujeres, tuvo un efecto positivo. Después de escuchar a las feministas liberales, durante toda una década, aconsejarnos que usáramos traje sastre e ingresáramos en el mundo masculino, es un correctivo útil tener a las feministas culturales argumentando que el mundo de las mujeres está lleno de valores y virtudes superiores, que merecen reconocimiento y no desprecio y que nos pueden enseñar cosas. Aquí está el impacto positivo del feminismo cultural. Y, seguramente, mucho de lo que escriben merece ser tomado en cuenta: que fueron nuestras madres las que hicieron sobrevivir a nuestras familias, que el trabajo manual de las mujeres es verdaderamente artístico, que la crianza de las mujeres tiene realmente un valor mayor que la competitividad masculina.

Desgraciadamente, sin embargo, el hecho de que el feminismo cultural se haga portavoz de una *feminidad* redefinida no puede ofrecer un programa de largo alcance útil para un movimiento feminista. De hecho, pone obstáculos en el camino para desarrollarlo. Bajo condiciones de opresión y con restricciones en su libertad de movimiento, las mujeres, como otros grupos oprimidos, desarrollaron fuerzas y atributos que deberían ser reconocidos, valorados y promovidos. Lo que no deberíamos promover, sin embargo, son las condiciones restrictivas que dieron origen a esos atributos:

[22] El análisis que hace Hester Eisenstein del feminismo cultural, aunque crítico, es más complejo que el de Echols. Mientras que aparentemente Echols sólo ve los resultados reaccionarios del feminismo cultural, Eisenstein ve en él una autoafirmación terapéutica necesaria para contrastar el impacto de una cultura misógina (véase Eisenstein, ob. cit.).

la maternidad a la fuerza, la falta de autonomía física, la dependencia sobre la base de habilidades mediadoras para sobrevivir, por ejemplo. ¿Qué condiciones queremos promover para las mujeres? ¿Una libertad de movimiento para poder competir en el mundo capitalista a la par de los varones? ¿Una restricción continua a actividades centradas en los niños y las niñas? En la medida en que el feminismo cultural sólo da valor a atributos genuinamente positivos desarrollados bajo la opresión, no puede dibujar nuestro curso futuro a largo plazo. En la medida en que refuerce explicaciones esencialistas de estos atributos, está en peligro de fortalecer un importante baluarte para la opresión sexista: la creencia en una *feminidad* innata a la que todas debemos adherir para no ser consideradas inferiores o mujeres no *verdaderas*.

Posestructuralismo

Para muchas feministas, el problema que se plantea con la respuesta del feminismo cultural al sexismo es que no critica el mecanismo fundamental del poder opresivo usado para perpetuar el sexismo y, de hecho, vuelve a incluir ese mecanismo en su supuesta solución. El mecanismo de poder al que nos referimos es la construcción del sujeto por un discurso que une sabiduría y poder en una estructura coercitiva que "fuerza al individuo sobre sí mismo y lo ata a su propia identidad en forma restrictiva".[23] Desde este punto de vista, las formulaciones esencialistas del ser mujer, aun cuando las hagan las feministas, "atan" la persona a su identidad como mujer y por lo tanto no pueden representar una solución al sexismo.

Esta articulación del problema ha sido tomada por las feministas de los textos de varios pensadores franceses influyentes llamados a veces posestructuralistas, pero que también podrían ser llamados poshumanistas y posesencialistas. Lacan, Derrida y Foucault encabezan este grupo. A pesar de sus diferencias tienen

[23] Michel Foucault, "Why Study Power: The Question of the Subject", en: Hubert L. Dreyfus y Paul Rabinow (eds.), *Beyond Structuralism and Hermeneutics: Michel Foucault* (Chicago: University of Chicago Press, 1983, 2ª ed.): 212.

un tema común y es que el sujeto auténtico, autocontenido, concebido por el humanismo como pasible de ser descubierto bajo un barniz cultural e ideológico es en realidad una construcción de ese mismo discurso humanista. El sujeto no es un espacio de intención autoral o de atributos naturales, ni siquiera una conciencia privilegiada y apartada. Lacan usa el psicoanálisis, Derrida la gramática y Foucault la historia de los discursos para atacar y "deconstruir"[24] nuestro concepto del sujeto con una identidad esencial y un núcleo auténtico reprimido por la sociedad. No existe un núcleo esencial *natural* para nosotros y, por lo tanto, no existe represión en el sentido humanista.

Hay un tipo interesante de neodeterminismo en esta concepción. El sujeto o el yo nunca está determinado por la biología de forma tal que la historia humana se haga previsible o explicable, y no hay una dirección unilineal de una flecha determinista que, desde simples fenómenos estáticos *naturales*, apunte a la experiencia humana. Por otro lado, este rechazo del determinismo biológico no está basado en la creencia de que los seres humanos están subdeterminados, sino que están sobredeterminados (esto es, construidos) por un discurso social y/o una práctica cultural. Aquí, la idea es que, en realidad, tenemos poca elección en la determinación de quiénes somos, pues, como nos lo recuerdan Derrida y Foucault, las motivaciones e intenciones individuales no cuentan para nada, o casi para nada, en el esquema de la realidad social. Somos construcciones; esto es, la experiencia de nuestra subjetividad es una construcción mediada por y/o basada en un

[24] Este concepto está principalmente asociado con Derrida, para quien está referido, específicamente, al proceso de desenredar metáforas para revelar la lógica subyacente, generalmente una simple oposición binaria como varón-mujer, sujeto-objeto, cultura-naturaleza, etcétera. Derrida demostró que, en esas oposiciones, un lado es siempre superior al otro, de modo tal que nunca hay una diferencia pura, sin dominación. La palabra "deconstrucción" también llegó a significar, más generalmente, la revelación de que un concepto está construido ideológicamente o culturalmente, y no es ni natural ni un simple reflejo de la realidad (véase Jacques Derrida, *De la gramatología* (México: Siglo XXI, 1971); también es útil Jonathan Culler, *Sobre la deconstrucción* (Madrid: Cátedra, 1984).

discurso social, muy por fuera del control individual. Como dice Foucault, somos cuerpos "totalmente marcados por la historia".[25] Por lo tanto, las experiencias subjetivas están, de alguna forma, determinadas por fuerzas mayores. Sin embargo, estas fuerzas mayores que incluyen discursos y prácticas sociales no están, aparentemente, sobredeterminadas, ya que resultan de una red de elementos que se superponen y se entrecruzan, tan compleja e impredecible que no se percibe ninguna direccionalidad única y, de hecho, no existe ninguna causa final o eficiente. Podría haber, y en algún momento Foucault esperaba encontrarlos,[26] procesos de cambio perceptibles en la red social, pero más allá de pálpitos esquemáticos, ni la forma ni el contenido del discurso tienen una estructura fija o unificada, ni pueden predecirse o diseñarse en un punto último y objetivo. Hasta cierto punto, esta concepción es igual al individualismo metodológico contemporáneo, cuyos defensores generalmente aceptan que el complejo de intenciones humanas resulta en una realidad social sin semejanza con las categorías de intenciones resumidas pero que parece totalmente diferente de lo que es una parte o suma de partes alguna vez vislumbrada y deseada en algún momento. La diferencia, sin embargo, está en que mientras las individualistas metodológicas admiten que las intenciones humanas son ineficaces, los posestructuralistas niegan no solamente la eficacia sino también la autonomía ontológica y hasta la existencia de la intencionalidad.

Los posestructuralistas se unen a Marx para afirmar la dimensión social de los rasgos y de las intenciones individuales. Por lo tanto, dicen que no podemos entender la sociedad como un conglomerado de intenciones individuales, sino que debemos entender las intenciones individuales como construidas dentro de una realidad social. En la medida en que los posestructuralistas hacen hincapié en las explicaciones sociales de las prácticas y experiencias individuales, encuentro sus trabajos esclarecedores y convin-

[25] Michel Foucault, "Nietzsche, Genealogy, History", en: Paul Rabinown, (ed.), *The Foucault Reader* (Nueva York: Pantheon, 1984): 83.

[26] Este deseo es evidente en el libro de Foucault *Las palabras y las cosas. Una arqueología de las ciencias humanas* (Buenos Aires: Siglo XXI, 1968).

centes. Mi desacuerdo empieza, sin embargo, cuando parecen borrar por completo todo espacio para que la persona pueda maniobrar dentro del discurso social o en un conjunto de instituciones. Rechazo esa totalización de la marca de la historia. En su defensa de la construcción total del sujeto, los posestructuralistas niegan la posibilidad de que el sujeto reflexione sobre el discurso social y desafíe sus determinaciones.

Aplicada al concepto de mujer, la visión posestructuralista resulta en algo que llamo nominalismo: la idea de que la categoría *mujer* es una ficción y que los esfuerzos feministas deben ser dirigidos a desmantelar esa ficción. "Quizás [...] la 'mujer' no sea una identidad determinable. Quizás la mujer no sea una cosa que se anuncie a la distancia, a una distancia de alguna otra cosa [...] Tal vez la mujer –una no identidad, no figura, un simulacro– es el abismo mismo de la distancia, el distanciamiento de la distancia, la cadencia del intervalo, la distancia misma".[27] El interés de Derrida en el feminismo parte de su creencia, expresada aquí, de que la mujer puede representar la ruptura en el discurso funcional de lo que él llama ontología kantiana. Porque, en un sentido, la mujer fue excluida de este discurso es posible esperar que ofrezca una verdadera fuente de resistencia. Pero su resistencia no será verdaderamente efectiva si ella continúa usando el mecanismo del logocentrismo para redefinir a la mujer: podrá resistir con éxito solamente si desvía y esquiva todos los intentos de capturarla. Entonces, espera Derrida, la siguiente pintura futurista será realidad: "Desde las profundidades, eternas e insondables, ella envuelve y distorsiona todo vestigio de esencialidad, de identidad, de propiedad. Y el discurso filosófico, cegado, zozobra en estos bancos y es arrojado a esas profundidades para su ruina".[28] Para Derrida, las mujeres siempre fueron definidas como una diferencia subyugada dentro de una oposición binaria: hombre-mujer, cultura-naturaleza, positivo-negativo, analítico-intuitivo. Afirmar una diferencia

[27] Jacques Derrida, *Spurs* (Chicago: University of Chicago Presss, 1978) (Las citas corresponden a esta edición [N. de la E.] [Traducción al castellano: *Espolones: los estilos de Nieztsche* (Valencia: Pre-Textos, 1981]).

[28] Íbid.

de género esencial como lo hacen las feministas culturales es volver a invocar esta estructura de oposición. La única forma de romper con esta estructura y, de hecho, subvertirla, es afirmar la diferencia total, ser aquello que no puede ser immovilizado o subyugado dentro de una jerarquía dicotómica. Paradójicamente, es ser lo que no es. Por lo tanto, las feministas no pueden delimitar una categoría definitiva de *mujer* sin eliminar toda posibilidad para la derrota del logocentrismo y su poder opresivo.

Asimismo, Foucault rechaza toda construcción de sujetos de oposición –sean el *proletariado*, la *mujer* o los *oprimidos*– como imágenes en espejo que simplemente recrean y refuerzan el discurso del poder. Como lo señala Biddy Martin, "el punto desde el cual Foucault deconstruye no está en el centro, está fuera de línea, aparentemente desalineado. No es el punto de una otredad imaginada absoluta, sino una *alteridad* que se entiende como una exclusión interna".[29]

Siguiendo a Foucault y a Derrida, un feminismo eficaz sólo podría ser un feminismo totalmente negativo, que deconstruye todo y se niega a construir. Es la posición que adopta Julia Kristeva, otra influyente posestructuralista francesa. Dice: "Una mujer no puede ser; es algo que ni siquiera pertenece al orden del ser. *De allí que una práctica feminista sólo pueda ser negativa*, en contra de lo que existe para poder decir 'no es eso' y 'tampoco es eso'".[30] El rasgo problemático de subjetividad no significa, entonces, que no pueda haber lucha política, como se podría suponer dado el hecho de que el posestructuralismo deconstruye la posición revolucionaria con el mismo aliento que deconstruye la posición reaccionaria. Pero la lucha política sólo puede tener una "función negativa", rechazando "todo lo finito, definido, estructurado, cargado de significado, en el estado actual de la sociedad".[31]

[29] Biddy Martin, "Feminism, Criticism, and Foucault", en: *New German Critique*, núm. 27 (1982): 11.

[30] Julia Kristeva, "Woman Can Never Be Defined", en: Elaine Marks e Isabelle de Courtivron (eds.), *New French Feminisms* (Nueva York: Schocken, 1981): 137 (el destacado es mío).

[31] Julia Kristeva, "Oscillation Between Power and Denial", en: Marks y Courtivron (eds.), ob. cit.: 166.

Para las feministas, el atractivo de la crítica posestructuralista de la subjetividad tiene dos aspectos. En primer lugar, parece ofrecer la promesa de una libertad mayor para las mujeres, el *juego libre* de una pluralidad de diferencias sin el peso de una identidad de género predeterminada, como la formulada por el patriarcado o el feminismo cultural. En segundo lugar, va claramente más allá del feminismo cultural y del feminismo liberal al seguir teorizando lo que éstos dejan sin tocar: la construcción de la subjetividad. En este punto, podemos aprender mucho sobre los mecanismos de la opresión sexista y la construcción de categorías específicas de géneros, relacionándolas con el discurso social y concibiendo al sujeto como un producto cultural. Este análisis también nos puede ayudar a entender a las mujeres de la derecha, la reproducción de ideologías y los mecanismos que traban el progreso social. Sin embargo, la adopción del nominalismo crea problemas importantes para el feminismo. ¿Cómo podemos adoptar seriamente el plan de Kristeva sólo para la lucha negativa? Como la izquierda ya debería haber aprendido, no se puede mover un movimiento que está solamente en contra y siempre está contra: es necesario tener una alternativa positiva, una visión de un futuro mejor que motive a la gente a sacrificar su tiempo y sus energías para su realización. Además, la adopción del nominalismo por el feminismo se enfrentará a los mismos problemas que tienen las teorías de la ideología, esto es, ¿por qué es que la conciencia de una mujer de derecha se construye por intermedio del discurso social y la de una feminista no? Las críticas posestructuralistas de la subjetividad tienen que ver con la construcción de todos los sujetos o de ninguno. Y aquí está, precisamente, el dilema para las feministas: ¿cómo podemos fundamentar una política feminista que deconstruya el sujeto femenino? El nominalismo amenaza eliminar al feminismo.

Algunas feministas que desean usar el posestructuralismo tienen conciencia de este peligro. Biddy Martin, por ejemplo, señala que "no podemos permitirnos rehusar tomar una postura política 'que nos sujete a nuestro sexo' en aras de una corrección teórica abstracta. Existe el peligro de que si los desafíos de Foucault a las categorías tradicionales son llevados a una conclusión 'lógica'

[...] puedan hacer obsoleta la cuestión de la opresión de la mujer".[32] Su articulación del problema, basada en Foucault, nos hacía esperar que Martin pudiera darnos una solución que trascendiera el nominalismo. Lamentablemente, en su lectura de Lou Andreas-Salomé, Martin le da valor a la indecisión, la ambigüedad y lo escurridizo, e indica que al mantener la indecisión de identidad, la vida de Andreas-Salomé ofrece un texto útil para las feministas.[33]

Sin embargo, la noción de que todos los textos carecen de decisión no puede ser útil a las feministas. Para apoyar su planteo de que el significado de los textos es en último término *indecidible*, Derrida nos ofrece en *Spurs* tres interpretaciones conflictivas, pero igualmente legítimas, de cómo los textos de Nietzsche construyen y sitúan lo femenino. En una de estas interpretaciones, Derrida alega que, supuestamente, podemos encontrar proposiciones de contenido feminista.[34] Con ello, Derrida busca demostrar que hasta la interpretación aparentemente incontrovertible de que la obra de Nietzsche es misógina puede ser desafiada con un argumento igualmente convincente de que no lo es. ¿Pero cómo puede ser esto útil a las feministas, que necesitan tener sus acusaciones de misoginia legitimadas y no declaradas *indecidibles*? El hecho no es que Derrida sea antifeminista, ni que nada en la obra de Derrida pueda ser útil a las feministas. Pero la tesis de *la indecidibilidad* aplicada al caso de Nietzsche se parece demasiado a otra versión más de la acusación antifeminista de que nuestra percepción del sexismo está basada en una perspectiva distorsionada, limitada, y que lo que llamamos misoginia es, en realidad, útil y no dañino para la causa de las mujeres. La declaración de *indecidibilidad* nos lleva de nuevo, inevitablemente, a la posición de Kristeva de que sólo podemos dar respuestas negativas a la pregunta "¿qué es una mujer?". Si la categoría *mujer* carece fundamentalmente de decisión, no podemos ofrecer ninguna concepción positiva de ella inmune a la deconstrucción y nos quedamos

32 Martin, ob. cit.: 16-17.

33 Íbid.: especialmente 21, 24 y 29.

34 Véase Derrida, *Spurs*, ob. cit.: especialmente 57 y 97.

con un feminismo que sólo puede ser deconstructivo y, por lo tanto, una vez más, nominalista.[35]

Una posición nominalista con respecto a la subjetividad tiene el efecto perjudicial de de-generar nuestro análisis, hacer el género nuevamente invisible. La ontología de Foucault incluye sólo cuerpos y placeres, y es famoso por no incluir el género como categoría de análisis. Si el género es solamente una construcción social, la necesidad y hasta la posibilidad de una política feminista es inmediatamente problemática. ¿Qué podemos pedir en nombre de las mujeres si las *mujeres* no existen y las demandas en su nombre, simplemente, refuerzan el mito de que existen? ¿Cómo podemos hablar contra el sexismo como algo perjudicial para los intereses de las mujeres si la categoría es una ficción? ¿Cómo podemos exigir la despenalización del aborto, guarderías infantiles adecuadas o sueldos basados en trabajos de valor comparable sin invocar el concepto de *mujer*?

El posestructuralismo debilita nuestras posibilidades de oponernos a la tendencia dominante (y, hasta podría decirse, el peligro dominante) en la corriente principal de pensamiento occidental contemporáneo, esto es, la insistencia en una epistemología, una metafísica y una ética universales, neutrales y sin perspectiva. A pesar de los ruidos que llegan del continente, el pensamiento anglonorteamericano está todavía aferrado a la idea (al ideal) de una metodología que debe ser universal y apolítica, y a un conjunto de verdades básicas a lo largo de la historia, libres de aso-

[35] El trabajo más reciente de Martin se aleja de este planteo en una dirección positiva. En un ensayo escrito junto con Chandra Talpade Mohanty, Martin señala "las limitaciones políticas de una insistencia en la 'indeterminación', que, implícita o explícitamente, niega el contexto social de la crítica y, de hecho, no acepta reconocer el hogar institucional de la crítica". Martin y Mohanty buscan desarrollar una concepción del sujeto más positiva, aunque todavía problematizada, con una perspectiva "múltiple y cambiante". En este sentido, su trabajo es una contribución importante al desarrollo de una concepción alternativa de la subjetividad, una concepción parecida a la que discutiré en el resto de este ensayo ("Feminist Politics: What's Home Got to Do with it?", en: Teresa de Lauretis (ed.), *Feminist Studies/Critical Studies*, ob. cit.: 181-212, especialmente 194).

ciaciones con géneros, razas, clases y culturas particulares. El rechazo de la subjetividad entra en connivencia involuntaria con esta tesis del pensamiento clásico liberal de *un ser humano genérico*, que las particularidades de los individuos son influencias irrelevantes e impropias en el conocimiento. Al decidir que particularidades individuales, tales como la experiencia subjetiva, son una construcción social, la negación posestructuralista de la autoridad del sujeto coincide con la idea liberal clásica de que las particularidades humanas son irrelevantes. (Para los liberales, la raza, la clase y el género son, en último término, irrelevantes cuando se trata de justicia y verdad porque "en el fondo, todas las personas somos iguales". Para el posestructuralismo, la raza, la clase y el género son construcciones y, por lo tanto, incapaces de dar la validez necesaria a las concepciones de justicia y verdad, porque por debajo no existe un núcleo natural sobre el cual se pueda construir o liberar o potenciar el máximo. Así, de nuevo, en el fondo, todos y todas somos iguales.) De hecho, lo que motiva gran parte de la glorificación de la feminidad en el feminismo cultural como una especificidad válida que fundamenta legítimamente la teoría feminista es el deseo de derribar este compromiso con la posibilidad de una visión general –supuestamente, la mejor de todas las posibles visiones generales–, fundada en un ser humano genérico.[36]

Estas caracterizaciones del feminismo cultural y del feminismo posestructuralista no van a ser del agrado de muchas feministas por suponer demasiada homogeneidad y encasillar con toda tranquilidad teorías amplias y complejas. Sin embargo, creo que las tendencias al esencialismo y al nominalismo que señalé representan las respuestas principales de la teoría feminista ante la reconceptualización de *la mujer*. Ambas tienen ventajas importantes y serios inconvenientes. El feminismo cultural nos ofrece una corrección útil a la tesis del *ser humano genérico* del liberalismo clásico y

[36] Un intercambio estupendo sobre este tema entre representantes elocuentes y claras de ambos lados fue publicado en *Diacritics* 12 (1982): 42-47; y Nancy Miller, "The Text's Heroine: A Feminist Critic and Her Fictions", en: *Diacritics* 12 (1982): 48-53.

promovió la comunidad y la autoafirmación, pero no puede brindar un plan de acción a largo plazo para la teoría o la práctica feminista, y está fundado en un enunciado del esencialismo para cuya justificación distamos mucho de tener evidencias. La apropiación feminista del posestructuralismo brindó ideas interesantes sobre la construcción de la subjetividad femenina y masculina, y dio el alerta –un alerta crucial– contra la creación de un feminismo que vuelva a invocar los mecanismos del poder opresor. Pero reduce el feminismo a las tácticas negativas de reacción y deconstrucción, y pone en peligro el ataque contra el liberalismo clásico al desacreditar la noción de una subjetividad específica y epistemológicamente significativa. ¿Qué debe hacer una feminista?

No podemos, simplemente, aceptar la paradoja. Para evitar las desventajas serias del feminismo cultural y del posestructuralismo, el feminismo necesita trascender el dilema y desarrollar una tercera opción, una teoría alternativa del sujeto que evite el esencialismo y el nominalismo. Esta nueva alternativa puede compartir la visión posestructuralista de que la categoría *mujer* necesita ser teorizada con una exploración de la experiencia de la subjetividad, en oposición a una descripción de los atributos actuales, pero no debe consentir que dicha exploración resulte necesariamente en una posición nominalista sobre el género o una eliminación de éste. Las feministas deben explorar la posibilidad de una teoría del sujeto con género que no caiga en el esencialismo. En las dos secciones siguientes discutiré trabajos recientes que ofrecieron contribuciones al desarrollo de esa teoría, por lo menos, eso intentaré demostrar; y en la sección final desarrollaré mi propia contribución, bajo la forma de un concepto de la identidad de género como posicionalidad.

Teresa de Lauretis

El influyente libro de Teresa de Lauretis *Alicia ya no* (*Alice Doesn't*) es una serie de ensayos sobre cómo conceptualizar la mujer en tanto sujeto. Este problema está formulado en su trabajo como surgiendo del conflicto entre *la mujer* como *construc-*

ción ficcional y *las mujeres* como *seres históricos reales.*[37] De Lauretis explica:

> La relación entre *mujeres* como sujetos históricos y la noción de *mujer* producida por los discursos hegemónicos no es ni una relación directa de identidad, una correspondencia de una a una, ni una relación de simple implicación. Como todas las otras relaciones expresadas en el lenguaje, es arbitraria y simbólica, es decir, montada culturalmente. La manera en que este montaje funciona y sus consecuencias es lo que este libro intenta explorar.[38]

La fuerza del enfoque de De Lauretis es que nunca pierde de vista el imperativo político de la teoría feminista y, así, nunca olvida que debemos buscar, no sólo describir, esta relación en la que se basa la subjetividad femenina, y además cambiarla. Y, sin embargo, dada su idea de que estamos construidas por un discurso semiótico, este mandato político se alza como un problema crucial. Como ella lo explica:

> Paradójicamente, la única forma de ponerse fuera de ese discurso es desplazándose dentro de él, para rechazar la pregunta tal como está formulada o contestarla arteramente (aunque con sus palabras), incluso citar (pero contra la corriente). El límite planteado pero no trabajado en este libro es pues la contradicción de la propia teoría feminista, al mismo tiempo excluida del discurso y a la vez presa en él.[39]

Al igual que la teoría feminista, el sujeto femenino también está "al mismo tiempo excluido del discurso y encerrado en él". Construir una teoría del sujeto que contenga estas verdades y que también incluya la posibilidad del feminismo es el problema que De Lauretis aborda en *Alicia ya no*. La aceptación de la construcción del sujeto por intermedio del discurso significa que

[37] Teresa de Lauretis, *Alice Doesn't* (Bloomington: Indiana University Press, 1984): 5. (Las citas corresponden a esta edición.) [Traducción al castellano: *Alicia ya no. Feminismo, semiótica, cine* (Madrid: Cátedra, 1992).]

[38] Íbid.: 5-6.

[39] Íbid.: 7.

el proyecto feminista no puede ser simplemente *cómo hacer visible lo invisible*, como si la esencia del género estuviera allí esperando ser reconocida por el discurso dominante. Sin embargo, De Lauretis no abandona la posibilidad de producir "las condiciones de visibilidad para un sujeto social diferente".[40] En su concepción, se puede evitar una posición nominalista sobre la subjetividad uniéndola con una noción peirceana de las prácticas y con una noción más teorizada de la experiencia.[41] Me detendré brevemente en su discusión de esta última idea.

La tesis principal de De Lauretis es que la subjetividad, esto es, lo que una "percibe y concibe como subjetivo", se construye en un proceso continuo, una renovación constante basada en una interacción con el mundo, que define como experiencia: "Y así [la subjetividad] es producida no por ideas, valores o causas materiales externos, sino por el propio compromiso personal, subjetivo, en las prácticas, discursos e instituciones que dan significado (valor, sentido y emoción) a los acontecimientos del mundo".[42] Éste es el proceso por el cual la subjetividad de cada persona adquiere su género. Pero describir la subjetividad que surge plantea todavía dificultades, principalmente la siguiente:

> Los esfuerzos feministas quedaron, a menudo, atrapados en la trampa lógica de una paradoja. O asumieron que "el sujeto," como "el hombre," es un término genérico y como tal puede designar igualmente, y a la vez, el sujeto femenino y el masculino, y en consecuencia se borra la sexualidad y la diferencia sexual de la subjetividad. O se vieron obligados a recurrir a una noción oposicional de sujeto "femenino" definida por el silencio, la negatividad, la sexualidad natural, o una cercanía a la naturaleza no comprometida con la cultural patriarcal.[43]

Aquí surge, nuevamente, el dilema entre un sujeto posestructuralista carente de género y un sujeto feminista cultural esencializado.

[40] Íbid.: 8-9.
[41] Íbid.: 11.
[42] Íbid.: 159.
[43] Íbid.: 161.

Como lo indica De Lauretis, esta última alternativa está restringida en su conceptualización de la subjetividad femenina por el acto mismo de distinguir la subjetividad femenina de la masculina. Esto parece producir un dilema, pues si le quitamos el género a la subjetividad, estamos comprometidas con un sujeto genérico y, por lo tanto, debilitamos el feminismo, mientras que si por otro lado definimos el sujeto por su género, articulando la subjetividad femenina en un espacio claramente distinto de la subjetividad masculina, entonces quedamos atrapadas en una dicotomía oposicional controlada por un discurso misógino. Una subjetividad ligada con el género parece obligarnos a revertir "las mujeres al cuerpo y a la sexualidad como una inmediatez de lo biológico, como naturaleza".[44] A pesar de su insistencia en una subjetividad construida por las prácticas, De Lauretis deja claro que *esa* concepción de la subjetividad no es lo que ella desea proponer. Una subjetividad fundamentalmente moldeada por el género parece llevar inevitablemente al esencialismo, a la postulación de una oposición masculino-femenina, universal y ahistórica. Una subjetividad que no esté fundamentalmente moldeada por el género parece llevar a la concepción de un sujeto humano genérico, como si pudiéramos pelar nuestras capas *culturales* y llegar a la verdadera raíz de la naturaleza humana, que, al final de cuentas, resulta no tener género. ¿Son realmente éstas nuestras únicas opciones?

En *Alicia ya no*, De Lauretis desarrolla los comienzos de una nueva concepción de la subjetividad. En su opinión, la subjetividad no está (sobre)determinada por la biología ni tampoco por una "intencionalidad libre, racional" sino por la experiencia, que ella define (vía Lacan, Eco y Peirce) como "un complejo de costumbres que surgen de la interacción semiótica con el 'mundo externo,' el continuo compromiso de un ser o sujeto con una realidad social".[45] Dada esta definición, la pregunta obvia es: ¿po-

[44] Íbid.

[45] Íbid.: 182. Los principales textos en que Lauretis basa su discusión de Lacan, Eco y Pierce son Jacques Lacan, *Écrits* (París: Seuil, 1966); Umberto Eco, *A Theory of Semiotics* (Bloomington: Indiana University Press, 1976) y *The Role of the Reader: Explorations in the Semiotic of Texts* (Bloomington: Indiana

demos afirmar la existencia de una *experiencia femenina*? Ésta es la pregunta que De Lauretis nos lleva a considerar, más específicamente, nos lleva a analizar "ese complejo de hábitos, disposiciones, asociaciones y percepciones que nos engendran mujeres".[46] De Lauretis termina su libro con una observación aguda que puede servir de punto de partida crítico:

> Aquí es donde la especificidad de una teoría feminista puede ser buscada: no en la feminidad como una cercanía a la naturaleza privilegiada, el cuerpo o lo inconsciente, una esencia inherente a las mujeres pero que los varones ahora también reivindican; no en la tradición femenina simplemente entendida como privada, marginal y, sin embargo, intacta, fuera de la historia pero por entero allí para ser descubierta o recobrada; por último, no en las grietas y rajaduras de la masculinidad, las fisuras de la identidad masculina o lo reprimido del discurso fálico; *pero en esa práctica política, teórica, de autoanálisis* por la cual las relaciones del sujeto en la realidad social pueden rearticularse desde la experiencia histórica de las mujeres. Mucho, realmente mucho, es lo que queda todavía por hacer.[47]

De esta forma, De Lauretis afirma que la salida de la impronta totalizadora de la historia y el discurso es por nuestra "práctica política, teórica, de autoanálisis". Esto no quiere decir que solamente los artículos intelectuales en publicaciones académicas representen un espacio libre o un área para maniobrar, sino que todas las mujeres pueden pensar, criticar y alterar el discurso (y lo hacen) y que, por lo tanto, la subjetividad puede ser reconstruida por un proceso de práctica reflexiva. El elemento fundamental en la formulación de De Lauretis es la dinámica que sitúa en el corazón de la subjetividad: una interacción fluida en constante movimiento y abierta a las alteraciones por la práctica del autoanálisis.

University Press, 1979); y Charles Sanders Pierce, *Collected Papers*, vols. 1-8 (Cambridge: Harvard University Press, 1931-1958).

[46] Teresa de Lauretis, *Alice Doesn't*, ob. cit.: 182.

[47] Íbid.: 186 (el destacado es mío).

De Lauretis desarrolló más su concepción de la subjetividad en otra obra. En la introdución a su libro *Feminist Studies/Critical Studies*, De Lauretis afirma que una identidad individual está constituida por un proceso histórico de conciencia, un proceso en el que la historia de una

> es interpretada o reconstruida por cada una de nosotras dentro del horizonte de significados y conocimientos disponibles en la cultura en un momento histórico dado, un horizonte que también incluye formas de compromiso y lucha política [...] Por lo tanto, la conciencia no está nunca fija, no se consigue nunca de una vez por todas, porque las fronteras discursivas cambian con las condiciones históricas.[48]

Aquí, De Lauretis nos guía para salir del dilema que planteó en *Alicia ya no*. La acción del sujeto se ve posibilitada por este proceso de interpretación política. Y lo que surge es múltiple y cambiante, no es "prefigurado [...] en un orden simbólico inmutable" ni simplemente "fragmentado, o intermitente".[49] De Lauretis formula una subjetividad que permite la acción de la persona al tiempo que la sitúa dentro de "configuraciones discursivas particulares" y, además, concibe el proceso de conciencia como una estrategia. La subjetividad puede, entonces, empezar a imbuirse de raza, de clase y de género sin estar sujeta a una sobredeterminación que impide la acción.

Denise Riley

La obra de Denise Riley *War in the Nursery: Theories of the Child and Mother* (*Guerra en la nursery: teorías del niño y la madre*) es un intento de conceptualizar a las mujeres evitando lo que ella llama el dilema biologismo/culturalista, o sea, que las mujeres deban ser o bien determinadas biológicamente, o bien en un todo construcciones culturales. Estos dos enfoques que tratan

[48] Teresa de Lauretis (ed.), *Feminist Studies/Critical Studies*, ob. cit.: 8.
[49] Íbid.

de explicar la diferencia sexual son deficientes tanto desde el punto de vista teórico como empírico, dice Riley. Las versiones deterministas biológicas no problematizan los conceptos que usan, por ejemplo, *biología*, *naturaleza* y *sexo*, y tratan de reducir "todo a la obra de una biología inmutable".[50] Por otro lado, la "corrección habitual al biologismo"[51] –la tesis de la construcción cultural invocada por las feministas– "ignora el hecho de que existe realmente la biología, que debe ser concebida más claramente" y que, además, "sólo sustituye una esfera no acotada de determinación social por una de determinación biológica".[52]

En su intento por evitar las insuficiencias de estos enfoques, Riley afirma:

> El problema táctico está en nombrar y especificar la diferencia sexual allí donde fue ignorada o malinterpretada; pero sin hacerlo de forma que le garantice una vida eterna por sí misma, una trayectoria solitaria a través del infinito que se extienda sobre la totalidad del ser y la totalidad de la sociedad, como si la posibilidad de la concepción individual de género de cada una garantizara, despiadadamente, toda las facetas siguientes de la existencia en todo momento.[53]

En esto veo el proyecto de Riley como un intento de conceptualizar la subjetividad de la mujer como sujeto con género, sin esencializar el género con "una vida eterna por sí misma"; para evitar tanto la negación de la diferencia sexual (nominalismo) como una esencialización de la diferencia sexual.

A pesar de este proyecto fundamental, el análisis de Riley en este libro está centrado principalmente en las relaciones perceptibles entre las políticas sociales, las psicologías populares, el Estado y las prácticas individuales, y no asciende a menudo a las alturas necesarias para discutir el problema teórico de las

[50] Denise Riley, *War in the Nursery: Theories of the Child and Mother* (Londres: Virago, 1983): 2.

[51] Íbid.: 6.

[52] Íbid: 2, 3.

[53] Íbid.: 4.

concepciones sobre la mujer. Lo que hace es adelantarse en su análisis histórico y sociológico *sin perder nunca de vista la necesidad de problematizar sus conceptos clave*, por ejemplo, mujer y madre. En esto da un ejemplo, cuya importancia no puede ser sobrestimada. Además, en su último capítulo, Riley discute un planteo útil para la tensión política que puede surgir entre la necesidad de problematizar conceptos, por un lado, y la justificación de actos políticos, por el otro.

Al analizar los pros y los contras de varias políticas sociales, Riley trata de tomar un punto de vista feminista. Pero una discusión de este tipo debe presuponer, aun cuando no se reconozca abiertamente, que las necesidades son identificables y, por lo tanto, pueden ser usadas como medida para evaluar políticas sociales. La realidad, sin embargo, es que las necesidades son terriblemente difíciles de identificar, ya que, por lo menos la mayoría de las teorías de la necesidad, por no decir todas, se apoyan en una concepción naturalista del agente humano, un agente o una agente que puede, conscientemente, identificar y enunciar todas sus necesidades, o cuyas necesidades *reales* pueden ser determinadas por ciertos procesos externos de análisis. Cualquiera de estos métodos tiene problemas: parece poco realista decir que las necesidades específicas existen sólo si el agente puede identificarlas y articularlas, y, sin embargo, hay peligros obvios en confiar la identificación de las necesidades de una persona a *expertos* o a terceros. Además, conceptualizar el agente humano con necesidades como una mesa con propiedades plantea problemas, ya que el agente humano es una entidad en flujo, pero la mesa no lo es de la misma forma, y, además, está sujeto a fuerzas de construcción social que afectan su subjetividad y, por lo tanto, sus necesidades. Los teóricos del utilitarismo, especialmente los utilitaristas del deseo y del bienestar, son particularmente vulnerables a este problema, ya que el estándar de evaluación moral que proponen usar son, precisamente, las necesidades (o los deseos, que son igualmente problemáticos).[54] Las evaluaciones feministas de la

[54] Para una discusión lúcida de las dificultades que plantea este problema para los utilitaristas, véase Jon Elster, "Sour Grapes-Utilitarianism and the Ge-

política social que usan el concepto de *necesidades de las mujeres* deben enfrentar la misma dificultad. El enfoque de Riley ante esta situación es el siguiente:

> He dicho que las necesidades de la gente, obviamente, no pueden revelarse por un simple proceso de revelación histórica, mientras que en todo otro momento hablé de las "necesidades reales" de las madres. Pienso que es necesario recalcar que la necesidad no es evidente de por sí y que sus determinantes son complejas, y que también es necesario actuar políticamente como si las necesidades pudieran satisfacerse, al menos, en parte.[55]

Con esto, Riley afirma la posibilidad y casi la necesidad de combinar demandas políticas formuladas con decisión con el reconocimiento de su peligro esencialista. ¿Cómo se puede hacer esto sin debilitar nuestra lucha política?

Por un lado, como lo explica Riley, la lógica de las demandas concretas no involucra un compromiso con el esencialismo:

> Aun cuando es cierto que luchar por guarderías infantiles adecuadas como una forma obvia de cubrir las necesidades de las madres supone una división del trabajo ortodoxa, en la cual la responsabilidad por los niños y las niñas es propia de las mujeres y no de los varones, es, sin embargo, la división imperante, por lo general. El reconocimiento de esto no nos compromete de ninguna manera a suponer que el cuidado de los niños y las niñas será eternamente una función femenina.[56]

No necesitamos invocar una retórica de la maternidad idealizada para decir que las mujeres necesitan guarderías infantiles aquí y ahora. Por otro lado, toda la obra de Riley sobre política social está dedicada a demostrar los peligros que estos reclamos pueden acarrear. Los explica así:

---

nesis of Wants", en: Amartya Sen y Bernard Williams (eds.), *Utilitarianism and Beyond* (Cambridge: Cambridge University Press, 1982): 219-238.

[55] Denise Riley, ob. cit.: 193-194.

[56] Íbid.: 194.

> En la medida en que la tarea de iluminar *las necesidades de las madres* empieza con el género en su punto más decisivo e imposible de eludir –la capacidad biológica de gestar hijos– existe el peligro de caer en una reafirmación conservadora y confirmadora de la eternidad de la diferencia social/sexual. Esto significaría transformar las necesidades de las madres en propiedades fijas de la *maternidad* como función social: creo que esto es lo que sucedió en la Inglaterra de posguerra.[57]

Por lo tanto, el invocar los reclamos de las mujeres con los de las criaturas también invoca la creencia paralela en nuestra concepción cultural de la maternidad esencializada.

Como una forma de evitar este obstáculo particular, Riley recomienda no desplegar ninguna versión de *maternidad como tal*. Creo que con esto Riley quiere decir que podemos hablar de las necesidades de las mujeres con criaturas y, por supuesto, referirnos a las mujeres como madres, pero debemos evitar toda referencia a la institución idealizada de la maternidad como una vocación privilegiada de las mujeres o como la personificación de una práctica femenina auténtica o natural.

La luz que Riley arroja sobre nuestro problema de la subjetividad de las mujeres tiene tres facetas. En primer lugar, y esto es lo más obvio, articula el problema claramente y lo enfrenta. Segundo, nos muestra una forma de enfocar los pedidos de guarderías infantiles sin esencializar la feminidad, es decir, planteando claramente que estas demandas representan solamente necesidades coyunturales y no necesidades universales o eternas de las mujeres, y evitando invocaciones a la maternidad. Tercero, pide que nuestra problematización de conceptos tales como las *necesidades de las mujeres* coexistan con un programa político de reclamos en nombre de las mujeres, sin que una cosa invalide la otra. No es hacerse cargo de la paradoja, sino buscar un nuevo entendimiento de la subjetividad que pueda armonizar nuestras agendas teóricas y políticas.

Al discutir formas de evitar las demandas políticas esencialistas, Denise Riley nos ofrece un enfoque útil para la dimensión política

57 Íbid.: 194-195.

del problema de la conceptualización de la mujer. Nos recuerda que no debemos evitar la acción política porque nuestra teoría ha descubierto grietas en la formulación de nuestros conceptos clave.

Un concepto de posicionalidad

Permítanme dejar sentado, desde ya, que mi aproximación al problema de la subjetividad es tratarlo como un problema metafísico y no como un problema empírico. Para las personas que vienen de una tradición posestructuralista, esta afirmación necesita una aclaración inmediata. Los filósofos europeos desde Nietzsche a Derrida rechazaron la disciplina de la metafísica en su totalidad, pues dicen que presume la existencia de una conexión ontológica ingenua entre el conocimiento y una realidad concebida como una cosa en sí, totalmente independiente de las prácticas y metodologías humanas. Como los positivistas lógicos, estos filósofos dijeron que la metafísica es sólo un ejercicio de mistificación, que supone poder hacer juicios de conocimiento sobre las almas y las verdades *necesarias* que no tenemos forma de justificar. Quizás su crítica final sea que la metafísica define la verdad de forma tal que es imposible alcanzarla, y después dice haberla alcanzado. Estoy de acuerdo en que debemos rechazar la metafísica de las cosas trascendentes por sí mismas, así como la presunción de hacer juicios acerca del noúmeno, pero esto implica un rechazo a una ontología específica de la verdad y a una tradición particular en la historia de la metafísica, no un rechazo de la metafísica en sí. Si la metafísica se concibe no como un compromiso ontológico particular sino como el intento de razonar enunciados ontológicos que no pueden ser decididos empíricamente, entonces la metafísica se continúa en la actualidad en el análisis del lenguaje de Derrida, en la concepción del poder de Foucault y en todas las críticas posestructuralistas a las teorías humanistas del sujeto. Por lo tanto, según esta perspectiva, la afirmación de que alguien está "haciendo metafísica" no es peyorativa. Hay preguntas de importancia para los seres humanos que la ciencia sola no puede responder (inclusive, qué es ciencia y cómo funciona) y, sin embargo, éstas son preguntas que podemos atacar de forma útil combinando datos científicos con otras consideraciones lógicas, políticas, morales, pragmáticas y de coherencia. Esta distinción entre lo que es normativo y lo que es descriptivo se diluye aquí. Los problemas metafísicos son problemas que conciernen a juicios de hecho sobre el mundo (y no simplemente afirmaciones expresivas, morales o estéticas, por ejemplo) pero son problemas que no pueden ser determinados solamente por medios empíricos.[58]

En mi opinión, el problema del sujeto y, dentro de éste, el problema de la conceptualización de la *mujer*, es un problema metafísico. Por lo tanto, disiento tanto con los fenomenólogos como con los psicoanalistas que afirman que la naturaleza de la subjetividad puede ser descubierta por determinadas metodologías y aparatos conceptuales, según la época o la teoría del inconsciente.[59] Por su parte, los reduccionistas neurofisiológicos dicen ser capaces de producir explicaciones empíricas de la subjetividad, pero, a la larga, admiten que sus explicaciones físicas poco pueden decirnos acerca de la realidad de experiencia de la subjetividad.[60] Agregaría que las explicaciones *fisicalistas* nos dicen poco acerca de cómo debe construirse el concepto de subjetividad, ya

[58] En esta concepción de la dimensión correcta de la metafísica y del enfoque de la misma (como una empresa conceptual a ser decidida parcialmente por métodos pragmáticos), sigo la tradición establecida en la última etapa de Rudolf Carnap, Ludwig Wittgenstein, entre otros. Rudolf Carnap, "Empiricism, Semantics, and Ontology" y "On the Character of Philosophical Problems", ambos en: Richard Rorty (ed.), *The Linguistic Turn* (Chicago: University of Chicago Press, 1967) (traducción al castellano: *El giro lingüístico* [Barcelona: Paidós, 1990]); y Ludwig Wittgenstein, *Philosophical Investigations* (Nueva York: Macmillan, 1958) (traducción al castellano: *Investigaciones filosóficas* [Barcelona: Crítica, 1988]).

[59] Estoy pensando, especialmente, en Husserl y Freud. La razón de mi desacuerdo es que ambos enfoques son, en realidad, más metafísicos de lo que sus defensores estarían dispuestos a admitir, y, por otra parte, tengo solamente una simpatía limitada por los juicios metafísicos que hacen. Entiendo que explicar esto detalladamente necesitaría un planteo más amplio que no puedo hacer en este ensayo.

[60] Véase, por ejemplo, Donald Davidson, "Psychology as Philosophy", en sus *Essays on Actions and Interpretations* (Oxford: Clarendon Press, 1980): 230.

que este concepto incluye, necesariamente, consideraciones no sólo de datos empíricos, sino también implicaciones políticas y éticas. Al igual que la determinación de cuándo comienza la vida *humana* -con la concepción, con el desarrollo completo del cerebro o con el nacimiento-, solamente con la ciencia no podemos dirimir este problema pues, hasta cierto punto, depende de cómo elijamos definir conceptos tales como *humano* y *mujer*. No podemos descubrir el *verdadero significado* de estos conceptos, sino que debemos decidir cómo definirlos usando todos los datos empíricos, argumentos éticos, consecuencias políticas y restricciones de coherencia con que contamos.

El psicoanálisis debe ser mencionado aparte, ya que fue la primera problematización de Freud sobre el sujeto lo que provocó el rechazo posestructuralista del mismo. Es la concepción psicoanalítica del inconsciente lo que "debilita al sujeto de cualquier posición de certeza" y, de hecho, dice revelar que el sujeto es una ficción.[61] Las feministas, entonces, usan el psicoanálisis para problematizar el sujeto con género y así revelar "la naturaleza ficcional de la categoría sexual a la que todo sujeto humano está sin embargo asignado".[62] Pero, si bien se usa una teorización del inconsciente como un medio primario para teorizar el sujeto, es indudable que el psicoanálisis solo no puede dar todas las respuestas que necesitamos para una teoría del sujeto con género.[63]

Como lo indiqué anteriormente, me parece importante usar las ideas de Teresa de Lauretis sobre la experiencia para comenzar a describir los rasgos de la subjetividad humana. De Lauretis empieza sin ningún rasgo biológico o psicológico dado y con ello evita dar por sentada una caracterización esencial de la subjetividad, pero también evita el idealismo que puede provenir del re-

[61] Jacqueline Rose, "Introduction II", en: Juliet Mitchell y Jacqueline Rose (eds.), *Feminine Sexuality; Jacques Lacan and the École Freudienne* (Nueva York: Norton, 1982): 29, 30.

[62] Íbid.: 29.

[63] Aunque el psicoanálisis tiene el mérito de haber hecho de la subjetividad un tema problemático, creo que la concepción que da hegemonía al psicoanálisis en esta área está equivocada, aunque más no sea porque el psicoanálisis es extremadamente hipotético. Que florezcan cien flores.

chazo de los análisis materialistas al basar su concepción en prácticas y hechos reales. La importancia que De Lauretis da a las prácticas es, en parte, su alejamiento de la creencia en la totalización del lenguaje o de la textualidad, que es donde la mayoría de los análisis antiesencialistas quedan atrapados. De Lauretis quiere plantear que el lenguaje no es la única fuente, ni el único lugar de significado, que las costumbres y las prácticas son cruciales para la construcción del significado y que a través de prácticas de autoanálisis podemos rearticular la subjetividad femenina. El género no es un punto de partida, en el sentido de ser algo dado, sino una postura o construcción, formalizable de forma no arbitraria por una matriz de hábitos, prácticas y discursos. Es también una interpretación de nuestra historia dentro de una constelación discursiva particular, una historia en la que somos sujetos de la construcción social y sometidas a ella.

La ventaja de este análisis es su habilidad para articular el concepto de una subjetividad con género sin sujetarlo para siempre. Dado esto y dado el peligro que suponen las concepciones esencialistas específicamente para las mujeres, parecería posible y también deseable interpretar una subjetividad *generizada* (con género) en relación a hábitos, prácticas y discursos concretos, reconociendo al mismo tiempo su fluidez.

Como nos lo recuerdan Lacan y Riley, en todo enfoque de la subjetividad debemos recalcar continuamente la dimensión histórica.[64] Esto detendrá la tendencia a producir explicaciones generales, universales o esenciales, al hacer que todas sus conclusiones sean contingentes y revisables. Por lo tanto, con una concepción de la subjetividad humana como una propiedad emergente de una experiencia historizada, podemos decir "la subjetividad femenina está construida aquí y ahora de esta forma o de otra", sin que esto implique una máxima universalizable sobre *lo femenino*.

Me parece igualmente importante agregar a este enfoque una *política de la identidad*, un concepto surgido del manifiesto "A

[64] Véase Juliet Mitchell, "Introduction I", en: Juliet Mitchell y Jacqueline Rose (eds.), *Feminine Sexuality; Jacques Lacan and the École Freudienne*, ob. cit.: 4-5.

Black Feminist Statement" del Combahee River Collective.[65] La idea es que la identidad individual se toma (y se define) como un punto de partida político, como una motivación para la acción y como un esbozo de política personal. De Lauretis y las autoras de *Yours in Struggle* tienen ideas claras sobre la naturaleza problemática de la identidad, el ser sujeto, y, sin embargo, plantean que el concepto de la *política de identidad* (*identity politics*) es útil, pues la identidad es una postura políticamente suprema. Sugieren que reconozcamos nuestra identidad siempre como una construcción aunque también como un punto de partida necesario.

Creo que este punto es fácilmente intuido por las personas de distintas razas y culturas que tuvieron que elegir, de alguna forma, su identidad.[66] Por ejemplo, los judíos asimilados que eligieron identificarse con los judíos como una táctica política frente al antisemitismo, están practicando una *política de identidad*. Podría parecer que los miembros de grupos oprimidos más fácilmente identificables no tienen este lujo, pero creo que así como los judíos y las judías pueden elegir afirmar su judaísmo, también los hombres negros y las mujeres de todas las razas y otros miembros de grupos oprimidos más inmediatamente reconocibles pueden practicar una política de identidad eligiendo su identidad como miembro de un grupo o de varios, como punto de partida político. De hecho, esto es lo que sucede cuando mujeres que no son feministas y le restan significado a su identidad como mujeres, y cuando se hacen feministas comienzan a hacer de su feminidad una de-

[65] Esto me fue sugerido por Teresa de Lauretis en una charla informal que dio en el Pembroke Center, 1984-1985. Una discusión de gran utilidad y, a la vez, una aplicación de este concepto, en Elly Bulikn, Minni Bruce Pratt y Barbara Smith, *Yours in Struggle: Three Feminist Perspectives on Anti-Semitism and Racism* (Nueva York: Long Haul Press, 1984): 98-99. El trabajo de Martin y Mohanty, "Feminist Politics: What's Home Got to Do with it?", ob. cit., ofrece una lectura útil del ensayo de Minnie Bruce Pratt en *Yours in Struggle* titulado "Identity: Skin Blood Heart", y subraya la forma en que usa la política de identidad. Véase también "The Combahee River Collective", ob. cit.

[66] Este punto fue objeto de una larga reflexión personal de mi parte, ya que soy latina y blanca. También me impulsó a considerarlo el hecho de que la situación es todavía más complicada para mis hijos, que tienen un padre judío.

claración. Esta afirmación de identidad de mujer como un punto de partida político es lo que hace posible ver, por ejemplo, el sesgo sexista del lenguaje; un sesgo que sin este punto de partida las mujeres muchas veces ni siquiera advierten.

Es cierto que las mujeres antifeministas pueden identificarse fuertemente con mujeres, y muchas veces lo hacen, y con las mujeres como grupo, pero, por lo general, lo explican en el contexto de una teoría esencialista de la feminidad. Decir que los planteos políticos que una hace están basados en la identidad esencial que una tiene, evita problematizar tanto la identidad como la conexión entre la identidad y la política, y, por lo tanto, evita la acción involucrada en las actividades subdeterminadas. En mi opinión, la diferencia entre feministas y antifeministas radica en lo siguiente: la afirmación o la negación de nuestro derecho y de nuestra habilidad de construir, aceptar la responsabilidad de nuestra identidad de género, nuestros planteos políticos y nuestras decisiones.[67]

La política de identidad ofrece una respuesta decisiva a la tesis del *ser humano genérico* y a la metodología más aceptada de la teoría política occidental. Según ésta, la aproximación a la teoría política debe hacerse a través de un *velo de ignorancia* en el que las necesidades e intereses personales de quien teoriza son hipotéticamente dejados de lado. La meta es una teoría de alcance universal con la que, idealmente, todas las personas (agentes) racionales, desinteresadas, deberían estar de acuerdo si tuvieran la suficiente información. Despojadas de sus particularidades, estas personas racionales son consideradas potencialmente pasibles de ser persuadidas. La política de identidad ofrece una respuesta materialista a esto y, al hacerlo, se une al análisis de clase marxista. La mejor teoría política no será la que se elabore, a través de un velo de ignorancia, un velo imposible de construir. La teo-

[67] Por supuesto que no creo que la mayoría de las mujeres tengan la libertad de elegir su situación en la vida, pero sí creo que los mecanismos opresivos internalizados juegan un papel muy importante entre las múltiples formas en que nos ponen limites y que podemos llegar a controlarlos. Sobre este punto debo decir que he aprendido mucho de Mary Daly, cuya obra admiro, especialmente *Gyn/Ecology*, ob. cit., que revela y describe estos mecanismos internos y nos desafía a repudiarlos.

ría política debe basarse en la premisa inicial de que todas las personas, inclusive quienes hacen la teoría, tienen una identidad carnal, material, que influirá y juzgará todos los enunciados políticos. En realidad, la mejor teoría política para la teórica será una que reconozca este hecho. En mi opinión, el concepto de política de identidad no presupone un conjunto predeterminado de necesidades objetivas o implicaciones políticas, pero problematiza la conexión entre la identidad y la política e introduce la identidad como factor en todo análisis político.

Si combinamos el concepto de política de identidad con una concepción del sujeto como la posicionalidad, podemos concebir un sujeto no esencializado y que surge de una experiencia histórica, y también retener la posibilidad política de tomar el género como un punto de partida importante. Así, podemos decir que el género no es natural, biológico, universal, ahistórico ni esencial, y, al mismo tiempo, insistir en que el género es significativo porque lo tomamos como una posición desde la que actuamos políticamente. ¿Qué significa posición aquí?

Cuando el concepto *mujer* es definido no por un conjunto particular de atributos sino por una posición particular, las características internas de la persona así identificada no se realzan tanto como el contexto externo en que se la sitúa. La situación externa determina la posición relativa de la persona, como la posición de un peón en un tablero de ajedrez se evalúa segura o peligrosa, poderosa o débil, según sea su relación con las otras piezas. La definición esencialista de *mujer* hace que su identidad sea independiente de su situación externa: en la medida en que sus características de cuidadora de criaturas y su pacifismo son innatos, son ontológicamente autónomos de su posición con respecto a otros o, en general, a las condiciones externas históricas y sociales. Pero la definición posicional concibe su identidad en relación con un contexto siempre cambiante, con una situación que incluye una red de elementos que involucran a otros, con condiciones económicas objetivas, instituciones e ideologías culturales y políticas, etc., etc. Si es posible identificar a las mujeres por su posición dentro de esta red de relaciones, entonces podemos basar un argumento feminista para las mujeres no sobre el hecho de que sus capacidades innatas han sido atrofiadas, sino en el hecho de que su posición dentro de la red carece de poder y movilidad, y requiere un cambio radical. La posición de las mujeres es relativa y no innata, y tampoco es *indecidible*. A través de la crítica social y del análisis, podemos identificar a las mujeres por su posición en una red social y cultural.

Puede parecer una cosa sabida decir que la opresión de las mujeres involucra su posición dentro de la sociedad; pero mi planteo va más allá. Digo que la propia subjetividad (o la experiencia subjetiva de ser mujer) y la identidad misma de las mujeres están constituidas por la posición que tienen. Sin embargo, esta idea no significa que el concepto *mujer* esté determinado solamente por elementos externos y que la mujer sea meramente una receptora pasiva de una identidad creada por estas fuerzas. Al contrario, ella es parte del movimiento fluido, historizado, y, por lo tanto, contribuye activamente al contexto en que su posición puede ser delineada. Aquí incluiría la idea de De Lauretis acerca de que la identidad de una mujer es el producto de su propia interpretación y de la reconstrucción de su historia, por intermedio del contexto cultural discursivo al que tiene acceso.[68] Por lo tanto, el concepto de posicionalidad incluye dos puntos: primero, como lo he explicado, el concepto *mujer* es un concepto relacional identificable sólo dentro de un contexto (en constante movimiento); segundo, que la posición en que se encuentran las mujeres puede ser activamente utilizada (más que trascendida) como un lugar para la construcción del significado, un lugar desde donde el significado se construye, no ya simplemente el lugar donde un significado puede ser *descubierto* (el significado de la feminidad). El concepto de mujer como posicionalidad muestra cómo las mujeres usan su perspectiva posicional como un lugar desde el cual se interpretan y construyen los valores, más que un lugar de un conjunto determinado de valores. Cuando las mujeres se hacen feministas, el hecho crucial que ocurrió no es que aprendieron hechos nuevos sobre el

[68] Véase Teresa de Lauretis, "Feminist Studies/Critical Studies: Issues, Terms, Contexts", en: Teresa De Lauretis (ed.), *Feminist Studies/Critical Studies*, ob. cit.: 8-9.

mundo sino que ven esos hechos desde una posición diferente, desde su posición como sujetos. Cuando los sujetos coloniales comienzan a criticar cómo copiaban antes a los colonizadores, lo que sucede es que comienzan a identificarse con la población colonizada más que con los colonizadores y las colonizadoras.[69] Esta diferencia en la perspectiva posicional no necesita un cambio en lo que podríamos llamar los hechos, aunque pueden verse nuevos hechos desde esta nueva posición, pero sí requiere un cambio político de perspectiva ya que el punto de partida, el punto desde el cual se miden las cosas, ha cambiado.

En este análisis, entonces, el concepto de posicionalidad permite una identidad de la mujer determinada y, a la vez, fluida, que no cae en el esencialismo: la mujer es una posición desde la que puede surgir una política feminista y no un conjunto de atributos *identificables objetivamente*. Visto así, ser *mujer* es tomar una posición dentro de un contexto histórico en movimiento, y ser capaz de elegir qué debemos hacer de esta posición y cómo alterar el contexto. Desde la perspectiva de esa posición, bastante determinada aunque fluida y mutable, las mujeres pueden articular un conjunto de intereses y fundamentar una política feminista.

El concepto y la posición de las mujeres no es *indecidible* o arbitrario en último término. Simplemente no es posible interpretar nuestra sociedad de forma tal que las mujeres tengan más o igual poder con respecto a los varones. La concepción de la mujer que he delineado limita las construcciones de la mujer que podemos ofrecer al definir la subjetividad como posicionalidad dentro de un contexto. Así, evita el nominalismo pero también nos brinda los medios para discutir enfoques como "la opresión está en tu cabeza" o la idea de que las mujeres antifeministas no se encuentran oprimidas.

Al mismo tiempo, al resaltar el movimiento histórico y la posibilidad de que el sujeto altere su contexto, el concepto de posicionalidad evita el esencialismo. También evita atarnos a una estructura

[69] Homi Bhabha subraya este punto en su "Of Mimicry and Man: The Ambivalence of Colonial Discourse", *October* 28 (1984): 125-133; y Abdur Rahman en su *Intellectual Colonisation* (Nueva Delhi: Vikas, 1983).

de políticas de género, concebidas como infinitas históricamente si bien en cualquier momento permite la afirmación de políticas de género sobre la base de la posicionalidad. ¿Podemos concebir un futuro en el que las categorías oposicionales de género no sean fundamentales en nuestro concepto de nuestro yo? Aunque no podamos hacerlo, nuestra teoría de la subjetividad no debería descartar, y menos prevenir, esa posibilidad eventual. Nuestro concepto de mujer como categoría necesita quedar abierto a futuras alteraciones radicales, para no adelantarnos a las formas posibles de los eventuales estados de transformación feminista.

No hay duda de que son muchas las preguntas teóricas sobre posicionalidad que esta discusión abre. Sin embargo, me gustaría subrayar que el problema de la mujer como sujeto es real para el feminismo y no sólo para los planos más altos de la teoría. Los pedidos de guarderías infantiles por parte de millones de mujeres, el control de la reproducción y la seguridad ante el acoso sexual pueden volver a invocar la suposición cultural de que éstos son temas exclusivamente femeninos y pueden fortalecer la reificación que hace la derecha de las diferencias de género a menos que podamos formular un programa político que pueda articular estos pedidos de forma que no utilice el discurso sexista y lo desafíe.

Hace poco escuché un ataque a la expresión "mujer de color" por una mujer de piel oscura, que decía que el uso de esta frase simplemente refuerza el significado de algo que no debería tenerlo –el color de la piel–. Coincido en gran medida con su planteo: debemos crear la manera de hablar del mal que nos han hecho sin volver a invocar el fundamento de ese mal. Así también, las mujeres que fueron eternamente interpretadas deben buscar la forma de articular un feminismo que no siga interpretando de una manera determinada. Al mismo tiempo, creo que debemos evitar caer en la tesis del *humano genérico* neutral y universal que, en occidente, cubre el racismo y el androcentrismo con una venda. No podemos resolver esta situación ignorando a una mitad o intentando incorporarla. La solución reside, en cambio, en formular una nueva teoría dentro de un proceso de reinterpretación de nuestra posición y reconstrucción de nuestra identidad política, como mujeres y feministas en relación con el mundo y entre nosotras.

El feminismo, la ciencia y las críticas anti-iluministas*

Sandra Harding

El problema de si deben existir ciencias y epistemologías feministas es el punto central de una creciente controversia en el feminismo norteamericano. Las feministas que trabajan en las tradiciones científicas intentaron reformar y transformar las teorías y prácticas de estas tradiciones para crear representaciones del mundo menos parciales y distorsionadas que las androcéntricas. Quieren teorías menos falsas sobre la naturaleza y la vida social; quieren explicaciones científicas que puedan ofrecer guías útiles para mejorar las condiciones de las mujeres. Además de producir nuevas teorías y estudios empíricos, desarrollaron un empirismo feminista así como epistemologías desde una perspectiva feminista, como estrategias de justificación para nuevos proyectos científicos. En algunos aspectos importantes, estas tendencias continúan proyectos a los que se dio el nombre de modernistas e iluministas. Esos nombres parecerían apropiados para los proyectos epistemológicos y científicos feministas ya que conciben posibilidades emancipatorias para someter el poder al conocimiento.

Otras feministas, herederas de tradiciones europeas escépticas con respecto a los efectos benéficos de los proyectos de la Ilustración y la modernidad, están empezando a incluir los proyectos epistemológicos y de ciencia feminista entre sus principales objetos de crítica. Se preguntan si es realista pensar que las tradicio-

* Título original en inglés: "Feminism, Science, and the Anti-Establishment Critiques", publicado en: Linda J. Nicholson, *Feminism/Postmodernism* (Nueva York: Routledge, 1990). Traducción de Belinda Cornejo, revisada y corregida por Marysa Navarro.

nes científicas pueden ser utilizadas para mejorar la situación de las mujeres.

En este trabajo quiero demostrar por qué sería apropiado y útil conceptualizar, como algo *interno* a todos nuestros feminismos, algunas de las oposiciones que surgieron en este debate, pero que, por lo general, se ven como algo que sucede únicamente entre los proyectos científicos y posmodernistas. Pero mi preocupación al hacerlo es también defender la viabilidad y el sentido progresista de los proyectos de ciencia y epistemología feministas contra sus detractores posmodernistas. Para hacerlo, demostraré que también hay valiosos proyectos posmodernistas en esos proyectos científicos y que, para bien o para mal, las críticas feministas de las tendencias de la Ilustración no están libres de proyectos iluministas.[1]

[1] Jane Flax, Donna Haraway y Linda Nicholson han ofrecido críticas y comentarios útiles a mis planteos. Sus posiciones son muy distintas de las que yo adopto aquí.

Aquí desarrollo proyectos delineados en trabajos anteriores con más profundidad y en otras direcciones. En *The Science Question in Feminism* (1986) planteé que todos los trabajos escritos desde una perspectiva feminista desafían las dicotomías fundamentales de la historia del pensamiento occidental moderno y también su práctica. Desafían la división entre actividad emocional y actividad intelectual y manual; actividad sensual, concreta y relacional por un lado y actividad abstracta por otro; los proyectos inconscientes (y reprimidos) y los proyectos conscientes; las ideas que surgen de la vida cotidiana y las que surgen del trabajo administrativo; las falsas creencias originadas en la sociedad y las creencias verdaderas cuyo origen no es social. En consecuencia, planteé que en estos sentidos se oponen a los proyectos de la modernidad y la Ilustración. Allí, y en mi artículo "Science, Morality and Feminist Theory" (1987), sugerí razones para pensar que el feminismo no requiere de lo femenino, de la verdad ni del sujeto trascendental de la historia y la ciencia, todo lo cual es muy cercano a la Ilustración. Aquí amplío la lista de las características posmodernas que podemos encontrar en las epistemologías feministas, señalo por lo menos huellas de estas características hasta en el marco feminista empírico –que es mucho más conservador– e inicio un análisis de la modernidad del posmodernismo feminista. En la medida en que las epistemologías científicas feministas son de articulación bastante reciente como para suponer familiaridad con ellas, para defenderlas debo resumir brevemente algunas de sus características centrales. Las analicé en *The Science Question in Feminism*; en mi artículo en la *APA* "Feminism and Philosophy Newsletter" (1987) se repiten algunas de las características clave de ese análisis, así como en el ensayo final en *Feminism and Methodology: Social Science Issues* (1987).

¿Deberían existir las ciencias feministas?

Como punto de partida, acepto la importancia de las ideas fundamentales y de los proyectos de ambos grupos feministas. En el mundo no feminista, por supuesto, los programas de la ciencia y las críticas a la Ilustración están en oposición. Según los críticos de la Ilustración, la ciencia representa los pecados intelectuales y políticos de la Ilustración (por ejemplo, Lyotard, 1984; Rorty, 1979; Foucault, 1981). Según los defensores de la Ilustración, estos críticos posmodernistas tratan de socavar la utilización de la ciencia para fines democráticos, antirracistas, ecologistas, antimilitaristas y otros objetivos progresistas; o aun cuando no tengan conscientemente esa intención, sus posiciones tienen esa consecuencia (por ejemplo, Habermas, 1983).[2]

Esta oposición se reproduce dentro de la teoría feminista. Por ejemplo, para Jane Flax, a pesar de que el feminismo tiene una ambivalencia comprensible hacia los proyectos de la Ilustración,

[2] Las fronteras y el carácter del posmodernismo, sus dos formas, su relación con el modernismo (y la modernización) son tema de debates continuos. Para una guía útil de estos debates, véase Huyssen, 1989. Pero, entre los problemas centrales para las críticas del feminismo posmoderno a los proyectos de ciencia y epistemología feministas encontramos escepticismo en las siguientes creencias:

> La existencia de un yo estable y coherente [...] La razón y su *ciencia* -la filosofía- pueden proporcionar una base objetiva, confiable y universal para el conocimiento [...] El conocimiento adquirido mediante el uso correcto de la razón será *verdadero* [...] La razón misma tiene cualidades trascendentales y universales [...] La libertad consiste en obedecer las leyes que se conforman a los resultados necesarios del uso correcto de la razón [...] Al fundamentar la autoridad en la razón los conflictos entre la verdad, el conocimiento y el poder pueden resolverse. La verdad puede servir al poder sin distorsión; a su vez, al utilizar el conocimiento para servir el poder se asegurarán tanto la libertad como el progreso. El conocimiento puede ser neutral (por ejemplo, basado en la razón universal, no en *intereses* particulares) y también socialmente benéfico [...] La ciencia, como ejemplificación del uso correcto de la razón, es también el paradigma para todo conocimiento verdadero. La ciencia es neutra en cuanto a sus métodos y contenidos pero sus resultados son socialmente benéficos [...] El lenguaje es en cierto sentido transparente [...] Los objetos no son construidos lingüísticamente (ni socialmente), tan sólo se *hacen presentes* a la conciencia al nombrarlos y mediante el uso correcto del lenguaje (Flax, 1989: 41-42).

está sólidamente en el terreno de lo posmoderno y debería reconocerlo. La epistemología desde un punto de vista feminista o una perspectiva feminista es una de las teorías que critica desde ese punto de vista; está todavía demasiado asentada y sin reservas en suposiciones iluministas imperfectas. Flax escribe:

> la noción de *un* punto de vista feminista más verdadero que los anteriores (masculinos) parece apoyarse en muchas suposiciones problemáticas y no examinadas. Incluyen una creencia optimista de que la gente actúa racionalmente por interés y que la realidad tiene una estructura que la razón perfecta (una vez perfeccionada) puede descubrir. Estas dos suposiciones dependen a su vez de una apropiación incondicional de [...] las ideas de la Ilustración [...] Además, la noción de este punto de vista, de esta perspectiva, también presupone que las personas oprimidas no sufren ningún daño fundamental por su experiencia social. Al contrario, esta posición presupone que las personas oprimidas tienen una relación no sólo diferente sino privilegiada y capacidad para comprender una realidad que está *allá afuera* esperando nuestra representación. También presupone relaciones sociales de género en las que existe una categoría de seres que son fundamentalmente iguales en virtud de su sexo –es decir, también presupone la *otredad* que los hombres asignan a las mujeres–. Este punto de vista también presupone que las mujeres, a diferencia de los hombres, pueden liberarse de la determinación de su propia participación en relaciones de dominación como las que están arraigadas en las relaciones sociales de raza, clase u homofobia. (56)

A menudo se dice que los proyectos de la ciencia y la epistemología feministas "esencializan a las mujeres" y erradican o silencian las voces de las mujeres de color. Donna Haraway plantea que la epistemología del punto de vista feminista, como otros tipos de teorías feministas socialistas, es culpable de este error teórico y político:

> el trabajo de las mujeres en el hogar y la actividad de las mujeres como madres en general, o sea, la reproducción en el sentido feminista socialista, ingresó a la teoría desde la autoridad de analogía del concepto marxista del trabajo. Aquí la unidad de las mujeres yace en una epistemología basada en la estructura onto-

> lógica del *trabajo*. El feminismo marxista/socialista no *naturaliza* la unidad; es un logro posible basado en un punto de vista posible anclado en las relaciones sociales. Este movimiento de esencialización está en la estructura ontológica del trabajo o de su análogo, la actividad de las mujeres. (200)

Sin embargo, otras teóricas feministas (incluso algunas que pretenden reorientar las tradiciones de la ciencia) plantean que las feministas deben cuidarse de las críticas anti-iluministas. Afirman, o claramente insinúan, que las feministas cometen un grave error al adoptar posturas posmodernas. Luce Irigaray (1985) pregunta si el posmodernismo es el "último ardid" del patriarcado. Nancy Hartsock (1987) apunta:

> En nuestro esfuerzo por encontrar maneras de incluir las voces de los grupos marginales, podríamos esperar la valiosa ayuda de esas personas que han abogado en contra de las teorías totalizadoras y universalistas como las de la Ilustración [...] A pesar de su aparente congruencia con el proyecto que propongo, mantengo que estas teorías más que ayudar obstaculizarían su realización [...] Para quienes queremos entender el mundo sistemáticamente para transformarlo, las teorías posmodernas proporcionan, en el mejor de los casos, poca ayuda [...] En el peor de los casos, las teorías posmodernistas simplemente recapitulan los efectos de las teorías de la Ilustración, teorías que niegan a la gente marginada el derecho a participar en la definición de los términos de interacción con la gente de los ámbitos dominantes. (190-191)

Christine Di Stefano se opone a que el feminismo esté completamente situado en el campo de lo posmoderno y afirma que una de las fuerzas importantes de la teoría y la política feministas está en su insistencia modernista en la importancia del género.

> El feminismo occidental contemporáneo está firmemente, aunque de manera ambivalente, ubicado en el espíritu modernista, el mismo que posibilitó la identificación y la crítica feminista del género [...] El concepto de género hizo posible que las feministas expliquen y, a la vez, deslegitimen la supuesta similitud entre las diferencias sexuales, biológicas y sociales. Al mismo tiempo, sur-

> gieron diferencias de género (más que de sexo) como rasgos altamente significativos y dominantes que dividen y distinguen a los hombres de las mujeres en vez de transformar a ambos en partes de un todo *humanista* más amplio y complementario.[3]

Di Stefano ofrece un breve resumen de los aspectos fundamentales de la oposición feminista al posmodernismo:

> En primer lugar, el posmodernismo expresa los reclamos y necesidades de un grupo (hombres blancos, privilegiados, del mundo occidental industrializado) que tuvo su propia Ilustración y que ahora está dispuesto a someter esa herencia a un escrutinio crítico y está deseoso de hacerlo. En segundo lugar [...] los objetos de los varios esfuerzos críticos y deconstructivos del posmodernismo fueron creaciones de un grupo igualmente específico y parcial (comenzando con Platón). En tercer lugar [...] la más reconocida corriente de la teoría posmodernista (Derrida, Lyotard, Rorty, Foucault) fue notablemte ciega e insensible a los problemas de género en su relectura supuestamente politizada de la historia, la política y la cultura. Para finalizar [...] el proyecto posmodernista, de ser adoptado seriamente por las feministas, haría imposible cualquier forma de política feminista. En la medida en que la política feminista está unida a un grupo o *tema* específico, es decir las mujeres, la prohibición posmodernista contra la investigación y la teoría centrada en el sujeto debilita la legitimidad de un movimiento amplio y organizado dedicado a la articulación e implementación de los objetivos de ese grupo. (30-31)

Flax y Di Stefano tomaron nota de la ambivalencia de las teóricas feministas con respecto a la elección entre el modernismo y el

[3] No pretendo simplificar demasiado los análisis de Di Stefano ni de Flax (véase nota núm. 2). Ambas comparten mi proyecto de tratar de entretejer algunas de las contribuciones fundamentales de la teoría social feminista y de las críticas posmodernistas de la Ilustración y, al mismo tiempo, desarrollar un análisis crítico de *otras* corrientes en el feminismo y el posmodernismo. Ellas y yo llegamos a este proyecto desde distintos puntos de partida, nuestros análisis apuntan en distintas direcciones y, en ocasiones, incluso se contradicen. (Las discusiones de Flax sobre estos temas tienen la amplitud de un libro.)

posmodernismo. En vista de los problemas que ambos grupos señalan sobre la posición del lado contrario, una puede entender esa ambivalencia. Mi planteo es que esa ambivalencia debería ser más fuerte y más basada en principios que la que han identificado las teóricas antes citadas.[4] Flax y Di Stefano atribuyen a las feministas una ambivalencia indecisa, vacilante y renuente –con frecuencia, ni siquiera articulada– con respecto a la posición que debería adoptar el feminismo en este debate. Sus propios análisis a menudo exploran y favorecen la ambivalencia en esta disputa. Sin embargo, la ambivalencia principista que propongo es una ambivalencia autoconsciente y articulada teóricamente. Es un programa positivo. En las críticas a la ambivalencia feminista hay una tendencia a atribuir esta actitud a una falta de claridad sobre la cuestión. Por mi parte, creo que la razón de la ambivalencia feminista aquí no debería referirse principalmente a los errores feministas, ni exclusivamente a las insuficiencias intelectuales y políticas del debate predominante. Las tensiones y contradicciones de los mundos en que se mueven las feministas son más importantes para la creación de esa ambivalencia. Desde este punto de vista, por lo menos algunas de las tensiones entre la agenda científica y la posmodernista son deseables; reflejan las necesidades políticas y teóricas legítimas, distintas y a veces en conflicto que las mujeres tienen en el presente.

En las principales corrientes del discurso posmodernista, la epistemología occidental y su *vigilancia del pensamiento* fueron fuertemente críticadas. Empezaré aquí por hacer una pregunta aparentemente ingenua: ¿Por qué necesitan una epistemología las feministas? ¿Por qué no aceptar la posición de Rorty, Lyotard, Foucault y otros críticos cuando dicen que el pensamiento ya fue demasiado vigilado, que la epistemología invariablemente legitima los vínculos de explotación y perpetuación de la ignorancia que existen entre el conocimiento y el poder? ¿Por qué no, simplemente, ponernos de acuerdo y evitar esos riesgos rehusándonos a desarrollar teorías feministas del conocimiento?

[4] Véase mi libro *The Science Question in Feminism* (1986) y el artículo de Alison Wylie (1987).

Las necesidades de justificación

Desde el punto de vista sociológico e histórico, las epistemologías son estrategias de justificación. Al igual que los códigos morales, se presentan como un desafío a la idea de que "la fuerza hace la razón", en este caso, en el dominio del conocimiento. Foucault, Rorty y otros críticos señalaron epistemologías que terminan por racionalizar la legitimidad de las creencias de los poderosos. Pero no todas las teorías del conocimiento tienen ese fin –si así fuera, la epistemología sólo sería un [título] honorífico para designar a los ganadores de estas contiendas–. Por ejemplo, las feministas podrían continuar desarrollando teorías del conocimiento aunque la dominación masculina tomara nuevas formas y aumentara su poder de manera significativa (por muy horrible que sea imaginarlo). En ese caso, la epistemología feminista no estaría racionalizando las creencias de los poderosos.

De cualquier modo, una vez que nos damos cuenta de que las epistemologías son estrategias de justificación, podemos hacer preguntas sobre el medio ambiente hostil que crea la percepción de que necesitamos una teoría del conocimiento. Quizá las epistemologías solamente se creen ante la presión de un medio ambiente hostil. Después de todo, ¿por qué alguien se molestaría en articular una *teoría* del conocimiento si sus creencias y las bases de esas creencias no han sido desafiadas?

En primer lugar, las feministas necesitan una defensa y un programa positivo alternativo ante los discursos tradicionales tanto del objetivismo como del *intepretacionismo.*[5] El objetivismo insiste en que las afirmaciones científicas sólo pueden hacerse con procedimientos de investigación imparciales, desinteresados y

[5] Aquí utilizo el torpe neologismo de *interpretacionismo* en lugar de *relativismo,* ya que el relativismo es una consecuencia, pero no siempre el objetivo, del interpretacionismo. En los ámbitos filosóficos, sus defensores lo llaman *intencionalismo,* aunque ese término no se conoce ampliamente fuera de la filosofía. Las suposiciones del interpretacionismo pueden encontrarse en muchas etnometodologías, la investigación participante-observador y en estudios fenomenológicos de las ciencias sociales.

objetivos, libres de valores o de puntos de vista, y que la investigación generada o guiada por preocupaciones feministas obviamente no puede cumplir con estos requisitos. El objetivismo coloca firmemente a las mujeres y a las feministas en el lado de afuera de una barricada fuertemente defendida, dentro de la cual, supuestamente, yace todo lo que hay de razón, racionalidad, método científico, verdad y guías para una política social que evite privilegiar ciertos intereses. Estos discursos objetivistas existen en las ciencias y en todas las disciplinas. Se usan para subvaluar y justificar una ignorancia calculada de cualquier pensamiento, investigación o estudio que comience y proceda con preguntas desde el punto de vista de las actividades de las mujeres. También se los encuentra en el estado y en sus sistemas judiciales (MacKinnon, 1982-1983), en los sistemas de seguridad social y de salud y en cualquier lugar de las culturas occidentales modernas en que se defiende la dominación masculina. Las feministas no son las únicas que enfrentan una devaluación negativa de sus proyectos; los detractores del capitalismo y del racismo también señalan el apoyo que rinde el objetivismo al *statu quo* (por ejemplo, Staples, 1973; Rose and Rose, 1979). Además, los discursos objetivistas no son territorio exclusivo de los intelectuales y académicos; son el dogma oficial de la época. Su posición frente a los proyectos científicos y epistemológicos feministas es similar a la posición de la teología medieval ante la astronomía de Copérnico, la física de Newton y las nuevas filosofías que éstas necesitaban.

Las feministas también necesitan recursos epistemológicos para enfrentarse con lo que aquí llamaremos *interpretacionismo*. Este discurso también descalifica la búsqueda de un conocimiento feminista tanto en los contextos científicos como en los cotidianos. Lo hace diciendo que, si bien las feministas tienen todo el derecho de tener su propia explicación de quién hizo lo que fuere en los albores de la historia humana, o por qué existen las violaciones, o el papel que juegan las estructuras familiares en los cambios históricos, es simplemente su opinión. Las interpretaciones contrarias provenientes de personas que no son feministas son igualmente aceptables. Digamos que los interpretacionistas pueden llegar a conceder amablemente al feminismo la idea de que estas interpretaciones contrarias se originan en distintas experiencias sociales. Pero entonces insisten en que no hay forma de decidir *objetivamente* entre ambas posiciones, por lo tanto no hay razón para que quien no esté convencido de los planteos feministas tenga que apoyarlos.[6] Esta posición, al igual que la objetivista, sirve para justificar silenciar a las mujeres feministas al rehusarse a reconocer las relaciones de poder con dominación masculina y las dinámicas que afianzan las relaciones íntimas entre las creencias parciales y perversas y el poder social. Los autores de textos interpretacionistas fingen ser gente común como las mujeres, las críticas feministas y el resto del mundo. Fingen que nadie puede detectar que, como investigadores y periodistas con acceso a publicaciones, políticas públicas y aulas universitarias, gozan de un poder político relativamente importante.

Ninguna de estas dos estrategias dominantes de justificación funciona para las feministas. Cuando las mujeres apelan a *los hechos* para justificar sus afirmaciones con métodos similares a los utilizados rutinariamente por los hombres, no aparecen impresiones de imparcialidad, desinterés y neutralidad de valores (especialmente entre los hombres). Cuando las mujeres se remiten a sus interpretaciones de evidencias, en lugar de tener sus palabras el sentido de "es una interpretación buena (o plausible, justificada, razonable)", sólo significan "esto es solamente mi interpretación". En vez de certificar la evidencia, esta estrategia tiene el efecto de descalificarla.[7] El objetivismo y el interpretacionismo no permiten a las feministas generar problemas científicos, definir lo que debe considerarse como evidencia empírica y determinar lo que constituye una explicación o una comprensión adecuadas. La mujer como *sabedora* no tiene lugar en ninguna de

[6] Esta posición es relativista y su *defensa* siempre se hace de mala fe (o por ignorancia). Un relativista consecuente no intentaría defender, afirmar contra opiniones alternativas, afirmaciones objetivistas sobre sus puntos de vista. El solo acto de afirmar entra en conflicto con la posición que se afirma, como señalaron una larga serie de críticos filosóficos del relativismo.

[7] M. F. Belenky *et al.* (1986) señalan que cuando una mujer afirma que "es mi opinión...", eso significa que es sólo su opinión. Cuando un hombre usa la misma frase significa que tiene derecho a su opinión.

estas dos estrategias íntimamente ligadas a las principales corrientes epistemológicas.

Por lo tanto, el desarrollo de estrategias feministas de justificación también satisface una segunda necesidad: la de un proceso de decisión articulable para las feministas -para nosotras mismas, las unas para las otras- para guiar decisiones en el campo de la teoría, la investigación y la política. Es decir, cuando no existen bases tradicionales para las afirmaciones de conocimiento, no sólo está el problema de justificar nuestras afirmaciones ante los y las demás; también está el problema de justificarlas ante una misma y ante aquellas personas que pudieran acercarse a los objetivos feministas. Esta necesidad es fácilmente discernible en los informes de investigación y declaraciones políticas en que las feministas luchan por articular las bases según las cuales una afirmación discutida en los círculos feministas debería ser considerada razonable, racional, con bases empíricas, deseable, entre otras cosas. Jane Flax plantea muy bien un punto similar al discutir el problema de la terapeuta que encuentra fallas en todas las teorías que podría utilizar como recursos para decidir qué decirle a una paciente angustiada. No hay ninguna guía totalmente confiable que ayude a la terapeuta a elegir las palabras indicadas. La decisión que tome tendrá consecuencias reales: la paciente tomará una decisión crucial dependiendo de lo que diga la terapeuta. Además, la terapeuta no puede, simplemente, alejarse de la situación y dedicarse a otra profesión en la que los procedimientos de decisión sean más claros. Le importa la paciente, quiere que mejore. Me parece una excelente analogía para el *problema epistemológico feminista*: ¿qué teoría del conocimiento puede servir como guía justificable para las decisiones prácticas que tienen impacto en las vidas de las mujeres? Ni el objetivismo ni el interpretacionismo le hacen un bien a las mujeres. ¿Qué sería mejor?

Esta pregunta lleva a otra. ¿Quiénes somos "nosotras"? ¿Quiénes son las mujeres a las que la teoría y la política feministas deben rendir cuenta? Como es sabido, las mujeres no son homogéneas -tenemos importantes diferencias de clase, raza, cultura y orientación sexual-. Aquí sólo quiero llamar la atención acerca del hecho de que existen dos distintos proyectos de diferencias que tienden a aparecer y desaparecer en estas discusiones (es decir, además de la atención a la diferencia entre los géneros). Por una parte, hay diferencia como diversidad y variedad: la visión feminista valiosa de entender las diferencias entre las mujeres como riqueza y oportunidad para el enriquecimiento y la comprensión cultural, más que como una amenaza al yo de quien habla. Esta visión se expresa en la vida contemporánea, por ejemplo, en la apreciación que tienen las feministas puertorriqueñas de la cultura y la experiencia de las mujeres mexicanas. Estos dos grupos de mujeres, culturalmente distintos, no tuvieron relaciones de dominación entre sí: la *diferencia* aquí es, sencillamente, una variante cultural. Por otra parte, existen diferencias que son el resultado de estructuras de dominación que aparecen en las críticas a las mujeres occidentales blancas por su participación y aprovechamiento en la explotación racial, de clase y cultural.[8] "Nosotras las mujeres" significa diversidad y, a menudo, consciente o inconscientemente, relaciones de dominación entre nosotras. Necesitamos teorías del conocimiento que reconozcan estas diferencias y que, junto con teorías feministas sustantivas, nos muevan y nos permitan trabajar para destruir las relaciones de explotación entre mujeres.

Esto nos lleva a la última necesidad de justificación, que no es la menos importante. Las feministas desarrollaron estrategias de justificación que se apoyan en perspectivas feministas para organizarse y poner fin a la dominación masculina. Las ciencias feministas y las epistemologías feministas deberían ayudar a elaborar una comprensión menos desconcertante de las condiciones de las mujeres y de los hombres para que esta comprensión pueda dar energía y orientar a unas y otros, en la lucha por eliminar la subordinación de las mujeres en todas sus formas raciales, culturales y de clase.

[8] Creo que una tensión entre los proyectos científicos y epistemológicos feministas y sus críticos anti-iluministas surge de la conceptualización de las diferencias entre las mujeres de formas que no son ideológicas. ¿Se teorizan, conceptúan y dan espacio metafísico a ambas clases de diferencias existentes entre las mujeres, o sólo se mencionan y se les da la bienvenida en ambas tendencias teóricas?

No todas las epistemologías feministas responden por igual a todas estas necesidades. Sin embargo, creo que estas necesidades han establecido importantes límites dentro de los cuales se construyeron estrategias de justificación. Las epistemologías feministas están asediadas. Luchan por crear un espacio para las voces feministas en el mundo académico, intelectual, social, económico, de política de Estado, práctica judicial, de salud pública, un mundo que continuamente intenta excluirlas, aislarlas y cooptarlas.

Las tendencias posmodernas en las teorías feministas del conocimiento científico

Para satisfacer estas necesidades, surgieron dos estrategias principales de justificación en las ciencias sociales y naturales: el empirismo feminista y la teoría del *punto de vista* feminista. Como ya discutí estas epistemologías en otro texto, las describiré tan sólo como para poder señalar la forma en que responden a algunas de las necesidades de justificación mencionadas anteriormente y cómo cada una está empezando a alejarse del terreno de la Ilustración.[9]

El empirismo feminista

El empirismo feminista es la estrategia de justificación usada, principalmente, por las investigadoras en biología y en ciencias sociales. Afirman que el sexismo y el androcentrismo en la investigación científica son, sencillamente, consecuencia de una ciencia mal hecha. Las distorsiones sexistas y androcéntricas en los resultados de las investigaciones biológicas y de las ciencias sociales son el resul-

[9] Las siguientes descripciones de estas dos epistemologías fueron tomadas, con algunas modificaciones, de mi artículo "APA Feminism and Philosophy Newsletter". Originalmente las discuto en *The Science Question in Feminism* (1986). El problema de las tendencias posmodernas en las epistemologías lo traté en el capítulo 6 y aquí comienzo donde lo dejé entonces.

tado de prejuicios sociales. Estos prejuicios son el resultado de actitudes hostiles y falsas creencias debidas a supersticiones, ignorancia o deficiencias educativas. Los prejuicios androcéntricos se introducen en el proceso de investigación, especialmente en la etapa en que se identifican y definen los problemas científicos y cuando se formulan los conceptos y las hipótesis. Pero también aparecen en el diseño de la investigación y en la recolección e interpretación de datos. Los prejuicios sexistas y androcéntricos pueden eliminarse mediante una adhesión más estricta a las normas y metodologías de investigación científica existentes.

Estas feministas intentan utilizar para su ventaja las estrategias de quienes responden a las críticas feministas con comentarios (claramente falsos) tales como: "Todo el mundo sabe que permitir que sean solamente hombres los que entrevisten a hombres sobre creencias y comportamiento de hombres y mujeres es, simplemente, mala ciencia". (Por supuesto, ésta es la ciencia en la que se basa el 99 por ciento de las afirmaciones de las ciencias sociales y a las que nadie objetaba antes de que surgiera el movimiento de mujeres.) "Todo el mundo sabe que ambos sexos contribuyeron a la evolución de nuestra especie." (Traten de encontrar ese reconocimiento en cualquier texto de biología.) Plantean que el movimiento feminista alerta a todo el mundo contra las anteojeras sociales, las lentes oscuras y distorsionadas con las que percibimos el mundo a nuestro alrededor y en nuestro interior. El movimiento de mujeres crea las condiciones para mejorar la ciencia -para que las ciencias del presente tengan mayores oportunidades de alcanzar los objetivos de los fundadores de la ciencia moderna-. Las sociólogas Marcia Millman y Rosabeth Moss Kanter (1975) presentan esta idea de la siguiente manera:

> Los movimientos de liberación social [...] hacen posible que la gente vea el mundo desde una perspectiva más amplia porque eliminan los velos y las vendas que oscurecen el conocimiento y la observación. En la última década ningún movimiento social tuvo un impacto más sorprendente y con mayores consecuencias sobre la forma en que la gente ve y actúa en el mundo que el movimiento de mujeres [...] Podemos ver y hablar claramente de cosas que siempre han estado ahí, pero que antes no eran reconoci-

> das. En verdad, hoy en día es imposible escapar a elementos de la vida social que hace sólo diez años eran invisibles. (vii)

Otras señalan que el movimiento feminista crea oportunidades para que haya más investigadoras mujeres y feministas (tanto hombres como mujeres) con mayores posibilidades que los hombres o los sexistas de percibir prejuicios androcéntricos.[10]

Esta teoría del conocimiento responde a una amplia gama de necesidades de justificación. Para empezar, su atractivo como defensa contra el objetivismo y el interpretacionismo es evidente. Muchas de las afirmaciones que surgen de la investigación feminista en biología y en ciencias sociales pueden acumular –y ya empezaron a hacerlo– bases empíricas superiores a las del androcentrismo que reemplazarían. Este tipo de investigación responde mejor a las normas manifiestas de la *buena ciencia* que los estudios que supuestamente no toman en cuenta el género. Creo que la importancia de estas bases empíricas debería tener más valor que el ideal de neutralidad de valores adoptado solamente para aumentar las bases empíricas de las hipótesis. Esto no significa que haya que dar automáticamente más importancia a las afirmaciones feministas sólo por el hecho de ser feministas, sino que, cuando los resultados de este tipo de investigación demuestran tener una buena base empírica, el hecho de que hayan sido producidos por una investigación con inspiración política no debería pesar en su contra. Además, es difícil que el interpretacionismo pueda plantarse con firmeza ante el empirismo feminista. Los resultados de las investigaciones feministas no solamente son tan

[10] Ya que las personas que califico de feministas empíricas frecuentemente no consideran estar haciendo algo epistemológicamente novedoso –sino que sencillamente están adhiriendo muy estrictamente a normas científicas– no acostumbran articular esta teoría del conocimiento como tal. Existen ejemplos en los informes de importantes investigaciones feministas, particularmente en sus secciones obligatorias sobre métodos. Fausto-Sterling (1985: 208) enmarca intencionalmente su evaluación de la investigación de diferencias sexuales como si se tratara de un problema de *ciencia mal hecha*. También ofrece una excelente discusión sobre la importancia del movimiento de mujeres para la creación de una buena ciencia.

buenos como las afirmaciones sexistas que reemplazan, sino que entran en conflicto con afirmaciones sexistas, y el planteo feminista es que cualquiera debería poder ver que los datos apoyan las afirmaciones feministas en contra de las sexistas.

Además, el empirismo feminista parece dejar intacto mucho de lo que los científicos y filósofos tradicionales pensaban sobre los principios de la investigación científica. Parece desafiar, principalmente, la forma incompleta en que se practicó la investigación científica, y no las normas mismas de la ciencia. Muchos científicos admiten que los valores sociales y los programas políticos de las feministas presentan nuevos problemas, amplían el campo de investigación y revelan la necesidad de tener mayor cuidado al hacer investigación. Pero la lógica del proceso de investigación y de la explicación científica queda, fundamentalmente, intacta a pesar de estos desafíos. Este pensamiento conservador permite que las críticas feministas sean escuchadas por personas que justamente están comenzando a interesarse por la investigación feminista y la producción del conocimiento feminista pero que quizás desconfiarían de afirmaciones más radicales. El empirismo feminista no se aleja de los recursos de justificación respetados en las ciencias naturales y sociales.

Esta epistemología no se abre demasiado a los problemas de raza, clase o diferencias culturales en las mujeres en tanto sujetos del conocimiento –es decir, entre las mujeres como agentes del conocimiento–. No invita al análisis de estas diferencias y tiende a expresar las preocupaciones feministas en términos que implican homogeneidad entre las agentes feministas del conocimiento. Sin embargo, debe tomarse en cuenta que la clase de argumentos que ofrecieron Millman y Kanter debería ser igualmente convincente si se trata de los efectos positivos del movimiento antirracista y del movimiento de la clase obrera en el desarrollo del conocimiento. Por lo tanto, el empirismo feminista puede ser usado para defender la importancia que tienen otros movimientos políticos emancipatorios, además del feminismo, para el desarrollo del conocimiento. Además, para los científicos sociales empíricos, la carga conservadora del empirismo feminista parecería ofrecer los fundamentos más efectivos para defender afirmaciones problemáticas con respecto a las diferencias de raza, clase y diferencias culturales de las mujeres como objeto de investigación.

El empirismo feminista satisface toda la gama de necesidades de justificación percibidas que mencionamos anteriormente. No hay duda de que, para muchas críticas feministas, es demasiado conservador. Esto es lo que motivó, por un lado, el surgimiento de las epistemologías del *punto de vista* y que otras feministas critiquen la visión iluminista que tanto brilla a través de esta teoría feminista del conocimiento.

Sin embargo, creo que inclusive esta estrategia justificadora conservadora empieza a socavar suposiciones iluministas de forma significativa. No quiero exagerar. Aunque no exista esa posibilidad, no hay duda de que las feministas empíricas estarían mucho más cómodas en un mundo iluminista que en el terreno epistemológico contemporáneo, mucho más traicionero. No pretendo, de ninguna manera, insinuar que las feministas empíricas son tímidamente o paradigmáticamente posmodernas. De hecho, todas hacen caso omiso o arremeten contra los proyectos posmodernistas en el feminismo. Mi planteo es que dentro de esa posición hay dimensiones importantes de la ruptura entre la modernidad y la posmodernidad. En estas pensadoras operan tendencias que las conducen firmemente fuera del terreno de la Ilustración en el que supuestamente intentaron fundamentar sus argumentos.

Estos pasos hacia el posmodernismo se ven forzados por el sujeto, mejor dicho *la sujeta*, el ideal de *la que sabe* en el feminismo empírico. Es una mujer que hace ciencia desde que existe un movimiento de mujeres. O, por lo menos, esta *mujer que sabe* comienza su análisis desde la situación objetiva de esa mujer científica. (Es decir, no hay nada en la estructura de esta epistemología que prohíba a los hombres desempeñar una investigación feminista. Sin embargo, para las empiristas feministas, lo ideal en una *mujer que sabe* es la situación de las investigadoras, o sea, su situación en tanto mujeres que trabajan hoy en día hace más probable que sean ellas, y no los hombres, las que detecten y discuten los temas que preocupan a las investigadoras feministas.) Pienso que el sujeto que sabe en el conocimiento feminista empírico está en tensión inevitablemente, pero sin darse cuenta, con las suposiciones de la Ilustración. Una mujer de ciencia no puede ser el individuo *transhistórico* y unitario de la Ilustración y el ambiente feminista actual no ayuda a que las mujeres de ciencia eviten este problema. Este *fracaso* es la fuente de riquezas ocultas en el feminismo empírico.

La conciencia de *la que sabe* ideal no es unitaria puesto que el feminismo de esta epistemología socava su empirismo, aunque sus defensoras quieran claramente aferrarse a todo lo que pueden del empirismo. El empirismo feminista se aferra a la idea de que producir afirmaciones con menos prejuicios y más objetivas es una meta de la ciencia, pero también insiste en algo manifiestamente prohibido en el empirismo: la importancia de analizar y asignar valores epistemológicos diferentes a las identidades sociales de las personas que investigan. (En su memoria institucional, el empirismo paternalista recuerda que esto es lo que objetaba en la búsqueda medieval del conocimiento, así como en las teorías de Lysenko y en la ciencia nazi.) El o la agente ideal del conocimiento, el científico o la científica ideal, no es un cerebro sin cuerpo sino un cerebro ubicado en la historia. La ubicación histórica de la persona que hace ciencia, durante y después del feminismo, es lo que le permite producir informes con menos prejuicios y más objetivos en biología y en ciencias sociales, aunque la iniciativa individual es, evidentemente, necesaria para la producción de esos informes, ya que en estos días no los produce cualquiera. En consecuencia, esta epistemología desafía la idea de que es útil conceptualizar la búsqueda del conocimiento como una actividad individual aislada del medio ambiente social. Yo elaboro mis propios pensamientos, pero mi cultura es la que observa a través de mis ojos y acomoda y reacomoda los pensamientos en mi mente. Además, el método científico es –y a la vez no es– un problema para las empiristas feministas. Por un lado, dicen que, simplemente, están siguiendo los principios de investigación todavía más rigurosamente que sus predecesores androcéntricos, que no tomaron en cuenta el género en varias etapas del proceso de la investigación. Por otro, señalan que sin el desafío del feminismo, el método científico no podría detectar o eliminar los prejuicios sexistas y androcéntricos. Parecerían decir que el método científico es intrínsecamente incapaz de hacer lo que supuestamente está diseñado para hacer.

Investigadoras formadas con provecho por la historia (y no sólo por la historia de la ciencia o incluso por ella), pero que producen creencias menos falsas; influidas por la cultura de forma ventajosa para el adelanto del conocimiento, pero que a la vez son pensadoras individuales; que hacen un uso más riguroso del método científico y a la vez socavan la fe que se tiene en este método –el feminismo y el empirismo de esta posición están en tensión–. *La que sabe* ideal expresa esta tensión, aunque en los trabajos de las investigadoras que adoptan esta estrategia justificadora tanto en biología como en ciencias sociales, la tensión debe suprimirse con mayor razón puesto que no se la analiza. (De hecho, no puede ser analizada sólo con los empobrecidos y desconcertantes recursos teóricos del empirismo.)

Por estos motivos, me parece razonable ver que el empirismo feminista está avanzando sin darse cuenta hacia la reconstrucción tanto de *la que sabe* ideal como del ideal de objetividad en formas incompatibles con los supuestos de la Ilustración. Es un error ver esta posición simplemente como una repetición de una epistemología androcéntrica.

La teoría del punto de vista feminista

Aunque creo que las empiristas feministas insisten en la importancia de la identidad histórica de *la que sabe* ideal, es difícil defender cómo entienden la historia y las dimensiones materiales de la identidad social, con una riqueza que haga justicia a lo que tiene de distintivo el potencial del feminismo y a sus contribuciones al desarrollo del conocimiento. Las teóricas del *punto de vista* proporcionan una segunda línea importante de justificación de la investigación feminista.[11] Ellas desarrollan explícitamente al-

[11] También existen varias clases de críticas feministas de la epistemología androcéntrica, al menos parcialmente independientes de estas dos teorías positivas del conocimiento. Más radicales que las críticas feministas a la *mala ciencia*

gunos de los conceptos que aparecen apenas en los supuestos empiristas feministas y los llevan en direcciones que los empíricos, incluso las feministas empíricas, jamás aceptarían. De hecho, una manera de pensar en las teorías del *punto de vista* es como si fueran análisis y explicaciones de la investigación generada por las empiristas feministas. Las teóricas del *punto de vista* tienden a recalcar sus diferencias con respecto a las teorías empíricas del conocimiento, y este énfasis es necesario para poder subrayar lo que es realmente valioso en estas teorías. Sin embargo, comparten varias tendencias.

Apuntan que el conocimiento debe estar fundamentado en la experiencia. Pero lo que pasa por conocimiento en las culturas occidentales modernas tiene origen y se comprueba tan sólo contra un tipo de experiencia social limitada y distorsionada. Las experiencias que surgen de las actividades asignadas a las mujeres, miradas según la teoría feminista, ofrecen un punto de partida para

---

son las que atacan las generalizaciones occidentales de lo masculino a lo humano en lo que se refiere a la razón ideal. Para las teóricas del punto de vista, esta crítica ofrece una motivación para el desarrollo de una epistemología feminista. Pero varias críticas importantes, aparentemente de manera intencional, evitan este programa teórico. Las filósofas como Genevieve Lloyd (1984) y Sara Ruddick (1980), y científicas como Evelyn Fox Keller (1984) critican lo que se llamó la *masculinidad abstracta*. Señalan cómo los ideales de la racionalidad occidental, incluyendo el pensamiento científico, distorsionan y parcializan nuestra comprensión de las relaciones naturales y sociales. Estos ideales desvalorizan las formas de pensamiento contextuales y los componentes emocionales de la razón. Las bases empíricas de estas críticas surgen de estudios psicológicos. El más conocido es el estudio de Carol Gilligan (1982) sobre los razonamientos morales de las mujeres. Ya que el razonamiento científico incluye juicios normativos (por ejemplo, cuál es la hipótesis o el programa de investigación más interesante o más fructífero), la obra de Gilligan es muy sugestiva con respecto al pensamiento feminista sobre el conocimiento científico. Más recientemente, los análisis de Mary Belenki, *et al.* (1986) sobre los patrones de desarrollo del pensamiento de las mujeres sobre la razón y el conocimiento apuntan hacia un sesgo de género en ideales filosóficos y científicos y sugieren que sus orígenes están en una experiencia marcada por el género. Los menciono aquí porque es importante reconocer que no todo el pensamiento feminista sobre la ciencia y el conocimiento, incluso dentro de lo que llamo las tradiciones científicas, puede clasificarse en las dos teorías feministas del conocimiento analizadas en este ensayo.

hacer afirmaciones sobre el conocimiento potencialmente más completas y menos distorsionadas que las basadas en las experiencias de los hombres (Hartsock, 1983; Smith, 1974, 1987; Rose, 1983).[12]

Veamos lo que dice Dorothy Smith sobre esto. En nuestra sociedad se asignaron a las mujeres los tipos de trabajo que los hombres no quieren hacer. Varios aspectos de esta división del trabajo según el género tienen consecuencias para lo que podemos saber desde la perspectiva de las actividades de los hombres y de las mujeres. El *trabajo de mujeres* exonera a los hombres de la necesidad de cuidar de sus cuerpos o de los espacios donde habitan, dejándolos libres para sumergirse en el mundo de los conceptos abstractos. Por lo tanto, el trabajo de las mujeres articula y da forma a los conceptos que tienen los hombres del mundo y los hace apropiados para el desempeño del trabajo administrativo. Además, cuanto mejor desempeñan las mujeres sus labores, más invisibles se hacen para los hombres. Los hombres que se ven exonerados de la necesidad de mantener sus propios cuerpos y los espacios que estos cuerpos habitan, únicamente pueden ver como algo real lo que corresponde a su mundo mental abstracto. Los hombres consideran que el *trabajo de las mujeres* no es una verdadera actividad humana –elegida y deseada conscientemente– sino una actividad natural, un trabajo instintivo de amor. Por lo tanto, las mujeres quedan excluidas de los conceptos de cultura que tienen los hombres. Además, las experiencias concretas que tienen las mujeres de sus propias actividades son incomprensibles e inexpresables dentro de las abstracciones distorsionadas de los esquemas conceptuales de los hombres. Las mujeres quedan alienadas de su propia experiencia por el uso de los esquemas conceptuales dominantes.

[12] Jane Flax presenta argumentos muy parecidos a éstos en su artículo publicado en mi libro *Discovering Reality* (1983). En mi libro *The Science Question in Feminism* (véanse pp. 151-155), pensé que Flax estaba desarrollando una clase de teoría feminista del *punto de vista*. Como indican los fragmentos que cité en la primera sección, recientemente marcó una clara distinción entre sus propios supuestos y los que ella considera centrales en el *punto de vista*.

Sin embargo, para las sociólogas (aquí podemos generalizar y decir: para las mujeres investigadoras, científicas y teóricas), existe una ruptura entre sus experiencias y los esquemas conceptuales dominantes. Esta ruptura fue el punto en el que se centraron muchos trabajos importantes del movimiento de mujeres; y llamó la atención sobre la falta de concordancia entre las experiencias de las mujeres y los esquemas conceptuales dominantes. Debemos atribuir los orígenes de la mayor precisión de la investigación feminista a la *conciencia bifurcada* de las investigadoras. Observar la naturaleza y las relaciones sociales desde el punto de vista del *trabajo de hombres* sólo puede proporcionar un entendimiento parcial y distorsionado. (Por supuesto que sólo se permite a los hombres blancos, occidentales y pertenecientes a la clase de profesionales administrativos hacer este tipo de trabajo, aunque sea la meta de los ideales más comunes de masculinidad.) La investigación que es capaz de dar explicaciones de la vida social útiles para cualquiera y no solamente para los administradores debe recuperar el entendimiento de las mujeres, los hombres y las relaciones sociales disponibles, desde el punto de vista de las actividades de las mujeres.

Para dar un ejemplo tomado de Smith, el concepto de *trabajo doméstico* que aparece en los estudios históricos, sociológicos y económicos, al menos permite reconocer que lo que las mujeres hacen en casa no es algo instintivo ni una obra de amor. Sin embargo, conceptualiza esta actividad en una analogía con la división de las actividades masculinas entre trabajo asalariado y ocio. ¿ Es trabajo el trabajo doméstico? ¡Sí! Sin embargo, no tiene ni horario fijo ni responsabilidades fijas, no tiene cualificaciones, salario, días libres por enfermedad, pensión o prestaciones. ¿Es ocio? No, aunque hasta en las peores condiciones tiene sus aspectos remunerativos y rejuvenecedores. En la forma en que lo utilizan las ciencias sociales y los filósofos políticos liberales, el *trabajo doméstico* incluye criar a hijas e hijos, atender a las amistades, dar cariño a los seres queridos y otras labores que en verdad no entran en esa construcción de trabajo asalariado-ocio. Para Smith, esta actividad debería analizarse con conceptos surgidos de la experiencia de las mujeres y no con conceptos elegidos para describir la experiencia que tienen los hombres de su trabajo. Además, lo que entendemos por actividades masculinas se ve distorsionado por esquemas conceptuales que surgen de las actividades de los hombres de las clases administrativas. ¿Cómo se ampliaría y transformaría nuestra concepción de las actividades masculinas en la vida doméstica, la guerra o la economía si se estructurara con preguntas y conceptos provenientes de las actividades asignadas predominantemente a las mujeres y que hacen posible la participación de los hombres en la vida doméstica, la guerra y la economía?

Esta estrategia de justificación tiene la virtud de ofrecernos una teoría general de por qué es más adecuada la investigación que comienza con preguntas desde las actividades de las mujeres y que considera esta perspectiva como una parte importante de los datos en los que debería basarse la evidencia para todas las afirmaciones del conocimiento. Las teóricas del *punto de vista* vuelven a afirmar la posibilidad de que la ciencia proporcione representaciones menos distorsionadas del mundo que nos rodea, pero no una ciencia que santifique ciegamente un método mítico y, por lo tanto, sea incapaz de contrarrestar los prejuicios sexistas, racistas y de clase que forman parte de la estructura social y de los programas de investigación científica.

Esta teoría del conocimiento resuelve de un modo más satisfactorio ciertos problemas del empirismo feminista. Coloca en una teoría social más amplia su explicación de la importancia del origen de los problemas científicos (del contexto del descubrimiento) para una futura imagen de la ciencia. Al concluir que ningún método, al menos en el sentido científico del término, es lo suficientemente poderoso como para eliminar los prejuicios sociales tan ampliamente compartidos por la comunidad científica, no tiene una obediencia ciega al método científico. Al afirmar que la investigación desde el punto de vista de las mujeres (o desde el punto de vista feminista) puede superar la parcialidad y la distorsión de las ciencias occidentales dominantes, androcéntricas y burguesas, socava directamente la falta de punto de vista del objetivismo al mismo tiempo que rechaza el relativismo del interpretacionismo. Quienes abogan por esta estrategia de justificación hacen un llamado explícito a las mujeres de color, a las mujeres de clase obrera y a las lesbianas para que se hagan presentes entre las mujeres cuyas experiencias generan investigaciones. Todas critican las limitaciones de las ciencias que surgen únicamente de los feminismos blancos, occidentales, homofóbicos y académicos. En este sentido, tienen una posición más crítica con respecto a la homogeneidad de las mujeres que la de mucha investigación feminista. Además, la importancia del activismo político para el desarrollo de la comprensión es conceptualizada con más riqueza por las teóricas del *punto de vista*. Por ejemplo, Nancy Hartsock (1983) dice:

> Las vidas de las mujeres, al igual que las de los hombres, están estructuradas por relaciones sociales que manifiestan la experiencia de la dominación de clase y de género. La capacidad de ir más allá de la superficie de las apariencias para revelar las relaciones sociales reales pero ocultas requiere una actividad tanto teórica como política. Las teóricas feministas deben exigir que la teorización feminista se base en las actividades materiales de las mujeres y además forma parte de la lucha política necesaria para desarrollar áreas de la vida social modeladas en esta actividad. (304)

De esta epistemología se desprenden muchos problemas interesantes y complejos.[13] No voy a identificarlos ni a tratar de resolverlos aquí ya que mi interés se dirige a la manera en que esta epistemología incorpora tendencias anti-iluministas. ¿Cómo es posible percibir algunas dimensiones importantes de la transición de la modernidad a la posmodernidad dentro de esta tendencia teórica y no sólo como algo entre esas tendencias y las críticas feministas posmodernas más fácilmente identificables? Creo que la teoría del *punto de vista* articula explícitamente, desarrolla y lleva a conclusiones más radicales las tendencias anti-iluministas sólo implícitas en el empirismo feminista.

[13] Discutí algunos en *The Science Question in Feminism* (1986). Las feministas posmodernistas antes citadas señalan otros. Véase también la discusión positiva del potencial de esta epistemología como "apropiación feminista de Lukacs" en el artículo de Jameson en *Rethinking Marxism* (1988).

Mientras que las empiristas feministas expresan ambivalencia con respecto a la fe iluminista en el método científico –para las investigadoras feministas, es parte del problema y a la vez no lo es–, las teóricas feministas del *punto de vista* se oponen claramente a la idea de que los principios de investigación ahistóricos puedan garantizar una representación más perfecta del mundo. Desafían la posibilidad de esa *maquinaria de la ciencia* o algoritmo para la producción de representaciones reales.

Además, estas escritoras teorizan no sólo la importancia de situar la política feminista en el ámbito histórico en el que se hace ciencia, como intentan hacerlo las empiristas feministas, sino también el hecho de que la vida política está presente en la ciencia en tanto institución y sistema de pensamiento. Al igual que las empíricas, creen que los movimientos de liberación social impulsan el desarrollo del conocimiento. La revolución burguesa de los siglos XV al XVII –es decir, el movimiento del feudalismo a la modernidad– hizo posible el surgimiento de la ciencia moderna. El movimiento obrero de los siglos XIX y principios del XX permitió una comprensión de los efectos de las luchas de clases en concepciones de la naturaleza y de las relaciones sociales. La decadencia (o, por lo menos, la transformación) del colonialismo del Atlántico Norte después de la década de 1960 creó las posibilidades de una amplia comprensión de la manera en que el racismo moldea el pensamiento. El feminismo internacional es sólo el último de estos movimientos emancipatorios. Pero la razón principal del adelanto de la ciencia en estos momentos no es que las "ideas están en el aire". Están en el aire por los cambios en las relaciones sociales concretas. Son las actividades administrativas-/gerenciales concretas las que tienden a producir una masculinidad abstracta; es el trabajo de cuidado el que tiende a producir preocupaciones y patrones de pensamiento estereotipadamente femeninos y es la participación en todos ellos lo que posibilita las preocupaciones y los patrones de pensamiento feministas. Así, decir que la cultura observa por mis ojos significa, en este caso, que mis actividades diarias reales, estructuradas por las divisiones sociales de las actividades por género, marcan límites a lo que yo (y, por lo tanto, mi cultura) podemos ver. Los movimientos de liberación social hacen posibles nuevas formas de actividad humana y es sobre la base de estas actividades que pueden surgir nuevas ciencias.[14] Este relato histórico entra en conflicto con las explicaciones que da la Ilustración de la historia de la ciencia, pero lo hace sin afirmar la perfección del pensamiento en ningún momento de esa historia.

Además, las epistemologías del *punto de vista* articulan específicamente la intuición del empirismo feminista para el cual una conciencia unitaria es un obstáculo para el entendimiento. Todas hacen referencia a la importancia del abismo que existe entre la conciencia de las mujeres y el orden social. Hablan de la alienación de las mujeres, de nuestro comportamiento, del resquebrajamiento en las conciencias de las mujeres, de la conciencia bifurcada de las mujeres. Este enfoque de las epistemologistas se apoya en el informe recurrente en las ciencias sociales según el cual el comportamiento de las mujeres es una guía mucho menos fiable para sus creencias que el comportamiento de los hombres para las suyas. Esta idea se basa en los análisis que hacen sociólogas, psicólogas y economistas de la disfuncionalidad del orden social para las mujeres.

Éstas son las razones que explican por qué la teoría feminista del *punto de vista* está en tensión con los supuestos principales de la Ilustración. La realidad no tiene estructura pues el orden social está conformado por muchas estructuras que se superponen y se enfrentan, tales como el androcentrismo, el racismo y la opresión de clases, por mencionar sólo tres. Pero desde la perspectiva del *punto de vista* feminista, algunas de estas estructuras se tornan visibles por primera vez. Las personas oprimidas sufren daño por su experiencia social, pero lo que es una desventaja

[14] Así, las teóricas del *punto de vista* construyen exactamente el tipo de sociología del *conocimiento* –y no sólo del error– exigida por el *programa fuerte* en la sociología del conocimiento (y algunas de las obras de Dorothy Smith se adelantan a esta exigencia). (Véase *Knowledge and Social Imagery*, de David Bloor, 1977). Pero evitan las afirmaciones científicas y apolíticas (o, más bien, conservadoras desde el punto de vista político) del programa fuerte en el sentido de que las creencias son en su totalidad una consecuencia de las relaciones sociales. Construyen una epistemología, no sólo una sociología.

desde el punto de vista de la opresión *puede* convertirse en una ventaja desde el punto de vista de la ciencia. Comenzar a explicar el mundo desde las actividades administrativo/gerenciales llega a un entendimiento más parcial y distorsionado que si se comienza a partir de las actividades contradictorias de las mujeres que hacen ciencia. Las mujeres son, indudablemente, parecidas entre sí en virtud de su sexo y también en virtud de la *otredad* que los hombres asignan a las mujeres. Por supuesto, son diferentes por razones de raza, clase social, cultura y otros factores sociales importantes; en ciertos aspectos importantes son más parecidas a los hombres de su propia raza, clase social y cultura, que a las mujeres de otras razas, clases y culturas. Pero la teoría del *punto de vista* no necesita ningún tipo de esencialismo femenino, como lo supone esta crítica mencionada a menudo. *Analiza* el esencialismo que el androcentrismo impone a las mujeres, localiza sus condiciones históricas y propone maneras de contrarrestarlo. La teoría del *punto de vista* no supone que las mujeres son diferentes a los hombres en el sentido de que no participan en las relaciones sociales de raza, clase social y homofobia.[15] Estas teóricas exigen constantemente un análisis feminista más vigoroso de estas formas de opresión y la elaboración de políticas contra ellas.

La modernidad del posmodernismo feminista

Independientemente de cómo se desarrolle una alternativa específicamente feminista a los proyectos de la Ilustración, todavía no está claro cómo podría alejarse por completo de las suposiciones iluministas y seguir siendo feminista. Las críticas que señalan que el feminismo también está dentro del ámbito de la Ilustración tienen razón. Evidentemente, las detractoras de las epistemologías feministas se unen a ellas en la creencia de que el progreso social es no solamente deseable sino también posible, y que el mejoramiento de las teorías sobre nosotras y sobre el mundo que nos

[15] Sin embargo, en realidad no colocan estas relaciones en el centro de su teorización. Ése es un problema.

rodea va a contribuir a ese progreso. Por lo tanto, dentro del feminismo, el desacuerdo es sobre otros temas: sobre lo que deben decir esas teorías y quién debe definir lo que es el progreso social. En este sentido, resulta engañoso suponer que la separación entre las feministas que apoyan los supuestos de la Ilustración y las que los critican es tan marcada como piensan muchos en los discursos no feministas.

Mencioné ciertas críticas que contribuyen al *caso de las feministas contra el posmodernismo.* Su planteo es que las feministas no deberían adoptar el programa posmoderno porque socava apreciablemente proyectos feministas importantes. Creo que el *posmodernismo feminista* puede ofrecer importantes contribuciones a la teoría y a la política feminista. Pero aquí quiero señalar dos puntos en los que parece suscribirse a demasiados supuestos iluministas. Paradójicamente, las posmodernas feministas aceptan algunas suposiciones iluministas importantes que hasta las empíricas feministas no toman en cuenta.

Por un lado, al criticar el objetivo mismo de una ciencia y una epistemología mejoradas y específicamente feministas, parecen estar de acuerdo con las tendencias iluministas de que toda ciencia y epistemología posibles, todo lo que sea digno de esos nombres, es contenible en formas modernas, androcéntricas, occidentales y burguesas. Sin embargo, tenemos claramente el derecho de sentir cierto escepticismo ante este supuesto. Es virtualmente imposible especificar los elementos significativos comunes entre la producción industrializada del conocimiento que caracteriza a la investigación en las ciencias naturales y en gran parte de las ciencias sociales hoy en día y el tipo de trabajo artesanal que produjo la astronomía de Galileo y la física de Newton. Evidentemente, la ciencia cambió inmensamente, incluso durante la modernidad (véase Harding 1986: 68 y ss.). ¿Por qué razón no podría seguir cambiando en el futuro? ¿Por qué los proyectos científicos formulados con fines específicamente feministas no pueden ser una parte importante de esos cambios? Además, las antiguas culturas de Asia y África, que existían mucho antes del surgimiento de las culturas del Atlántico Norte, tenían ciencias y tecnologías sumamente sofisticadas para su época (véanse Goonatilake, 1984; Rodney, 1982; Van Sertima, 1986). La amplitud de la racionalidad humana no está restringida al occidente moderno que, quizá, ni siquiera la exhibe de forma paradigmática. Si otras instituciones y prácticas para obtener conocimiento existieron fuera del mundo occidental moderno, burgués y androcéntrico, ¿por qué deben restringirse las formas deseables de ciencia y tecnología a las que dominan en el occidente moderno?

Además, las críticas posmodernas de la ciencia feminista, al igual que los pensadores más positivistas de la Ilustración, aparentemente suponen que si una abandona el objetivo de contar una sola historia verdadera sobre la realidad, ya no debe tratar de contar historias menos falsas. Suponen que existe una simetría entre la verdad y la falsedad. Sin embargo, hasta Thomas Kuhn planteó que sería mejor entender la historia de la ciencia por su distanciamiento creciente de la falsedad, en lugar de su cercanía a la verdad. La obra de Kuhn nos dio elementos para lograr cambios radicales en nuestro entendimiento de la historia de la ciencia –no pretendo menospreciar su importancia–. Pero no propuso la clase de cambios en nuestras teorías del conocimiento científico que las epistemologías feministas requieren. Si incluso un modo relativamente tradicional de pensar sobre la ciencia puede proponer que la verdad y la falsedad no siempre deben ser consideradas como polos opuestos y simétricos de un mismo continuo, esto debería ser una opción real para el pensamiento feminista. La investigación feminista puede tener como objetivo producir representaciones menos parciales y perversas sin tener que afirmar la adecuación absoluta, completa, universal o eterna de estas representaciones. ¿No es así como deberíamos entender los análisis de las críticas feministas de la Ilustración?

Mi planteo es que tanto las pensadoras feministas de la ciencia como sus detractoras feministas posmodernas tienen un pie en el modernismo y otro en terrenos más lejanos. Además, que ese vínculo con el pasado presenta aspectos problemáticos y fructíferos para ambos proyectos. Las tensiones entre la Ilustración y las tendencias posmodernas existen, pero también se dan de maneras diferentes en cada proyecto.

Una epistemología -esta clase de teoría social- es una estrategia de justificación. Se generan diferencias importantes entre los proyectos científicos y epistemológicos feministas y las críticas feministas de la Ilustración, en gran parte por los distintos contextos intelectuales y sociales en los que cada una explora, expande y defiende las consecuencias del surgimiento de las explicaciones feministas de la naturaleza y la vida social. Estas tendencias tienen diferentes historias, diferentes públicos y, por lo tanto, diferentes proyectos. Los recuerdos de debates anteriores enturbian los ámbitos psíquicos donde se unen. Cada una debe entenderse como un intento de escapar de las dañinas limitaciones de las relaciones sociales dominantes y de sus esquemas conceptuales. Estos proyectos están incompletos -todavía no descubrimos cómo escapar a estas limitaciones-. Posiblemente no estemos todavía en una época histórica en la que esta visión sea posible. En esta coyuntura histórica, nuestros feminismos necesitan tanto el programa iluminista como el posmoderno; pero no necesitamos los mismos programas con los mismos propósitos o en las mismas formas en que los necesitaron los hombres blancos occidentales burgueses y androcéntricos.

Bibliografía

BELENKI, M. F. *et al.* (1986), *Women's Ways of Knowing: The Development of Self, Voice and Mind,* Nueva York, Basic Books.

BLOOR, David (1977), *Knowledge and Social Imagery,* Londres, Routledge & Kegan Paul.

BORDO, Susan R. (1987), *The Flight to Objectivity: Essays on Cartesianism and Culture,* Nueva York, State University of New York Press.

DI STEFANO, Christine (1987), "Postmodernism/Postfeminism?: The Case of the Incredible Shrinking Woman", conferencia leída en las reuniones de 1983 de la Asociación Norteamericana de Ciencias Políticas, Chicago, 3 al 6 de septiembre de 1987. Ésta es una primera versión de "Dilemmas of Difference: Feminism, Maternity and Postmodernism", en: Linda Nicholson (1990) *Feminism/Postmodernism,* Nueva York, Routledge.

FAUSTO-STERLING, Anne (1985), *Myths of Gender: Biological Theories About Women and Men,* Nueva York, Basic Books.

FLAX, Jane (1983), "Political Philosophy and the Patriarchal Unconscious: A Psychoanalytic Perspective on Epistemology and Metaphysics", en *Discovering Reality: Feminist Perspectives on Epistemology, Metaphysics, Methodology and Philosophy of Science*, Sandra Harding y Merrill Hintikka (eds.), Dordrecht, Reidel Publishing Co.

——— (1989), "Postmodernism and Gender Relations in Feminist Theory", en: Linda Nicholson (1990) *Feminism/Postmodernism*, Nueva York, Routledge.

——— (1990), *Thinking Fragments: Psychoanalysis, Feminism and Postmodernism in the Contemporary West*, Berkeley, University of California Press.

FOUCAULT, Michel (1981), *Power/Knowledge*, Nueva York, Random House, Colin Gordon (ed.).

FRASER, Nancy y Linda Nicholson (1989), "Social Criticism Without Philosophy: An Encounter Between Feminism and Postmodernism", en: Linda Nicholson (1990), *Feminism/Postmodernism*, Nueva York, Routledge.

GILLIGAN, Carol (1982), *In a Different Voice: Psychological Theory and Women's Development*, Cambridge, Harvard University Press.

GOONATILAKE, Susantha (1984), *Aborted Discovery: Science and Creativity in the Third World*, Londres, Zed Books Ltd.

HABERMAS, Jürgen (1983), "Modernity-An Incomplete Project", en *The Anti-Aesthetic: Essays on Postmodern Culture*, Hal Foster (ed.), Port Townsend, Bay Press. Véase también la colección de ensayos en *Habermas and Modernity*, Richard Bernstein (ed.), Cambridge, MIT Press, 1985.

HARAWAY, Donna (1989), "A Manifesto for Cyborgs: Science, Technology, and Social Feminism in the 1980's", en: Linda Nicholson (1990), *Feminism/Postmodernism*, Nueva York, Routledge.

HARDING, Sandra (1986a), *The Science Question in Feminism*, Ithaca, Cornell University Press; Milton Keynes, Inglaterra, Open University Press.

——— (1986b), "The Instability of the Analytical Categories of Feminist Theory", en: *Signs* 11 (4): 645-664.

——— (1987a), "Ascetic Intellectual Opportunities: Reply to Alison Wylie", en: *Science, Morality and Feminist Theory*, M. Hanen y K. Nielsen (eds.), Calgary, University of Calgary Press.

——— (1987b), "Feminism and Theories of Scientific Knowledge", en: APA *Feminism and Philosophy Newsletter* 1: 9-14.

——— (ed.) (1987c), *Feminism and Methodology: Social Science Issues*, Bloomington, Indiana University Press.

——— y Merrill Hintikka (eds.) (1983), *Discovering Reality: Feminist Perspectives on Epistemology, Metaphysics, Methodology and Philosophy of Science*, Dordrecht, Reidel Publishing Co.

HARTSOCK, Nancy (1987), "Rethinking Modernism: Minority vs. Majority Theories", en: *Cultural Critique* 7: 187-206.

——— (1983), "The Feminist Standpoint: Developing the Grounds for a Specifically Feminist Historical Materialism", en S. Harding y M. Hintikka (eds.), *Discovering Reality*. Véase también el capítulo 10 de *Money, Sex and Power* de N. Hartsock, Boston, Northeastern University Press, 1985.

HUYSSEN, Andreas (1989), en: Linda Nicholson (1990) *Feminism/Postmodernism*, Nueva York, Routledge.

IRIGARAY, Luce (1985), *The Sex Which Is Not One* (traducido al inglés por Catherine Porter), Ithaca, Cornell University Press.

JAMESON, Fredric (1988), "History and Class Consciousness as an 'Unfinished Project'", en *Rethinking Marxism* (1): 49-72.

KELLER, Evelyn Fox (1984), *Reflections on Gender and Science*, New Haven, Yale University Press.

KUHN, Thomas S. (1970), *The Structure of Scientific Revolutions*, Chicago, Chicago University Press.

LLOYD, Genevieve (1984), *The Man of Reason: "Male" and "Female" in Western Philosophy*, Minneapolis, University of Minnesota Press.

LYOTARD, Jean-François (1984), *The Post-Modern Condition*, Minneapolis, University of Minnesota Press.

MACKINNON, Catharine (1982-1983), "Feminism, Marxism, Method and The State", partes 1 y 2, en: *Signs* (3): 515-544; 8 (4): 635-658.

MILLMAN, Marcia y Rosabeth Moss Kanter (1975), "Introducción" de la editora en: *Another Voice: Feminist Perspectives on Social Life and Social Science*, Nueva York, Anchor Books.

RODNEY, Walter (1982), *How Europe Underdeveloped Africa*, Washington, Howard University Press.

RORTY, Richard (1979), *Philosophy and the Mirror of Nature*, Princeton, Princeton University Press.

ROSE, Hilary (1983), "Hand, Brain and Heart: A Feminist Epistemology for the Natural Sciences", en: *Signs* 9 (1): 73-90.

——— y Steven Rose (eds.) (1979), *Ideology of/in the Natural Sciences*, Cambridge, Schenkman.

RUDDICK, Sara (1980), "Maternal Thinking", en: *Feminist Studies* 6, (2): 342-369.

SMITH, Dorothy (1974), "Women's Perspective as a Radical Critique of Sociology", en: *Sociological Inquiry* 44: 7-13.

——— (1987), *The Everyday World as Problematic: A Feminist Sociology*, Boston, Northeastern.

STAPLES, Robert (1973), "What is Black Sociology? Toward a Sociology of Black Liberation", en: *The Death of White Sociology*, Nueva York, Random House, editado por J. A. Ladner.

VAN DEN DAELE, W. (1977), "The Social Construction of Science", en: *The Social Production of Scientific Knowledge*, Dordrecht, Reidel Publishing Co., editado por E. Mendelsohn, P. Weingart y R. Whitley.

VAN SERTIMA, Ivan (1986), *Blacks in Science: Ancient and Modern*, New Brunswick, Transaction Books.

WYLIE, Alison (1987), "The Philosophy of Ambivalence", en: *Science, Morality and Feminist Theory*, Calgary, University of Calgary Press, editado por M. Hanen y K. Nielsen.

El feminismo y la ciencia*

Evelyn Fox Keller

Desde hace unos años varios trabajos feministas están dando cuerpo a una nueva crítica de la ciencia. La política feminista pone de relieve ciertas distorsiones masculinistas de la empresa científica y, para las que somos científicas, esto nos crea un dilema potencial. ¿Existe un conflicto entre nuestro compromiso con el feminismo y nuestro compromiso con la ciencia? Como feminista y científica, tengo mucho más conocimiento del que quisiera sobre el nerviosismo y la actitud defensiva que genera un conflicto potencial como éste. Tenemos verdaderas dificultades para pensar como científicas en los temas que hemos planteado como feministas. Sin embargo, en última instancia, estas dificultades pueden ser provechosas. Mi objetivo en este ensayo es explorar qué implicaciones tiene la crítica feminista de la ciencia para la relación entre la ciencia y el feminismo. ¿Suponen estas críticas un conflicto? Si es así, ¿hasta qué punto es necesario ese conflicto? Mi planteo es que esos elementos de la crítica feminista que más parecen estar en conflicto, por lo menos con las concepciones convencionales de la ciencia, en realidad podrían ser potencialmente liberadores para ella. Por lo tanto, podría ser provechoso para los científicos prestar atención a la crítica feminista. Hasta podríamos usar el pensamiento feminista para iluminar y esclarecer parte de la subestructura de la ciencia que podría haber sido distorsionada históricamente, con el fin de preservar las cosas que la ciencia nos enseñó, a fin de ser más objetivas. Pero, primero es necesario revisar las varias críticas que hicieron las feministas.

* Título original en inglés: "Feminism and Science", publicado en: *Signs*, vol. 7, núm. 3 (primavera de 1982). Traducción de Nattie Golubov y Julia Constantino, revisada y corregida por Marysa Navarro.

La gama de su crítica es amplia. Aunque todas dicen que la ciencia tiene un fuerte sesgo androcéntrico, el sentido de esta crítica varía mucho. Es conveniente representar las diferencias de significado con un espectro paralelo a la gama política que caracteriza al feminismo en su totalidad. Este espectro va de derecha a izquierda, empezando en algún punto a la izquierda del centro, en un punto que podría llamarse la *posición liberal*. Desde la crítica liberal, surgen acusaciones de androcentrismo que son relativamente fáciles de corregir. La crítica más radical exige cambios correspondientes más radicales; requiere que se examinen los supuestos subyacentes de la teoría científica y del método científico para detectar la presencia del sesgo masculino. La diferencia entre estas posiciones se ve con frecuencia opacada por una reacción automática que lleva a muchos científicos a considerar todas las críticas de este tipo como un desafío a la neutralidad de la ciencia. Uno de los puntos que deseo destacar aquí es que la gama de significados atribuidos a la acusación del sesgo androcéntrico refleja niveles muy diferentes de desafío, algunos de los cuales deberían ser aceptados hasta por los científicos más conservadores.

Primero, dentro de lo que denominé la crítica liberal, está la acusación de que, en lo esencial, plantea un problema de injusticia en las prácticas de empleo. Procede de la observación de que casi todos los científicos son hombres. Esta crítica es liberal en el sentido de que no entra en conflicto para nada con las concepciones tradicionales de la ciencia ni con las políticas de igualdad liberales. De hecho, es una crítica puramente política y puede ser defendida por todas las personas que estamos a favor de la igualdad de oportunidades. Desde este punto de vista, la ciencia no se vería afectada de ninguna manera por la presencia o la ausencia de mujeres.

La crítica que sigue es ligeramente más radical y apunta a que el predominio de los hombres en las ciencias llevó a un sesgo en la elección y definición de los problemas que les preocupan. Este planteo se hace con mayor frecuencia y facilidad en relación con las ciencias de la salud. Así, por ejemplo, se dice que la cuestión de los anticonceptivos no recibió la atención científica que su importancia humana merece y que, por otro lado, la atención que se le dio se ha centrado principalmente en las técnicas anticonceptivas que deben emplear las mujeres. En una queja relacionada, las feministas plantean que los dolores menstruales, un problema serio para muchas mujeres, no fue tomado en serio por la profesión médica. Por lo tanto, es de suponer que si los temas de investigación médica hubieran sido articulados por mujeres, no se habrían producido estos desequilibrios particulares.[1] Es más difícil ubicar sesgos de este tipo en las ciencias más alejadas de los cuerpos de las mujeres, aunque pueden existir. Aun así, este tipo de crítica no afecta nuestra concepción de lo que es la ciencia, ni nuestra confianza en su neutralidad. Puede ser cierto que hayamos ignorado ciertos problemas en algunas áreas, pero nuestra definición de ciencia no incluye la elección de problemas -eso, estamos bien de acuerdo, siempre estuvo influido por las fuerzas sociales-. Por lo tanto, seguimos en el dominio liberal.

Mirando hacia la izquierda, encontramos acusaciones de sesgos en el diseño e interpretación de los experimentos. Por ejemplo, se señala que casi todas las investigaciones con ratas sobre el aprendizaje animal se realizaron con animales machos.[2] Aunque existe una explicación sencilla -a saber, que las ratas hembras tienen un ciclo de cuatro días que complica los experimentos-, la crítica continúa siendo válida. Aquí se supone, implícitamente, claro está, que el macho representa la especie. Existen muchos otros ejemplos, con frecuencia similares, en psicología. Los ejemplos en las ciencias biológicas son más difíciles de encontrar, aunque sospechamos que existen, y esta sospecha es particularmente fuerte en las investigaciones sobre sexualidad. En este punto, la influencia de preconceptos fuertemente arraigados parece inevitable. De hecho, aunque históricamente se documentó la existencia de estos preconceptos,[3] no se elaboró todavía un planteo convincente para la existencia de un sesgo correspondiente en el

[1] No se trata únicamente de que haya sólo mujeres investigadoras para corregir estos desequilibrios, porque sabemos que las mujeres, como cualquier otra persona *extraña*, internalizan fácilmente las preocupaciones y los valores del mundo al que aspiran a pertenecer.

[2] Quiero agradecer a Lila Braine por brindarme esta información.

[3] D. L. Hall y Diane Long, "The Social Implications of the Scientific Study of Sex", en: *Scholar and the Feminist* 4 (1977): 11-21.

diseño o la interpretación de los experimentos. En mi opinión, este hecho puede entenderse como prueba de la efectividad de los estándares de objetividad vigentes.

Pero es muy fácil encontrar evidencias de sesgos en la interpretación de observaciones y experimentos en las ciencias más orientadas a lo social. El área de la primatología es un blanco conocido. En los últimos quince años, las mujeres que trabajan en ese campo volvieron a examinar toda la gama de conceptos teóricos, con frecuencia usando básicamente las mismas herramientas metodológicas. Estos esfuerzos desembocaron en algunas formulaciones radicalmente diferentes. La gama de diferencias refleja frecuentemente la poderosa influencia del lenguaje común y el sesgo que impone a nuestras formulaciones teóricas. Existe una gran cantidad de trabajos muy interesantes sobre estas distorsiones,[4] y, aunque no puedo hacer justicia a esos trabajos aquí, querría ofrecer como único ejemplo la siguiente descripción de una manada de animales con un solo macho que Jane Lancaster presenta como sustituto para el concepto familiar de *harén*: "Para una hembra, los machos son un recurso en su entorno que ella puede usar para prolongar su propia supervivencia y la de su descendencia. Si las condiciones de su entorno son tales que el papel del macho es mínimo, es probable que el grupo sea de un solo macho. Sólo se necesita un macho para un grupo de hembras, si su única función es preñarlas".[5]

Estas críticas que plantean que el predominio de los hombres en el campo de investigación tiene un efecto importante sobre los resultados de la teoría científica se dirigen casi exclusivamente a las ciencias *blandas*, incluso a las *más blandas*. Por lo tanto, todavía pueden enmarcarse en la tradición con el simple argumento de que las críticas, si son justificadas, sólo reflejan el hecho de

[4] Véase, por ejemplo, Donna Haraway, "Animal Sociology and a Natural Economy of the Body Politic", Part I: "A Political Physiology of Dominance", y "Animal Sociology and a Natural Economy of the Body Politic", Part II: "The Past is the Contested Zone: Human Nature and Theories of Production and Reproduction in Primate Behavior Studies", en: *Signs* 4, núm. 1 (otoño de 1978): 21-60.

[5] Jane Lancaster, *Primate Behavior and the Emergence of Human Culture* (Nueva York: Holt, Rinehart & Winston, 1975): 34.

que estos temas no son suficientemente científicos. Es de suponer que los científicos con sentido de imparcialidad (o con mentalidad científica) podrían y deberían unirse a las feministas en su intento por identificar la presencia del sesgo –tan ofensivo para los científicos como para las feministas, aunque por razones diferentes–, para que estas ciencias *blandas* sean más rigurosas.

Es mucho más difícil lidiar con la crítica verdaderamente radical que intenta ubicar el sesgo androcéntrico hasta en las ciencias *duras*, de hecho, en la ideología científica misma. Este aspecto de la crítica nos saca del dominio liberal y exige que cuestionemos los supuestos mismos de objetividad y de racionalidad subyacentes en la empresa científica. Desafiar la verdad y la necesidad de conclusiones de la ciencias naturales basándose en que éstas también reflejan el juicio de los hombres, significa tomar el credo galileano y ponerlo patas arriba. No es verdad que "las conclusiones de la ciencia natural son verdaderas y necesarias y que el juicio del hombre nada tiene que ver con ellas",[6] son las mujeres las que nada tienen que ver con ellas.

El ímpetu detrás de este acto radical es doble. Primero, se apoya en la experiencia de las investigadoras feministas en otros campos de estudio. Una y otra vez tuvieron que cuestionar los cánones de sus campos de estudio al tratar de restablecer a las mujeres como agentes y sujetos. Por consiguiente, pusieron su atención en el funcionamiento del sesgo patriarcal en los niveles más profundos de la estructura social, hasta en el lenguaje y en el pensamiento.

Pero la posibilidad de extender la crítica feminista a los fundamentos del pensamiento científico viene de ciertos desarrollos recientes en la historia y la filosofía de la ciencia.[7] Mientras se pensaba que el curso del pensamiento científico estaba determinado exclusivamente por sus necesidades lógicas y empíricas, no podía haber lugar para ninguna rúbrica, masculina o no, en ese sistema de co-

[6] Galileo Galilei, *Dialogue on the Great World Systems* (Chicago: University of Chicago Press, 1953, trad. al inglés de T. Salusbury, edición de G. de Santillana): 63.

[7] El trabajo de Russell Hanson y de Tomas S. Kuhn fue de suma importancia para abrir nuestro entendimiento del pensamiento científico a la consideración de las influencias sociales, psicológicas y políticas.

nocimiento. Además, cualquier sugerencia de diferencias de género en nuestro pensamiento sobre el mundo habría llevado fácilmente a una mayor exclusión de las mujeres del mundo de la ciencia. Pero, a medida que se hicieron cada vez más evidentes las insuficiencias filosóficas e históricas de la concepción clásica de la ciencia y que, por otro lado, las historiadoras y las sociólogas empezaron a delinear cómo el desarrollo del conocimiento científico fue moldeado por su contexto social y político particular, se amplió nuestra comprensión de la ciencia como un proceso social. Esta comprensión es un requisito necesario tanto desde el punto de vista político como intelectual para una teoría feminista de la ciencia.

La integración del pensamiento feminista con otros estudios sociales de la ciencia trae consigo la promesa de descubrimientos radicalmente nuevos, pero también agrega una amenaza política al peligro intelectual existente. El peligro intelectual reside en ver la ciencia como un producto puramente social; entonces, la ciencia se disuelve en ideología y la objetividad pierde todo significado intrínseco. En el consiguiente relativismo cultural se niega cualquier función emancipatoria de la ciencia moderna, y el arbitraje de la verdad retrocede al ámbito político.[8] Contra este trasfondo, las feministas se ven tentadas de abandonar sus pedidos de representación en la cultura científica para volver a una subjetividad puramente *femenina*, dejando la racionalidad y la objetividad al ámbito masculino, descartadas como productos de una conciencia puramente masculina.[9]

Varios autores y autoras abordaron los problemas planteados por un relativismo total;[10] aquí sólo deseo mencionar algunos de

[8] Véase, por ejemplo, Paul Feyerabend, *Against Method* (Londres: New Left Books, 1975); y *Science in a Free Society* (Londres: New Left Books, 1978).

[9] Algunas feministas francesas expresaron esta idea con gran fuerza. Véase Elaine Marks e Isabelle de Courtivron (eds.), *New French Feminisms: An Anthology* (Amherst: University of Massachusetts Press, 1980). Para un ejemplo de feministas norteamericanas, véase Susan Griffin, *Woman and Nature: The Roaring Inside Her* (Nueva York: Harper & Row, 1978).

[10] Véase, por ejemplo, Steven Rose y Hilary Rose, "Radical Science and Its Enemies", en: Ralph Miliband y John Saville (eds.), *Socialist Register 1979* (Atlantic Highlands: Humanities Press, 1979): 317-335. Algunos de los puntos

los problemas especiales que vienen de su variante feminista, que son varios. En algunos aspectos importantes, el relativismo feminista es el tipo de acto radical que transforma el espectro político en un círculo. Al rechazar la objetividad como un ideal masculino, automáticamente une su voz a un coro enemigo y condena a las mujeres a residir fuera de la *realpolitik* de la cultura moderna; exacerba el problema que desea resolver. También anula el potencial radical de la crítica feminista para nuestro entendimiento de la ciencia. A mi modo de ver, la tarea de una teoría científica feminista es doble: distinguir lo que es local de lo que es universal en el impulso científico, reclamando para las mujeres lo que les fue negado históricamente, y legitimar aquellos elementos de la cultura científica que fueron negados, precisamente, porque son definidos como femeninos.

Es importante reconocer que el marco que da pie a lo que podría llamarse un retroceso nihilista es, de hecho, proporcionado por la misma ideología de objetividad que se desea eludir. Ésta es la ideología que afirma una oposición entre la objetividad (masculina) y la subjetividad (femenina), y niega la posibilidad de mediación entre ambas. Por lo tanto, un primer paso para extender la crítica feminista a los fundamentos del pensamiento científico es reconceptualizar la objetividad como un proceso dialéctico para permitir la posibilidad de distinguir el esfuerzo objetivo de la ilusión objetivista. Como nos recuerda Piaget:

> La objetividad consiste en percatarse completamente de las innumerables intrusiones del yo en el pensamiento cotidiano y en las inumerables ilusiones que resultan –ilusiones de sentido, de lenguaje, de punto de vista, de valores, etcétera– de que el paso preliminar para cualquier juicio es el esfuerzo por excluir el yo intruso. El realismo, en cambio, consiste en ignorar la existencia del yo y, así, considerar la perspectiva propia como inmediatamente objetiva y absoluta. Por lo tanto, el realismo es la ilusión

mencionados aquí también fueron señalados por Elizabeth Fee en "Is Feminism a Threat to Objectivity?", ponencia presentada en el encuentro de la American Association for the Advancement of Science, Toronto, 4 de enero de 1981.

> antropocéntrica, la finalidad –o sea, todas las ilusiones que abundan en la historia de la ciencia–. Mientras el pensamiento no sea consciente del yo, es presa de confusiones perpetuas entre lo objetivo y lo subjetivo, entre lo real y lo ostensible.[11]

En resumen, más que abandonar el esfuerzo humano esencial por entender el mundo en términos racionales, necesitamos redefinir ese esfuerzo. Para hacerlo, necesitamos agregar a los métodos conocidos de investigación racional y empírica un proceso adicional de autorreflexión crítica. Siguiendo el precepto de Piaget, necesitamos "tener conciencia del yo". De esta manera, podemos ser conscientes de las características del proyecto científico que desmienten su pretensión de universalidad.

Los ingredientes ideológicos que preocupan particularmente a las feministas están allí donde la objetividad se une con la autonomía y la masculinidad, y, a la vez, donde las metas de la ciencia se unen con el poder y la dominación. La unión de la objetividad con la autonomía social y política fue examinada por varios autores y autoras, y se demostró que cumple una variedad de funciones políticas importantes.[12] Las implicaciones de unir la objetividad y la masculinidad se entienden menos. Esta conjunción también desempeña funciones políticas críticas, pero un entendimiento del significado sociopolítico de toda la constelación requiere un examen de los procesos psicológicos mediante los cuales se internalizan y perpetúan estas conexiones. En este punto, el psicoanálisis nos brinda una perspectiva valiosísima, y gran parte de mi trabajo se orientó a explorarla. En un trabajo anterior, intenté mostrar cómo las teorías psicoanalíticas del desarrollo iluminan la estructura y el significado de un sistema interactuante de asociaciones que unen la objetividad (un rasgo cognitivo) con la autonomía (un rasgo afectivo) y la masculinidad (un rasgo de

[11] Jean Piaget, *The Child's Conception of the World* (Totowa: Littlefield, Adams & Co., 1972).

[12] Jerome R. Ravetz, *Scientific Knowledge and Its Social Problems* (Londres: Oxford University Press, 1971); y Hilary Rose y Steven Rose, *Science and Society* (Londres: Allen Lane, 1969).

género).[13] Aquí, después de un breve resumen de mi planteo anterior, querría explorar la relación entre este sistema, el poder y la dominación.

Al igual que Nancy Chodorow y Dorothy Dinnerstein, pienso que esa rama de la teoría psicoanalítica conocida como la teoría de las relaciones de objeto es especialmente útil.[14] Buscar una explicación para el desarrollo de la personalidad en términos tanto de los impulsos innatos como de las relaciones reales con otros objetos (es decir, sujetos), nos permite entender cómo nuestras primeras experiencias –experiencias determinadas en gran medida por las relaciones socialmente estructuradas que forman el contexto de nuestros procesos de desarrollo– contribuyen a conformar nuestra concepción del mundo y nuestras orientaciones características hacia él. Nuestros primeros pasos en el mundo, en particular, están guiados principalmente por nuestras progenitoras –nuestras madres–; esto determina un marco de maduración para nuestro desarrollo emocional, cognitivo y de género, un marco posteriormente colmado por expectativas culturales.

En resumen, mi planteo era el siguiente: nuestro primer ambiente maternal, acompañado por la definición cultural de lo masculino (lo que nunca puede aparecer como femenino) y de la autonomía (aquello que nunca puede verse comprometido por la dependencia), lleva a la asociación de lo femenino con los placeres y los peligros de la fusión, y de lo masculino con el bienestar y la soledad de la separación. La ansiedad interna del niño sobre el yo y el género se ve reflejada en la ansiedad cultural más amplia por la cual se fomentan posturas de autonomía y masculinidad que pueden –y, de hecho, deben– tener como objetivo la defensa contra esa ansiedad y el anhelo que la genera. Finalmente, para todas nosotras, nuestro sentido de la realidad surge de esta misma matriz. Como lo subra-

[13] Evelyn Fox Keller, "Gender and Science", en: *Psychoanalysis and Contemporary Thought* I (1978): 409-433.

[14] Nancy Chodorow, *The Reproduction of Mothering: Psychoanalysis and the Sociology of Gender* (Berkeley: University of Carolina Press, 1978); y Dorothy Dinnerstein, *The Mermaid and the Minotaur: Sexual Arrangements and Human Malaise* (Nueva York: Harper & Row, 1976).

yaron Piaget y otros, la capacidad para discernir las distinciones cognitivas entre el yo y el otro (la objetividad) evoluciona en concurrencia e interdependiencia con el desarrollo de la autonomía psíquica; nuestros ideales cognitivos se subordinan a las mismas influencias psicológicas que nuestros ideales emocionales y de género. Con esta autonomía, el acto mismo de separar al sujeto del objeto –la objetividad misma– se asocia con la masculinidad. Juntas, las presiones psicológicas y culturales llevan a los tres ideales –el afectivo, el de género y el cognitivo– a un proceso de reafirmación mutua de exageración y rigidez.[15] El resultado neto es el afianzamiento de una ideología objetivista y una devaluación correlativa de la subjetividad (femenina).

Este análisis deja fuera muchas cosas. Sobre todo, omite la discusión sobre los significados psicológicos del poder y la dominación, significados que deseo discutir ahora. Para la teoría de las relaciones de objeto, un punto central es reconocer que la condición de la autonomía psíquica tiene un doble filo: ofrece una profunda fuente de placer y, a la vez, potencialmente, de miedo. Los valores de la autonomía están en consonancia con los valores de la competencia, del dominio. De hecho, la competencia es en sí misma una condición previa para la autonomía y sirve inconmensurablemente para confirmar el sentido del yo. Pero, ¿es necesario que el desarrollo de la competencia y del sentido de control lleve a un estado de alienación del yo, de la negación de la conexión, de la separación defensiva? ¿A formas de autonomía que pueden entenderse como protección contra el miedo? La teoría de las relaciones de objeto nos hace sensibles a la gama de significados de la autonomía: sugiere, simultáneamente, la necesidad de considerar los significados correspondientes de la com-

[15] Para más detalles sobre este planteo, véase la nota 12. Al señalar los aportes de la psicología individual, de ninguna manera pretendo dar a entender una división sencilla de los factores individuales y sociales, ni de postularlos como influencias alternativas. Los rasgos psicológicos individuales se desarrollan en un sistema social, y éste recompensa y selecciona conjuntos particulares de rasgos individuales. Así, si las opciones particulares en la ciencia reflejan cierto tipo de impulsos psicológicos o rasgos de personalidad, debe entenderse que esas elecciones y no otras se hacen dentro de un marco social particular.

petencia. ¿Bajo qué circunstancias sugiere la competencia la dominación de un propio destino y bajo qué circunstancias implica la dominación del destino de otra persona? En resumen, ¿son el control y la dominación ingredientes esenciales de la competencia e intrínsecos al ser, o son correlativos de un yo alienado?

Una manera de responder a estas preguntas es usar la lógica del análisis resumido anteriormente para examinar el desplazamiento de la competencia hacia el poder y el control en la economía psíquica de una criatura. A partir de ese análisis, el impulso hacia la dominación puede entenderse como un concomitante natural del estado de separación defensiva. Según Jessica Benjamin: "Una manera de repudiar la igualdad, la dependencia y la cercanía con respecto a otra persona, mientras se trata de evitar los consiguientes sentimientos de soledad".[16] Quizás nadie haya escrito con más sensibilidad que el psicoanalista D. W. Winnicott sobre las aguas turbulentas que debe recorrer una criatura al negociar la transición de la unión simbiótica al reconocimiento del yo y del otro como entidades autónomas. Nos advierte de un peligro que otras personas pasaron por alto: el peligro que surge de la fantasía inconsciente de que el sujeto destruyó en verdad el objeto durante el proceso de separación. Así nos dice:

> Es la destrucción del objeto lo que coloca al objeto fuera del área de control [...] Después de "sujeto se relaciona con objeto" viene "sujeto destruye objeto" (al volverse externo); luego puede seguir "*objeto sobrevive* la destrucción del sujeto". Pero puede o no haber supervivencia. [Cuando la hay] por la supervivencia del objeto, el sujeto puede entonces haber empezado a llevar una vida en el mundo de los objetos y, por lo tanto, el sujeto puede ganar inconmensurablemente; pero el precio debe pagarse con la aceptación de la continua destrucción en la fantasía inconsciente relativa al proceso de relación con los objetos.[17]

[16] Jessica Benjamin discutió este mismo tema en un excelente análisis del papel de la dominación en la sexualidad. Véase "The Bonds of Love: Rational Violence and Erotic Domination", en: *Feminist Studies* 6, núm. 1 (primavera de 1980): 144-174, en particular 150.

[17] D. W. Winnicott, *Playing and Reality* (Nueva York: Basic Books, 1971): 89-90.

Por supuesto, Winnicott no está hablando de la supervivencia real sino de la confianza subjetiva en la supervivencia del otro. La supervivencia, en ese sentido, requiere que la criatura se mantenga relacionada; el fracaso inevitablemente induce a la culpa y al miedo. La criatura está al borde de un precipicio terrorífico. De un lado, está el temor de haber destruido el objeto y, del otro lado, la pérdida del yo. La criatura puede intentar asegurar esta posición precaria procurando dominar al otro. Los ciclos de destrucción y supervivencia se repiten mientras el otro se mantiene firmemente apartado, y, como escribe Benjamin, "la afirmación original del yo [...] se convierte de dominación inocente en la dominación del otro y contra él".[18] En términos psicodinámicos, esta resolución particular de conflictos preedípicos es un producto de la consolidación edípica. El niño logra su seguridad final por la identificación con el padre, una identificación que implica simultáneamente la negación de la madre y una transformación de la culpa y el temor en agresión.

La agresión, por supuesto, tiene muchos significados, muchas fuentes y muchas formas de expresión. Aquí deseo referirme sólo a la forma que subyace al impulso de dominación. Traigo a colación la teoría psicoanalítica para ayudar a aclarar las formas de expresión que ese impulso encuentra en la ciencia como un todo y su relación con la objetivación en particular. Las mismas preguntas que hice sobre la criatura las puedo hacer sobre la ciencia. ¿Bajo qué circunstancias se busca el conocimiento científico por el placer de saber, por el conocimiento mayor que nos brinda, por el mayor dominio (real o imaginario) sobre nuestro propio destino, y bajo qué circunstancias es posible decir que la ciencia en realidad busca dominar a la naturaleza? ¿Existe aquí una distinción significativa?

En su obra *The Domination of Nature*, William Leiss observa lo siguiente: "La correlación necesaria de la dominación es la conciencia de subordinación en aquellas personas que deben obedecer la voluntad de otra; así, propiamente hablando, sólo otros hombres pueden ser objetos de dominación".[19] (O, podríamos agregar, las mujeres.) De esta observación, Leiss infiere que no es la domi-

[18] Benjamin, ob. cit.: 165.

[19] William Leiss, *The Domination of Nature* (Boston: Beacon Press, 1974): 122.

nación de la naturaleza física lo que nos debería preocupar, sino el uso de nuestro conocimiento de la naturaleza física como un instrumento para la dominación de la naturaleza humana. O sea, ve la necesidad de correcciones, no en la ciencia, sino en sus usos. Es, precisamente, el punto en que se aparta de otros autores de la escuela de Frankfurt, que suponen que la lógica misma de la ciencia es la lógica de la dominación. Estoy de acuerdo con la observación básica de Leiss, pero hago una inferencia algo distinta. Pienso que el impulso de dominación encuentra expresión en las metas (e, incluso, en las teorías y en la práctica) de la ciencia moderna, y que, allí donde encuentra expresión, el impulso necesita ser reconocido como proyección. O sea, afirmo que no sólo en la negación de la interacción entre el sujeto y el otro, sino también en el acceso de la dominación a las metas del conocimiento científico, está la intrusión de un yo que comenzamos a reconocer como participante en la construcción cultural de la masculinidad.

El valor de la conciencia es que nos permite elegir, como seres humanos y como hombres y mujeres que hacemos ciencia. El control y la dominación no son, de hecho, intrínsecos ni al ser (esto es, a la autonomía) ni al conocimiento científico. Más bien, creo que el énfasis particular que la ciencia occidental puso en estas funciones del conocimiento es equiparable al ideal objetivista. El conocimiento, en general, y el conocimiento científico, en particular, sirven a dos divinidades: el poder y la trascendencia. Aspiran al dominio de la naturaleza y a la unión con ella.[20] La sexualidad obedece a las mismas divinidades y aspira a la dominación y la comunión en éxtasis, o sea, a la agresión y al eros. Es poco novedoso decir que el poder, el control y la dominación se alimentan en gran medida de la agresión mientras que la unión satisface un impulso más puramente erótico.

Ver el énfasis en el poder y el control que prevalece en la retórica de la ciencia occidental como una proyección de una con-

[20] Para una discusión de los diferentes papeles que desempeñan estos dos impulsos en las imágenes platónicas y baconianas del conocimiento, véase Evelyn Fox Keller, "Nature as 'Her'" (ponencia presentada en la Second Sex Conference, Instituto de Humanidades de Nueva York, septiembre de 1979).

ciencia específicamente masculina no requiere un gran esfuerzo de imaginación. En realidad, esa idea ya es un lugar común. Sobre todo la convoca la retórica que une la dominación de la naturaleza con la imagen insistente de la naturaleza como mujer, que en ninguna parte es tan común como en la obra de Francis Bacon. Para Bacon, el conocimiento y el poder son uno, y la promesa de la ciencia se expresa "conduciéndola a ti, Naturaleza, con todos sus hijos, para obligarla a que te sirva y hacerla tu esclava",[21] por medios que no "sólo ejercen una conducción suave sobre el curso de la naturaleza; tienen el poder de conquistarla y someterla, de sacudirla hasta sus cimientos".[22] En el contexto de la visión de Bacon, la conclusión de Bruno Bettelheim parece ineludible: "Sólo la psicología fálica hizo posible la agresiva manipulación de la naturaleza".[23]

La visión de la ciencia como un proyecto edípico es también conocida a partir de los trabajos de Herbert Marcuse y de Norman O. Brown.[24] Pero la preocupación de Brown y de Marcuse es con lo que aquél llama una ciencia *mórbida*. Por lo tanto, para ambos autores, la búsqueda de una ciencia no mórbida, una ciencia *erótica*, sigue siendo un acto romántico. Esto es así porque la imagen de la ciencia que tienen es incompleta: omite los componentes eróticos cruciales, aunque menos visibles, presentes en la tradición científica. Nuestra propia búsqueda, para que sea realista y no romántica, debe basarse en una comprensión más rica de la tradición científica en todas sus dimensiones y en una comprensión de las formas en que esta tradición compleja y dialéctica se transforma en una retórica monolítica. De hecho, ni el niño edípico ni la ciencia moderna lograron deshacerse de sus

[21] B. Farrington, "*Temporis Partus Masculus*: An Untranslated Writing of Francis Bacon", en: *Centaurus* 1 (1951): 193-205, en particular 197.

[22] Francis Bacon, "Description of the Intellectual Globe", en: *The Philosophical Works of Francis Bacon*, editado por J. H. Robertson (Londres, Routledge & Sons, 1905): 506.

[23] Citado en Norman O. Brown, *Life Against Death* (Nueva York: Random House, 1959): 280.

[24] Brown y Herbert Marcuse, *One Dimensional Man* (Boston: Beacon Press, 1964).

anhelos preedípicos y, fundamentalmente, bisexuales. Es con este entendimiento que debe comenzar la búsqueda de una ciencia diferente, una ciencia no distorsionada por el sesgo masculinista.

La presencia de temas contrastantes, de una dialéctica entre impulsos agresivos y eróticos, puede verse en el trabajo de ciertos científicos y, de forma todavía más dramática, en los textos yuxtapuestos de diferentes científicos. Francis Bacon nos proporciona un modelo;[25] existen muchos otros. Para un contraste particularmente impactante, podíamos ver un científico contemporáneo que insiste en la importancia de "dejar que el material te hable", de permitir que "te diga qué hacer después" y que critica a otros científicos por tratar de "imponer una respuesta" a lo que ven. Para este científico, el descubrimiento se ve facilitado al hacerse uno "parte del sistema", y no permaneciendo afuera; es necesario "sentir el organismo".[26] Es verdad que el autor de estos comentarios no sólo pertenece a una época y un campo diferentes (en realidad, Bacon no era un científico según los parámetros generales), sino que también es una mujer. También es verdad que hay muchas razones, ya sugerí algunas, para pensar que el género (construido en un contexto ideológico) marca, de hecho, una diferencia en la investigación científica. Sin embargo, quiero señalar aquí que ni la ciencia ni los individuos están completamente limitados por la ideología. No es difícil encontrar sentimientos parecidos expresados por hombres de ciencia. Veamos el siguiente comentario: "Con frecuencia he tenido motivos para sentir que mis manos son más inteligentes que mi cabeza. Es una manera cruda de caracterizar la dialéctica de la experimentación. Cuando va bien, es como una conversación tranquila con la Naturaleza".[27] La diferencia entre concepciones de la ciencia *dominante* y *conversando con* la naturaleza no puede ser, primordialmente, ni una diferen-

[25] Para una discusión de la presencia de la misma dialéctica en los escritos de Francis Bacon, véase Evelyn Fox Keller, "Baconian Science: A Hermaphrodite Birth", en: *Philosophical Forum* 11, núm. 3 (primavera de 1980): 299-308.

[26] Barbara McClintock, entrevistas privadas, 1° de diciembre de 1978 y 13 de enero de 1979.

[27] G. Wald, "The Molecular Basis of Visual Excitation", en: *Les Prix Nobel en 1967* (Stockholm: Kungliga Boktryckerlet, 1968): 260.

cia entre épocas ni entre los sexos. Más bien, puede verse como representando un tema doble que entra en juego en el trabajo de todas las personas que hacen ciencia en todas las épocas. Pero los dos polos de esta dialéctica no aparecen con el mismo peso en la historia de la ciencia. Por lo tanto, debemos ocuparnos del proceso evolutivo que elige un tema como dominante.

En otro trabajo, planteé la importancia de un proceso de selección diferente.[28] En parte, las personas que hacen ciencia se eligen por el atractivo emocional de imágenes científicas particulares (estereotípicas). Aquí defiendo la importancia de la elección en el pensamiento científico, primero, de las metodologías y metas preferidas y, finalmente, de las teorías preferidas. Los dos procesos están relacionados. Aunque los estereotipos no son restrictivos (es decir, no describen a todos los individuos y quizás a ninguno) y este hecho crea la posibilidad de una competencia continua en la ciencia, el primer proceso de selección influye indudablemente sobre el resultado del segundo. Es decir, las personas atraídas por una ideología particular tenderán a elegir temas compatibles con esa ideología.

Un ejemplo en el que este proceso se ve desarrollado en el nivel teórico es en el destino de las teorías interaccionistas en la historia de la biología. Vale de ejemplo la disputa, a lo largo del siglo XX, entre las visiones organicistas y particularistas de la organización celular –entre lo que podría llamarse teorías jerárquicas y no jerárquicas–. Aunque el debate sea sobre la primacía del núcleo o de la célula como un todo, el genoma o el citoplasma, los defensores de la jerarquía han triunfado. Un genetista describió el conflicto en términos explícitamente políticos:

> Dos conceptos de mecanismos genéticos han coexistido a lo largo del desarrollo de la genética moderna, pero el énfasis favoreció notablemente a uno de ellos [...]. Designaremos al primero como el concepto de la *Molécula Suprema* [...] Esto es, en esencia, la Teoría del Gene, interpretada para sugerir un gobierno totalitario [...] Designaremos el segundo concepto como el del *Es-*

[28] Evelyn Fox Keller, "Gender and Science", ob. cit.

> *tado de Equilibrio*. Con esta denominación [...] imaginamos una organización dinámica y que se autoperpetúa, compuesta por una variedad de especies moleculares que deben sus propiedades específicas, no a la característica de algún tipo de molécula, sino a las interrelaciones funcionales de estas especies moleculares.[29]

Poco tiempo después de la publicación de estos comentarios, la síntesis del ADN y el *dogma central* pusieron fin al debate entre las *moléculas supremas* y el interaccionismo dinámico. Con el éxito de la nueva biología molecular, estas teorías del *estado de Equilibrio* (o igualitarios) dejaron de interesar a la mayoría de los genetistas. Pero actualmente este conflicto parece resurgir en la genética en las teorías del sistema inmunológico y en las teorías del desarrollo.

En mi opinión el método y la teoría pueden constituir un continuo natural, a pesar de que Popper dice lo contrario y de que los mismos procesos de selección pueden tener el mismo peso simultáneamente, tanto en los medios como en las metas de la ciencia y en las descripciones teóricas que surgen. Se me ocurre esto, en parte, por la consonancia recurrente e impactante que puede verse en la manera en que trabajan las personas que hacen ciencia, la relación que establecen con su objeto de estudio y la orientación teórica que adoptan. Para seguir con el ejemplo citado anteriormente, la misma científica que se permitía transformarse en "parte del sistema" y cuyas investigaciones estaban guiadas por un "sentimiento por el organismo", desarrolló en su campo un paradigma que divergía tan radicalmente del paradigma dominante como su estilo metodológico.

En vez de la jerarquía lineal descrita por el dogma central de la biología molecular, donde el ADN codifica y transmite todas las instrucciones para el desarrollo de una célula viva, la investigación de esta científica produjo una perspectiva sobre el ADN en interacción delicada con el medio celular –una visión organicis-

[29] D. L. Nanney, "The Role of the Cytoplasm in Heredity", en: William D. McElroy y Bentley Glass (eds.), *The Chemical Basis of Heredity* (Baltimore: Johns Hopkins University Press, 1957): 136.

ta–. Es que, más importante que el genoma como tal (es decir, el ADN), es el *organismo entero*. Según ella, el genoma funciona "sólo con respecto al medio en el que se encuentra".[30] En este trabajo, el programa codificado por el ADN está sujeto a cambios. Ya no existe el control supremo en un solo componente de la célula; más bien, el control reside en las complejas interacciones de todo sistema. Cuando el trabajo en el que se basa esta visión fue presentado por primera vez, no fue comprendido y fue mal recibido.[31] Actualmente existe un renovado interés en gran parte de ese trabajo, aunque es importante decir que la visión total continúa siendo demasiado radical para ser aceptada por la mayoría en el campo de la biología.[32]

Este ejemplo nos indica que no necesitamos depender de nuestra imaginación para una visión de lo que podría ser una ciencia diferente –una ciencia menos limitada por el impulso de dominación–. Más bien, debemos mirar el pluralismo temático en la historia de nuestra propia ciencia, tal como ha evolucionado. Aunque existen muchos otros ejemplos, carecemos de un entendimiento adecuado de toda la gama de influencias que conducen a la aceptación o al rechazo, no sólo de teorías particulares, sino de orientaciones teóricas diferentes. Lo que sugiero es que si algunas interpretaciones teóricas no fueron seleccionadas, es precisamente en este proceso de selección donde se observa que la ideología en general, y la ideología masculinista en particular, ejercen su influencia. De allí que la tarea, para una crítica feminista radical de la ciencia, sea, en primera instancia, una tarea histórica, pero finalmente transformadora. En el esfuerzo histórico, las feministas pueden aportar toda una nueva gama de sensibilidades y conducir a una conciencia igualmente nueva de las potencialidades que permanecen latentes en el proyecto científico.

[30] Barbara McClintock, entrevista cit., 1° de diciembre de 1978.

[31] McClintock, "Chromosome Organization and Genic Expression", en: *Cold Springs Harbor Symposium of Quantitative Biology* 16 (1951): 13-44.

[32] La publicación más reciente de McClintock sobre este tema es "Modified Gene Expressions Induced by Transposable Elements", en: W. A. Scott, R. Werner y J. Schultz (eds.), *Mobilization and Reassembly of Genetic Information* (Nueva York: Academic Press, 1980).

Uso y abuso de la antropología: reflexiones sobre el feminismo y la comprensión intercultural*

M. Z. Rosaldo**

Éste es un artículo sobre preguntas. En los últimos años, las feministas lograron que tanto el público en general como el mundo académico presten atención a un tema de incuestionable importancia. Anteriormente enceguecidas por prejuicios, empezamos a *descubrir* a las mujeres y recogimos bastantes datos sobre la vida, las necesidades y los intereses de las mujeres que, previamente, no habían sido tomados en cuenta por los estudiosos. No existen dudas acerca de que las tradiciones sexistas hicieron que nuestra información sea desigual. Ahora más que nunca nos damos cuenta de lo poco que sabemos sobre las mujeres. El apremio que sienten las investigadoras está basado en el reconocimiento de que irremediablemente se perdieron registros valiosos sobre el arte, el trabajo y la política de las mujeres. Según el dicho, nuestras teorías son solamente tan buenas como nuestros datos. Como lo

* Título original en inglés: "The Use and Abuse of Anthropology: Reflections on Feminism and Cross-cultural Understanding", publicado en: *Signs*, vol. 5, núm. 3 (primavera de 1980). Traducción de Laura Aponte Torre, revisada y corregida por Marysa Navarro.

** Este trabajo, con el título de "Thoughts on Domestic/Public", fue presentado por primera vez en la *Rockefeller Conference on Women, Work and Family*, en septiembre de 1977. Agradezco a las personas que participaron en esa conferencia, en particular a Heidi Hartmann y Catharine Stimpson, por sus inteligentes comentarios, y a Jane Atkinson, Jane Collier, Rose Coser, Karen Mason, Judith Modell, Fred Myers, Bridget O'Laughlin, Leslie Nadelson, Sherry Ortner, Renato Rosaldo y Sylvia Yanagisako por leer y criticar ese borrador y otros posteriores.

consigna un análisis reciente de artículos antropológicos sobre roles sexuales:

> Lo que la bibliografía analizada demuestra claramente es la necesidad de seguir investigando [...] Lo más notable de esta bibliografía es el número abrumador de temas de investigación que ha producido. Esperemos que la fuerza social que inspiró el interés antropológico en el estatus de las mujeres se mantenga durante la segunda y larga etapa de investigación necesaria para explorar estas hipótesis.[1]

Independientemente de lo que sepamos o no, creo que el pensamiento feminista -al menos, en antropología- encara un problema más serio. Más de una antropóloga pasó meses en las montañas, principalmente en compañía de mujeres. Estas mujeres hablaban de sus hogares, sus criaturas y sus maridos. Nos hablaron de los hombres que las alimentaban, las amaban o las golpeaban; y compartieron con nosotras sus triunfos y desilusiones, sus sensaciones de poder y de sus propias potencialidades y el peso de sus tareas diarias. Nuestras informantes femeninas nos hablaron de los vínculos de parentesco y de la política de temas matrimoniales; probablemente, marcaron cada olla y cada cuchillo de sus casas con un cuento sobre trabajo, obligación y vínculos estructuralmente significativos. Contrariamente al planteo de esa crítica que considera que nuestros problemas tienen que ver con informes incompletos o, peor aún, con voces femeninas sin articulación y "silenciosas",[2] yo diría que oímos hablar a las mujeres en casi todas las descripciones antropológicas. De hecho, tenemos mucha información *sobre las mujeres*, pero, cuando se trata de escribir sobre ellas, muy pocas son las que saben qué decir. Lo que se necesita, diría yo, no son datos sino preguntas. El descubrimiento feminista de las mujeres nos hizo sensibles a las

[1] Naomi Quinn, "Anthropological Studies on Women's Status", en: *Annual Review of Anthropology* 6 (1977): 181-222, particularmente 222.

[2] Edwin Ardener, "Belief and the Problem of Women", en: J. Lafontaine (ed.), *The Interpretation of Ritual* (Londres: Tavistock Publications, 1972); Shirley Ardener, *Perceiving Women* (Nueva York: John Wiley & Sons, 1975).

formas en las que el género inunda nuestras experiencias y la vida social; pero el significado sociológico del discernimiento feminista es, potencialmente, mucho más profundo que lo que se hizo hasta ahora. Lo que sabemos está restringido por estructuras interpretativas que, por supuesto, limitan nuestras reflexiones; lo que *podremos* saber estará determinado por el tipo de preguntas que aprendamos a formular.[3]

La búsqueda de los orígenes

El significado para la antropología de estos comentarios, desde ya demasiado generales, se hace evidente al considerar la siguiente observación. Pocas son las historiadoras, sociólogas o filósofas sociales que escriben actualmente y, como se hacía en el siglo XIX, sienten la necesidad de comenzar sus relatos *por el principio*, indagando en el registro antropológico el origen de los médicos en los chamanes o, digamos, el ritual católico en el canibalismo de un pasado imaginado. Mientras que pensadores tan diversos como Spencer, Maine, Durkheim, Engels y Freud creían necesario considerar la evidencia de las culturas *simples* para comprender tanto los orígenes como el significado de las formas sociales contemporáneas, las ciencias sociales modernas rechazaron tanto sus métodos como sus prejuicios. Antes que investigar orígenes, la teoría contemporánea utilizará la antropología, si lo hace, por la dimensión comparativa que ofrece. Habiendo decidido, con toda

[3] Véanse "Sexuality among the Anthropologists and Reproduction Among the Natives", manuscrito inédito de Annette G. Weiner (Austin: Universidad de Texas en Austin, Departamento de Antropología, 1978); y "Trobriand Kinship From Another View: The Reproductive Power of Women and Men", en: *Man* 14, núm. 2 (1979): 328-348, para los trabajos probablemente más convincentes desde la antropología acerca de la necesidad de reconceptualizar radicalmente las perspectivas tradicionales sobre la sociedad y la estructura social, si queremos hacer algo más que *agregar* datos sobre mujeres a lo que sigue siendo, en términos estructurales, descripciones con tendencias masculinas. Por otra parte, su *modelo reproductivo* me parece peligrosamente cercano a gran parte del pensamiento no correlativo que a continuación se critica.

razón, cuestionar los enfoques evolucionistas, temo que la mayoría afirmaría que la información sobre las formas premodernas y tradicionales de la vida social no tiene prácticamente relevancia para comprender la sociedad contemporánea.

Sin embargo, me parece que sucede exactamente lo contrario en la inmensa mayoría de artículos feministas recientes. Si la antropología fue ignorada, en gran medida, por la mayoría de los pensadores sociales contemporáneos, consiguió, en cambio, un lugar notable, aunque problemático, en obras clásicas como *Política sexual* y *El segundo sexo*. Simone de Beauvoir, Kate Millett, Susan Brownmiller y Adrienne Rich inician sus textos con algo que, desde la antropología, parece una evocación totalmente anticuada de la historia de la humanidad. Habiendo aceptado que preparar la comida, exigir cosas a los hijos, disfrutar de conversaciones con amigas, o celebrar su fertilidad y vitalidad sexual tiene un mismo significado para las mujeres, independientemente del tiempo y del espacio, estas escritoras catalogan las costumbres del pasado para decidir si las mujeres pueden declarar, con el paso del tiempo, haber conseguido o perdido *bienes* legítimos, como el poder, la autoestima, la autonomía y el estatus. Aunque estas escritoras difieren en sus conclusiones, en sus métodos y en los detalles de su enfoque teórico, todas parten de alguna versión de la pregunta de Beauvoir –"¿qué es ser mujer?"–, hacia un diagnóstico de la subordinación contemporánea, y, de ahí, a las preguntas: "¿las cosas siempre fueron como son ahora?" y, luego, "¿cuándo comenzó 'esto'"?

Así como los escritores del siglo XIX, que primero discutían si el matriarcado había precedido a las formas sociales patriarcales, o si el difícil destino primitivo de las mujeres mejoró de forma significativa en la sociedad civilizada, las feministas difieren en sus diagnósticos de nuestras vidas prehistóricas, su sentido de sufrimiento, de conflicto y de cambio. Algunas, como Rich, tienen ideas románticas sobre lo que imaginan que fue un pasado mejor, mientras que otras encuentran en la historia un relato interminable de sumisión femenina y de triunfo masculino. Pero creo que la mayoría no encontraría motivo para cuestionar el deseo de descubrir nuestros orígenes y raíces. Tampoco pondrían en tela de juicio a Shulamith Firestone, cuando en su importante libro, *The Dialectic of Sex* [*La dialéctica del sexo*], cita a Engels para afirmar nuestra necesidad, primero, de "examinar la sucesión histórica de los acontecimientos a partir de los cuales surgió el antagonismo, con el fin de descubrir, en las condiciones así creadas, los medios para poner fin al conflicto".[4] De hecho, Firestone sugiere que busquemos las raíces del sufrimiento actual en un pasado que va de la historia al *hombre primitivo* y, de ahí, a la biología animal. Más recientemente, Linda Gordon, en su espléndido trabajo sobre el control de la natalidad en la vida política de los Estados Unidos,[5] trató de resumir en menos de treinta páginas la historia del control de la natalidad en el mundo premoderno, dándonos un catálogo de prácticas y creencias premodernas decepcionante, ya sea como historia y como antropología. En un libro cuyo objetivo es mostrar cómo la campaña por el control de la natalidad encajó en una historia de la izquierda en los Estados Unidos (con un significado unido a cambios en la naturaleza y organización de nuestras familias y nuestra economía), me sorprendió ver que utilizaba la antropología para universalizar planteos políticos actuales y debilitar nuestro sentido actual de singularidad. Existe algo erróneo -de hecho, algo preocupante desde el punto de vista moral- en un planteo que ve a las personas que practicaban infanticidios en el pasado, al fin y al cabo, como nuestras predecesoras en una lucha interminable y esencialmente inmodificada para evitar que los hombres controlen los cuerpos de las mujeres.

Al utilizar la antropología como un antecedente de los argumentos y aseveraciones modernas, en relatos de este tipo, lo *primitivo* emerge como portador de necesidades humanas primordiales. Pareciera que las mujeres de otras partes son nuestra imagen sin vestir y, de esta manera, la especificidad histórica de sus vidas y de las nuestras se oscurece. Sus fuerzas son la prueba de que po-

[4] Shulamith Firestone, *The Dialectic of Sex: The Case for Feminist Revolution* (Nueva York: Bantam Books, 1975): 2.

[5] Linda Gordon, *Woman's Body, Woman's Right* (Nueva York: Penguin Books, 1975).

demos ser fuertes. Pero, irónicamente, y al mismo tiempo que luchamos por vernos como seres culturales que tienen vidas socialmente determinadas, el retorno a un tiempo de evolución hace un llamado inevitable a lo biológicamente dado y al impacto determinante de hechos tan *crudos* como la demografía y la tecnología. Una tiene la sensación de que en la actualidad el control de la natalidad está a disposición de una *elección* humana, mientras que en el pasado las posibilidades de que las mujeres pudieran incidir sobre sus destinos reproductivos eran inexistentes o estaban limitadas por hechos tan mecánicos como la necesidad de los nómadas de moverse, la necesidad de mano de obra en el campo, o un desequilibrio entre las fuentes de alimentos y la demografía. Deseamos enarbolar los triunfos de nuestras hermanas como una prueba de lo que valemos, pero, al mismo tiempo, su opresión puede ser astutamente disociada de la nuestra, porque nosotras podemos elegir, mientras que ellas son víctimas de la biología.

Mi propósito aquí no es criticar estos textos. Las feministas (y yo me incluyo en este grupo) hemos buscado en el registro antropológico, y con razón, evidencias que parecen decirnos que la *naturaleza humana* es esa cosa sexista y represiva que nos enseñaron a muchas de nosotras. Para la mayoría de nosotras, la antropología es un monumento a las posibilidades y limitaciones humanas, un salón de espejos en el cual lo que Anthony Wallace llamaba la "excepción anecdótica" parece desafiar cada ley futura; mientras que, a la vez, oculta en los contornos y las formas más extrañas, hallamos una imagen todavía familiar de nosotras mismas, una promesa de que, al reflexionar sobre las chozas para la menstruación en Nueva Guinea, las mujeres de los mercados de África Occidental, las ritualistas o las reinas, podemos comenzar a aprehender lo que somos *realmente* en términos universales.

Pero querría pensar que la antropología es más que eso. O, mejor, diría que la antropología a la que se le pidió responder a ideologías y dar voz a la verdad humana universal es, al fin y al cabo, una antropología limitada por las suposiciones con las que empezó y, por lo tanto, incapaz de trascender los prejuicios que sus preguntas presuponen. Buscar los orígenes es, en último término, pensar que lo que somos en el presente es algo distinto que el producto de nuestra historia y de nuestro mundo social actual y, en particular, que nuestros sistemas de género son primordiales, transhistóricos y esencialmente invariables en sus raíces. Las búsquedas de orígenes sostienen un discurso elaborado en términos universales (sobre el cual están basados); y el universalismo nos permite aceptar demasiado rápidamente –quizás para todas las personas menos nosotras mismas– el significado *sociológico* de lo que las personas *hacen* o, peor aún, de lo que son en términos biológicos.[6]

Dicho de otro modo, la búsqueda de nuestros orígenes revela una fe en las verdades últimas y esenciales, una fe sostenida, en parte, por la evidencia de la desigualdad sexual en distintas culturas. Pero un análisis que supone que la asimetría sexual es el primer tema que debemos intentar cuestionar o explicar tiende, de manera casi inevitable, a reproducir los prejuicios de la ciencia social masculina a los que, con razón, se opone. Estos prejuicios están basados en una escuela individualista ampliamente aceptada, para la cual las formas sociales proceden de lo que determinadas personas necesitan o hacen, actividades que –en lo que atañe al género– se ven *dadas* por nuestra fisiología reproductiva. Así, tanto entre las feministas como en los o las tradicionalistas, existe una tendencia a ver al género, más que nada, como consecuencia de diferencias basadas en la biología que oponen a mujeres y hombres, en lugar de verlo como el producto de las relaciones sociales en sociedades concretas (y cambiantes).

El problema de los universales

Sería lindo hacer caso omiso de las convenciones y pensar que tengo el derecho de declarar que la realidad antropológica claramente desmiente las suposiciones sexistas. Si hubiera evidencia antropológica disponible que negara la universalidad del género en la organización de la vida social humana, la identificación de

[6] N. C. Mathieu, "Homme-Culture, Femme-Nature?", en: *L'Homme* 13, núm. 3 (1973): 101-113.

las mujeres con la reproducción y el cuidado de las criaturas pequeñas, o la importancia de la función reproductora de las mujeres para la construcción de su estatus público, muchas de las dificultades que tengo para explicar las cosas desaparecerían. Así, si pudiera citar un solo ejemplo de un verdadero matriarcado -o, en todo caso, un ejemplo de forma social igualitaria desde el punto de vista sexual- podría afirmar que todas las invocaciones a la *naturaleza* universal para explicar el lugar de las mujeres son, simplemente, falsas. Pero, muy por el contrario, debo comenzar por aclarar que, a diferencia de muchas antropólogas que plantean la existencia de un lugar privilegiado de las mujeres aquí o allá, mi lectura del registro antropológico me lleva a concluir que las formas sociales y culturales humanas siempre fueron dominadas por los hombres. Con esto no quiero decir que los hombres gobiernen por derecho, ni siquiera que gobiernen, e, indudablemente, no quiero decir que en todos lados las mujeres sean víctimas pasivas de un mundo definido por los hombres. Más bien, señalaría una colección de hechos relacionados que parecen afirmar que, en todos los grupos humanos conocidos -sin importar las prerrogativas de que las mujeres puedan de hecho disfrutar-, la inmensa mayoría de las oportunidades para ejercer influencia pública y prestigio público, la habilidad para forjar relaciones, determinar antagonismos, hablar en público, usar o dejar de usar la fuerza son reconocidos todos como derechos y privilegios masculinos.[7]

Pero me moví con demasiada rapidez, con toda intención. Para evaluar esta conclusión, parecería importante detenernos y preguntar qué es lo que en verdad se dijo. La dominación masculina, aunque aparentemente universal, no tiene un contenido universal o una forma universal en términos reales de comportamiento. Por el contrario, las mujeres tienen poder e influencia en la vida política y económica, exhiben autonomía en sus actividades y rara vez se ven enfrentadas o limitadas por lo que podría parecer como el hecho brutal de la fuerza masculina. Ya que por

[7] Véase Louise Lamphere, "Review Essay: Anthropology", en: *Signs* 2, núm. 3 (1977): 612-627.

cada caso en el que vemos a las mujeres confinadas por hombres poderosos o por las responsabilidades del cuidado de las criaturas y de la casa, podemos citar otros que nos muestran la capacidad de las mujeres para luchar, hablar en público, realizar tareas que requieren mucha fuerza física e, incluso, subordinar las necesidades de sus criaturas pequeñas (en sus casas o en sus espaldas) a sus deseos de viajes, trabajo, política, amor o negocios. Por cada creencia cultural en la debilidad de las mujeres, su irracionalidad o su sangre menstrual contaminante, podemos descubrir otras que sugieren la debilidad de las exigencias masculinas y celebran a las mujeres por sus roles productivos, su sexualidad o su pureza, su fertilidad o, quizá, su fuerza maternal. En resumen, la dominación masculina no es inherente a ningún conjunto aislado y cuantificable de hechos omnipresentes. Más bien, parece ser un aspecto de la organización de la vida colectiva, un conjunto de expectativas y creencias que dan lugar a un desequilibrio en la manera en que la gente interpreta, evalúa y responde a formas particulares de acción masculina y femenina. Vemos la dominación masculina, no en límites físicos en cuanto a las cosas que los hombres o las mujeres pueden o no pueden hacer, sino en las formas en que piensan sobre sus vidas, los tipos de oportunidades de que disfrutan y su manera de exigir cosas.

Creo que la dominación masculina se evidencia cuando observamos que las mujeres, en casi todo el mundo, tienen la responsabilidad diaria de alimentar y cuidar a las criaturas, al esposo y a la parentela, mientras que las obligaciones económicas de los hombres tienden a ser menos regulares y a estar más vinculadas con lazos de tipos extrafamiliares; ciertamente, el trabajo de los hombres en la casa no está sancionado por el uso de la fuerza de la esposa. Hasta en esos grupos en los que se evita el uso de la violencia física, un hombre puede decir "es una buena esposa, no tengo que golpearla", mientras que ninguna mujer aduce amenazas violentas al hablar del trabajo de su marido. En muchas sociedades, las mujeres descubren amantes y cumplen con su voluntad de casarse como lo desean pero, una vez más, en casi todos los casos encontramos que la iniciación formal y el arreglo de los vínculos heterosexuales permanentes están organizados por los hombres. Las mujeres pueden tener poderes rituales de relevancia considerable, al igual que los hombres, pero ellas nunca son las que dominan en los ritos que requieren la participación de toda la comunidad. Y aunque los hombres, en todas partes, estén dispuestos a escuchar a sus esposas y a dejarse influir por ellas, no conozco ningún caso en el que se exija que los hombres conformen el público obligado de rituales o actividades políticas femeninas. Finalmente, con frecuencia, las mujeres forman organizaciones de verdadera y reconocida fuerza política y económica; a veces, gobiernan como reinas, adquieren séquitos de hombres, golpean a sus esposos si éstos prefieren a otras mujeres que no sean ellas, o, quizá, disfruten de un estatus sagrado en su rol de madres. Pero tampoco sé, en este caso, de un sistema político en el que se espere que las mujeres, individual o colectivamente, tengan más cargos o mayor influencia política que sus homólogos masculinos.

Por lo tanto, si bien las mujeres, en todos los grupos humanos, tendrán formas de ejercer influencia y formas de perseguir metas reconocidas culturalmente, parece que no viene al caso discutir –como lo hicieron muchas antropólogas– que observaciones como las mías son relativamente triviales desde el punto de vista de las mujeres, o que las exigencias masculinas, a menudo, se equilibran por algún conjunto igualmente importante de fuerzas femeninas.[8] No cabe duda de que algunas mujeres son fuertes. Pero, si bien las mujeres persiguen sus objetivos, a menudo con felicidad y éxito y logran poner límites apreciables a los hombres en el proceso, me parece bastante claro que las metas de las mujeres están marcadas por sistemas sociales que les niegan un acceso fácil

[8] Véanse Elsie B. Begler, "Sex, Status and Authority in Egalitarian Society", en: *American Anthropologist* 80, núm. 3 (1978): 571-588; o Ruby Rohrlich-Leavitt, Skyes, Barbara y Elizabeth Weatherford, "Aboriginal Women: Male and Female Anthropological Perspectives", en: R. Reiter (ed.), *Towards an Anthropology of Women* (Nueva York: Monthly Review Press, 1975), para intentos razonables de lograr un equilibrio. Una yuxtaposición de estos dos artículos –que llegan a caracterizaciones diametralmente opuestas sobre el destino de las mujeres en las sociedades aborígenes australianas– es informativa por lo que dice sobre la dificultad de decidir lo que es, al fin de cuentas, un planteo evaluativo en términos empíricos.

a los privilegios, la autoridad y la estima social de que disfruta la mayoría de los hombres.

En verdad, se trata de un tipo de hecho universal muy problemático. Cada sistema social utiliza hechos de sexo biológico para organizar y explicar los roles y las oportunidades que hombres y mujeres pueden disfrutar, de la misma forma que todos los grupos sociales humanos conocidos recurren a lazos de base biológica para construir los grupos *familiares* y los vínculos de parentesco. Y, así a como *el matrimonio*, *la familia* y *el parentesco* fueron términos problemáticos pero, al parecer, universales inevitables para la antropología, yo diría que lo mismo sucede en el caso de *la dominación masculina*. La asimetría sexual, como el parentesco, parece existir en todas partes, aunque no sin el desafío perpetuo o una variación casi infinita en sus contenidos y formas. En pocas palabras, si comenzamos con las preguntas universalizantes, el registro antropológico parece alimentar nuestro miedo de que la asimetría sexual sea (nuevamente, como el parentesco, y los dos, por supuesto, están conectados) un tipo profundo de verdad primordial, de algún modo vinculado a requerimientos funcionales asociados con nuestra fisiología sexual. Aunque diversos, nuestros sistemas de género parecen ser más básicos que nuestras formas de organizar la economía, las creencias religiosas o los tribunales de justicia. Y así, al mismo tiempo que la evidencia de las variaciones del comportamiento sugiere que el género es menos un producto de nuestro cuerpo que de formas sociales y de pensamiento, parece bastante difícil creer que las desigualdades sexuales no estén enraizadas en los dictados de un orden natural. Mínimamente, parecería que ciertos hechos biológicos –el rol de las mujeres en la reproducción y, tal vez, la fuerza masculina– funcionaron de forma innecesaria pero universal para moldear y reproducir la dominación masculina.

Lo doméstico-público como explicación

Una respuesta feminista a los hechos que señalé aquí fue, esencialmente, negar su importancia y afirmar que la evidencia misma que tenemos refleja prejuicios masculinos. Al concentrarse en la vida de las mujeres, las investigadoras empezaron a reinterpretar relatos más convencionales y a enseñarnos a ser sensibles a los valores, metas y capacidades femeninas. Si la autoridad formal no es algo que las mujeres no disfrutan, dicen estas investigadoras, entonces debemos aprender a entender el poder informal de las mujeres; si operan en la esfera *doméstica* o *familiar*, entonces debemos centrar nuestra atención en estos terrenos, en los que las mujeres pueden hacer planteos.[9] El valor de las investigaciones de este tipo es que muestran que, cuando ponderamos a las mujeres en comparación con los hombres, no podemos captar hechos estructurales importantes que pueden hacer surgir el poder femenino. Si bien éste es un punto importante –que retomaré–, ignorar los desequilibrios con el fin de permitir la comprensión de la vida de las mujeres llevó a demasiadas estudiosas a olvidar que, al fin y al cabo, los hombres y las mujeres viven juntos en el mundo y, por lo tanto, nunca entenderemos las vidas de las mujeres si no las relacionamos con las de los hombres. Dejar de lado la asimetría sexual me parece un gesto esencialmente romántico, que nos deja ciegas para ver los tipos de hechos que debemos intentar comprender y modificar.

Un enfoque alternativo,[10] elaborado en una serie de ensayos

[9] Véanse, por ejemplo: Susan Carol Rogers, "Female Forms of Power and the Myth of Male Dominance: A Model of Female/Male Interaction in Peasant Society", en: *American Ethnologist* 2 (1975): 727-756; Yolanda Murphy y Robert Murphy, *Women of the Forest* (Nueva York: Columbia University Press, 1974); y Margery Wolf, *Women and the Family in Rural Taiwan* (Stanford: Stanford University Press, 1972).

[10] Existe una tercera alternativa, situada en algún punto entre los dos extremos aquí citados, en la que se insiste en la variación y se intenta caracterizar los factores que contribuyen en mayor o menor medida a la *dominación masculina* o al *estatus femenino*. Karen Sacks ("Engels Revisited", en: M. Rosaldo y L. Lamphere (eds.), *Woman, Culture and Society* (Stanford: Stanford University Press, 1974); y Peggy Sanday ("Women's Status in the Public Domain", ibid.) proporcionan ejemplos, aunque es interesante notar que, mientras renuncian al universalismo, en realidad, ambas hacen uso de una separación analítica entre lo doméstico y lo público al organizar sus variables. Martin King Whyte, en *The Status of Women in Preindustrial Societies* (Princeton: Princeton University Press, 1978), apunta

escritos por Chodorow, Ortner y yo misma,[11] fue afirmar que ni siquiera los hechos universales pueden ser reducidos a la biología. Nuestros ensayos trataban de mostrar cómo lo que parece un hecho *natural* debe, sin embargo, entenderse en términos sociales como una consecuencia, por así decirlo, de arreglos institucionales innecesarios que podrían ser objeto de luchas políticas y, con esfuerzo, socavados. En pocas palabras, nuestro planteo era que en todas las sociedades humanas parecería que la asimetría sexual corresponde, generalmente, a divisiones institucionales desiguales entre las actividades de la esfera doméstica y la pública; una, creada en torno de la reproducción, los lazos afectivos y familiares, y, muy particularmente, restrictiva para las mujeres; la otra, sustentadora de la colectividad, el orden jurídico y la cooperación social y organizada, básicamente, por hombres. La división público-doméstico tal y como aparecía en cualquier sociedad no era un producto necesario, sino *inteligible*, del ajuste mutuo entre la historia y la biología humanas; aunque las sociedades humanas hayan sido distintas, todas reflejaron en su organización un ajuste característico al hecho de que las mujeres paren a sus criaturas y las amamantan y por esto se ven rápidamente designadas como *madres*, que nutren y cuidan a las criaturas.

(muy convincentemente, creo) que sólo al estudiar la variación comenzaremos a entender cualquiera de los procesos relevantes en la formación o reproducción de desigualdades sexuales. Por lo tanto, la sabiduría metodológica y la política nos exigen desagregar caracterizaciones sucintas sobre el estatus social en sus componentes. Concuerdo con él y, además, me complace ver que su estudio empírico lleva al reconocimiento de que es virtualmente imposible *clasificar* las sociedades según el lugar de las mujeres. Sus conclusiones concuerdan con las mías en el sentido de que le parece más prometedor un enfoque comparativo que busque *configuraciones* estructurales sociales, que un enfoque interesado en evaluaciones breves. Debido a que él puede demostrar que determinadas variables significan cosas distintas en contextos sociales distintos, sus resultados ponen en tela de juicio todos los intentos de hablar, interculturalmente, de los componentes del estatus de las mujeres o de sus causas eternamente presentes.

[11] Nancy Chodorow, "Family Structure and Feminine Personality"; Sherry Ortner, "Is Female to Male as Nature is to Culture?"; y Michelle Rosaldo, "Woman, Culture and Society: A Theoretical Overview", en Rosaldo y Lamphere, ob. cit.

A partir de estas observaciones, decidimos que podíamos buscar las raíces de una desigualdad de género generalizada: dada una división empírica entre las esferas de actividades pública y doméstica, un número de factores interactuaría para acentuar tanto las evaluaciones culturales como el poder social y la autoridad de que disponen los hombres. Primero, parecía que los efectos psicológicos del ser educado o educada por una mujer produciría tendencias emocionales muy diferentes en las personas adultas de sexos diferentes; debido a la naturaleza divergente de vínculos preedípicos con *sus* madres, las niñas crecerían para ser *madres* que cuidan y los niños alcanzarían una identidad que denigra y rechaza los roles de las mujeres.[12] En términos culturales, la división público-doméstico correspondía a la discusión de Ortner sobre valoraciones *naturales versus culturales,*[13] donde factores como la estrecha relación de una mujer con criaturas pequeñas y traviesas tenderían a darle la apariencia de tener menos serenidad y, por lo tanto, menos *cultura* que los hombres. Por último, en términos sociológicos (desde los tiempos de Platón), los puntos de vista que prevalecen en nuestra tradición analítica sobre la valoración de las actividades públicas, que la autoridad implica el reconocimiento del grupo y que la conciencia y la personalidad tienden a desarrollarse más completamente con una actitud de responsibilidad cívica y una orientación hacia la totalidad colectiva –afirman que la capacidad de los hombres para participar en actividades públicas les daría un acceso privilegiado a recursos, personas y símbolos que mantendrían sus afirmaciones de preeminencia y les garantizarían el poder y recompensas desiguales–.

A pesar de sus dificultades, esta interpretación llama a la reflexión. No existen dudas de que en todas las sociedades humanas podemos hallar algún tipo de jerarquía de unidades mutuamente incrustadas. Aunque diferentes en estructura, función y relevan-

[12] Nancy Chodorow, "Being and Doing", en: V. Gornick y B. K. Moran (eds.), *Woman in Sexist Society: Studies in Power and Powerlessness* (Nueva York: Basic Books, 1971); y Nancy Chodorow, "Family Structure and Feminine Personality".

[13] Sherry Ortner, "Is Female to Male as Nature Is to Culture?", ob. cit.

cia social, los *grupos domésticos* que incluyen mujeres y criaturas pequeñas, aspectos de su cuidado, de sus prácticas de comer juntas y la preparación de la comida, siempre pueden identificarse como segmentos de un todo social mayor de suma importancia. Aunque sabemos que los hombres, a menudo, están muy involucrados en la vida doméstica y que las mujeres, a veces, van más allá de ésta, creo que podemos afirmar que las mujeres, a diferencia de los hombres, tienen vidas que ellas construyen en torno a responsabilidades de tipo reconociblemente doméstico.

Por lo tanto, hasta los pueblos aparentemente tan *igualitarios* y orientados hacia la comunidad, como los cazadores-recolectores pigmeos mbuti del sur del África, exigen que las mujeres duerman en cabañas individuales con las criaturas pequeñas.[14] Y las mujeres se esconden con las criaturas en estas cabañas mientras que los hombres disfrutan colectivamente de las bendiciones y el apoyo de su dios del bosque. Las mujeres mbuti tienen un papel en los ritos religiosos de los hombres, pero sólo para observarlos y después interrumpirlos. Como si estuvieran definidas por sus intereses individuales y domésticos, estas mujeres tienen solamente el derecho de apagar el fuego sagrado que une a todos los pigmeos con el dios de los hombres; su poder no les permite encender las hogueras que apaciguan al bosque y dan forma colectiva a los vínculos sociales.

No es difícil encontrar ejemplos como éste y tampoco parecen plantear dificultades reales de interpretación. En algunas sociedades campesinas, los hombres públicos famosos están obligados a defender las exigencias de sus familias de *dar la cara* por *honor,* mientras que las mujeres parecen no tener autoridad fuera de los hogares donde viven. Pero, aunque denigradas en el *mito* público, estas mujeres *en realidad* pueden utilizar los poderes de su *esfera* para adquirir influencia y un control importante.[15] Las mu-

[14] Colin M. Turnbull, *The Forest People* (Nueva York: Simon & Schuster, 1961).

[15] Louise Sweet (ed.), "Appearance and Reality: Status and Roles of Women in Mediterranean Societies", en: *Anthropological Quarterly*, vol. 40 (1967); y Rogers (véase nota 9).

jeres domésticas, en estos grupos campesinos, tienen poderes que la persona que los analiza difícilmente puede minimizar o descartar y, sin embargo, están restringidas a un campo limitado y carecen del reconocimiento cultural asociado con las actividades masculinas en el terreno público.

En resumen, lo público-doméstico como descripción general parece adecuarse a lo que sabemos de los sistemas de acción conectados con el sexo y de las razones culturales para el prestigio masculino, sugiriendo cómo los hechos biológicos *brutos* fueron moldeados por la lógica social en todas partes. La reproducción y la lactancia proporcionaron una base funcional para la definición de la esfera doméstica, y la asimetría sexual se manifiesta como su consecuencia inteligible, aunque innecesaria. Así como en los grupos humanos muy simples las limitaciones que representan el embarazo y el cuidado de las criaturas parecen relacionarse fácilmente con la exclusión de las mujeres de las grandes cacerías –y, por lo tanto, del prestigio que implica traer un producto que requiere ser distribuido fuera de casa–,[16] en términos más generales, las obligaciones y exigencias domésticas parecen ayudarnos a comprender por qué las mujeres de todos lados tienen un acceso limitado a las actividades masculinas prestigiosas. Finalmente, nuestro sentido de jerarquía sexual como un tipo profundo y primario de verdad aparece compatible con una teoría que afirma que los vínculos entre madre y criatura poseen ramificaciones sociales y psicológicas duraderas; los límites sociológicos parecen ser coherentes con las orientaciones psicológicas que surgen de los patrones del cuidado de criaturas dominadas por las mujeres.[17]

Es obvio que encuentro convincentes muchos aspectos de este relato universalista; pero, al mismo tiempo, me molestan algunos aspectos de lo que podrían ser sus consecuencias analíticas. Al

[16] Ernestine Friedl, *Women and Men: An Anthropologist's View* (Nueva York: Holt, Rinehart & Winston, 1975): 21

[17] Nancy Chodorow, *The Reproduction of Mothering* (Berkeley: University of California Press, 1978); y Juliet Mitchell, *Psychoanalysis and Feminism* (Nueva York; Random House, 1974).

investigar cuestiones universales, el esquema público-doméstico es tan revelador como cualquier otra explicación. Es más que razonable pensar que el matrimonio y la reproducción dan forma a la organización de las esferas domésticas y las vinculan a formas institucionales más públicas de maneras particularmente importantes para la forma de vida de las mujeres. Si las mujeres se ocupan de las criaturas y su cuidado se lleva a cabo dentro del hogar, y, por otra parte, si la vida política, por definición, se extiende más allá de ese espacio, entonces lo público-doméstico parece captar el conjunto burdo pero revelador de determinantes del lugar secundario de las mujeres en todas las sociedades humanas.

Pero si esta descripción *tiene sentido* en términos universales, yo diría que cuando nos ocupamos de casos concretos, un modelo basado en la oposición de dos esferas presupone demasiado acerca de cómo funciona realmente el género –cuando, en realidad, debería ayudar a aclarar y a explicar–. Al igual que los *sistemas de parentesco* varían demasiado para ser vistos como meras reflexiones de límites biológicos establecidos (en la antropología se discutió ampliamente si el parentesco debe entenderse como algo construido sobre los hechos biológicamente *dados* de la genealogía humana), la alineación de los sexos parece demasiado similar como para negar una base común universal y, a la vez, demasiado diversa como para verla como causa universal. Las mujeres pigmeas no se ocultan en cabañas debido a las exigencias de la vida doméstica; esta confinación parece ser, más bien, una consecuencia de su falta de poder. Las norteamericanas pueden vivir el cuidado de las criaturas como algo que las encierra en la casa, pero estoy segura de que el cuidado de criaturas *no* es lo que define a muchas familias norteamericanas.[18] Cuando se vincula el género y, en particu-

[18] El tema es complejo. Varios análisis recientes apuntan hacia la manera en que la ideología de la familia moderna norteamericana nos conduce a reflexionar sobre los roles de las mujeres definidos por una asociación necesaria de ciertas funciones (por ejemplo, la crianza, el altruismo, la "solidaridad difusa y durable" –véase David M. Schneider, *American Kinship: A Cultural Account* [Englewood Cliffs, NJ: Prentice-Hall, 1968]–) con ciertas personas (parientes cercanos) y, en particular, con las madres (Sylvia Junko Yanagisako, "Women-centered Kin Networks in Urban Bilateral Kinship", en: *American Ethnologist* 4,

lar, la vida de las mujeres con la existencia de la esfera doméstica, me temo que nos hemos inclinado a pensar que sabemos cual es el *núcleo* compartido por sistemas de género muy diferentes, a pensar en las jerarquías sexuales, básicamente, en términos funcionales y psicológicos, y así disminuir la importancia de consideraciones sociológicas tales como la desigualdad y el poder. Pensamos con demasiada premura en las identidades sexuales como adquisiciones primordiales, unidas a la dinámica del hogar, y olvidamos que los *yos* futuros de las criaturas de hoy incluyen un sentido, no sólo de género, sino de identidad cultural y clase social.

En último término, lo que esto significa es que no aprendemos las diferentes maneras en que el género figura en la organización de los grupos sociales, no sacamos lecciones de las cosas concretas que hacen y piensan los hombres y las mujeres y de sus variaciones socialmente determinadas. Ahora, parece que el lugar de la mujer en la vida social humana no es en ningún sentido directo un producto de las cosas que hace (o, menos aún, una función de lo que es biológicamente), sino del significado que sus actividades adquieren a través de interacciones sociales concretas. Y los significados que las mujeres asignan a las actividades de sus vidas son cosas que sólo podemos comprender a través de un análisis de las relaciones que forjan las mujeres, los contextos sociales que crean (junto con los hombres) y dentro de los cuales ellas están definidas. En todos los grupos humanos, el género debe entenderse en términos políticos y sociales, con referencia no a limitaciones biológicas, sino a formas locales y específicas de

---

núm. 2 [1977]: 207-226). R. Rapp ("Family and Class in Contemporary America: Notes Towards an Understanding of Ideology", en: *Science and Society* 42, núm. 3 [1978]: 278-300) aclara especialmente, sin embargo, que las formas en que esta ideología de *vínculos familiares* se articula en grupos de corresidentes es problemática y varía con la clase social. Además, Diane K. Lewis ("A Response to Inequality: Black Women, Racism, and Sexism", en: *Signs* 3, núm. 2 [1977]: 339-361) ofrece el siguiente planteo convincente: nuestra creencia en la asociación necesaria de las mujeres con las funciones domésticas, a menudo, nos ciega al hecho de que, en nuestra sociedad, la marginación ("domesticación") es más una consecuencia que una causa de la falta de poder.

relaciones sociales y, en particular, de desigualdad social. Así como no tenemos motivo aparente para buscar hechos fisiológicos cuando intentamos comprender mejor las desigualdades familiares en la vida social humana -cosas como liderazgo, prejuicios raciales, prestigio o clase social-, haríamos bien en pensar en el sexo biológico como lo hacemos con la raza biológica, como una excusa, y no una causa del sexismo que observamos.

Dicho de otro modo, ahora creo que el género no es un hecho unitario determinado en todos lados por el mismo tipo de cosas, sino el producto complejo de una variedad de fuerzas sociales. Las objeciones más serias a mi trabajo de 1974 demostraron -con razón, creo- que el *estatus de las mujeres* no es unívoco, sino que está compuesto de muchas cosas, que las estimaciones del lugar de las mujeres parecen no tener correlación entre sí y, además, que pocas parecen estar claramente relacionadas con una *causa* aislable.[19] El fracaso de los intentos de clasificar las sociedades según *el lugar de las mujeres* o para explicar variaciones aparentes en el número de privilegios que las mujeres pueden disfrutar en el resto del mundo (en términos consistentes con información sobre distintas culturas) nos hace pensar que estuvimos persiguiendo una especie de fantasma o, más bien, que la investigadora que pregunta si el estatus de las mujeres aquí o allá debe ser reconocido como alto o bajo está quizá conceptualmente equivocada.

Hablar del estatus de las mujeres es pensar en un mundo social en términos básicamente dicotómicos, en los que *mujer* se opone universalmente a *hombre* de igual manera y en todos los contextos. Por lo tanto, repetidamente contrastamos y recalcamos supuestas diferencias entre mujeres y hombres, en vez de

[19] Estos puntos están elaborados de forma más completa y con referencia a datos empíricos en trabajos recientes de Quinn (véase nota 1) y Whyte (nota 10). Los resultados de Whyte aclaran, en particular, que la dominación masculina por sí misma no es algo que se preste a clasificarse en términos interculturalmente significativos. Que esta conclusión debilite *todos* los argumentos relacionados con el estatus de las mujeres por el hecho de ser problemáticos desde el punto de vista analítico -y que requiera que busquemos patrones en la estructuración social del género (una conclusión muy cercana a la de este artículo)- es, sin embargo, algo que hasta Whyte apenas se advierte.

preguntarnos cómo es que las relaciones de género crean esas diferencias. Al hacer esto, somos víctimas de una tradición conceptual que descubre la *esencia* en las características naturales que nos distinguen de los hombres y que luego declara que el destino actual de las mujeres deriva de lo que *en esencia* son las mujeres, presentando los roles y las reglas sociales como productos, no de la acción y la relación en un mundo verdaderamente humano, sino de individuos egoístas que actúan mecánicamente.

El antecedente victoriano

La noción de que todas las sociedades humanas pueden analizarse en términos de la oposición entre las esferas domésticas y públicas –y que esta oposición encuadra, de alguna manera, en el hecho social de la dominación masculina– no se limita a las investigadoras feministas. En realidad, la encontramos, más o menos explícitamente elaborada, en muchas obras del pensamiento científico social tradicional. Los teóricos sociales de fines del siglo XIX y principios del XX, cuyos artículos conforman las bases de la mayoría del pensamiento social moderno, tendían, sin excepción, a dar por sentado que el lugar de las mujeres estaba en el hogar. Yo diría que la doctrina victoriana de las esferas separadas masculinas y femeninas ocupaba un lugar central en su sociología.[20] Algunos de estos pensadores reconocieron que las

[20] Por supuesto, las oposiciones correlacionadas, masculino-femenino, público-doméstico, no comienzan en la era victoriana: las encontramos, más o menos explícitamente elaboradas, en la filosofía política desde la época de los griegos (Nannerl Keohane, "Female Citizenship: The Monstrous Regiment of Women", un ensayo presentado en la Conferencia para el Estudio del Pensamiento Político, abril de 1979). El énfasis que pongo en la época victoriana proviene, ante todo, de una convicción de que son nuestros antecedentes más relevantes en este tema y, en segundo lugar, de la intuición de que las dicotomías victorianas –en su llamado a la maternidad y a la biología– eran muy diferentes de las que existían con anterioridad. Una vez que una comprende que lo público-doméstico constituye un conjunto de términos ideólogicos y no algo objetivo y necesario, podemos comenzar a explorar las diferencias en las formulaciones que inicialmente pueden parecer *versiones nuevas de lo mismo*.

mujeres modernas sufrían por su asociación con la vida doméstica, pero ninguno cuestionó lo dominante (o la necesidad) de una separación entre la familia y la sociedad. La mayoría nunca se molestó en preguntar por qué existían las dos esferas; más bien, todos dieron por sentado sus diferencias fundamentales en términos sociológicos y morales, y las vincularon con sus opiniones sobre los roles normales de los hombres y las mujeres en las sociedades humanas.

Herbert Spencer, generalmente conocido como el fundador tanto del pensamiento social *funcionalista* como del *evolucionista*, fue quizás el que más claramente menospreciaba los pedidos de libertades políticas y derechos de las feministas, con el argumento de que el lugar *natural* de las mujeres dentro de la casa es un complemento necesario del mundo más competitivo de los hombres. Y, mientras que algunos de sus contemporáneos temían que la entrada de las mujeres en la vida pública despojara a la sociedad de sus reservas de altruismo y amor, Spencer afirmaba que el corazón más blando de las mujeres debilitaría todas las muestras de interés egoísta en el mundo público y, por lo tanto, inhibiría la realización (por la competencia) de nuevas formas de excelencia social y de fuerza.[21] El socialista Friedrich Engels nunca planteó que las mujeres deben quedarse en casa por naturaleza, pero –al igual que Spencer– se inclinaba a pensar que las mu-

[21] Las suposiciones de Herbert Spencer sobre las mujeres están en el volumen 1, *Domestic Institutions*, de su obra en varios volúmenes, *Principles of Sociology* (Nueva York: D. Appleton & Co., 1893); la conexión entre estas simples suposiciones con la biología y el naciente funcionalismo es muy clara. John Haller y Robin Haller (*The Physician and Sexuality in Victorian America* [Urbana: University of Illinois Press, 1974]) ofrecen un análisis bastante devastador de algunas de las implicaciones históricas de la misoginia spenceriana; y, para la relación de las actitudes sexistas con su teoría general, véase también Elizabeth Fee ("The Sexual Politics of Victorian Social Anthropology", en: M. Hartman y L. C. Banner (eds.), *Clio's Consciousness Raised* [Nueva York: Harper & Row, 1974]). Mi propia lectura de Spencer es, quizás, un poco más generosa: entre los evolucionistas victorianos, le prestó una gran atención a la información antropológica disponible y sus suposiciones sexistas aparecen también de forma ligeramente menos ofensiva que en mucha de la obra de sus contemporáneos.

jeres nunca participaban en acciones públicas o en trabajos socialmente productivos y, por lo tanto, que las mujeres en todas partes habían estado básicamente interesadas en las actividades definidas por un rol materno.[22] Asimismo, Georg Simmel y Émile Durkheim, ambos fuertemente conscientes de la opresión femenina en el terreno familiar, describían los sexos en términos que sugerían un análisis basado en esferas complementarias:

> Hasta hoy, la posición sociológica de la mujer individual tuvo ciertos elementos peculiares. Su cualidad más general, el hecho de que era una mujer y como tal realizaba las funciones propias de su sexo, hizo que fuera clasificada con otras mujeres bajo un concepto general. Fue exactamente esta circunstancia la que la excluyó de los procesos de formación de grupos en su sentido estricto, al igual que de la solidaridad real con otras mujeres. Debido a sus funciones peculiares se la relegó a actividades dentro de

[22] Para una lectura crítica muy útil del clásico de Friedrich Engels *The Origins of the Family, Private Property and the State* (en *Karl Marx and Frederick Engels: Selected Works*, vol. 2 [Moscú: Foreign Languages Publishing House, 1962]); véase Sacks, "Engels Revisited", ob. cit. (nota 10); Ann Lane ("Women in Society: A Critique of Frederick Engels", en: B. Carroll (ed.), *Liberating Women's History* [Urbana: University of Illinois Press, 1976]); y Eleanor Leacock, ("Introduction to Frederick Engels", en: *The Origin of the Family, Private Property and the State* [Nueva York: International Publishers Co., 1972]). El interés en el materialismo de Engels y su sentido de la variación hace que sus prejuicios *victorianos* sean trivializados; en cambio, yo diría que su frase tan citada: "Según la concepción materialista, el factor determinante en la historia, en última instancia, es la producción y reproducción de la vida inmediata" (Engels, ob. cit.: 170-171), se encuadra en la tradición individualizadora y dicotómica criticada aquí y, en un sentido muy profundo, es problemática para un entendimiento marxista de la vida de las mujeres. Que la bandera de la reproducción haya sido adoptada por un número de estudiosos y estudiosas neomarxistas y marxistas feministas (por ejemplo, Claude Meillassoux, *Femmes, greniers et capitaux* [París: Françoise Maspéro, Librairie, S.A. 1975]; Renate Bridenthal, "The Dialectics of Production and Reproduction in History", en: *Radical America* 10, núm. 2 (1976): 3-11; y Felicity Edholm, Olivia Harris y Kate Young, "Conceptualizing Women", en: *Critique of Anthropology* 3, núm. 9-10 [1977]: 101-130), sólo subraya las dificultades que enfrentamos al conceptualizar el tipo de temas discutido en este ensayo.

los límites de su casa, confinada a dedicarse a un solo individuo y se le impidió trascender las relaciones de grupo establecidas por el matrimonio, la familia, la vida social y tal vez la caridad y la religión.[23]

los intereses del marido y de la esposa en el matrimonio son [...] obviamente opuestos [...] Esto se origina en el hecho de que los dos sexos no participan de igual manera en la vida social. El hombre está activamente involucrado en ella, mientras que la mujer hace poco más que mirar desde lejos. Por lo tanto, el hombre está mucho más socializado que la mujer.[24]

Y aunque ambos teóricos abogaron por un rol mayor de las mujeres en la vida *social*, ambos también pensaban que las mujeres fueron y seguirían siendo diferenciables de los hombres; parece que su mujer del futuro estaba destinada a dejar su huella no en el mundo masculino de la política, sino -y aquí viene la respuesta predecible ahora- en las artes más femeninas.[25]

Finalmente, la historia social evolucionista que interesaba a las feministas de principios de siglo, como Gilman y Stanton, y a los teóricos sociales más convencionales, tenía también raíces en una oposición entre la esfera materna o doméstica y el mundo más público de los hombres. Aunque muchos de estos pensadores se ocuparon del matriarcado en el pasado, no es que las mujeres mandaran en la vida pública, sino que las primeras formas sociales de la humanidad daban un lugar importante a las mujeres porque la sociedad pública todavía no se había diferenciado de los ámbitos domésticos. Utilizando datos que estaban mal preparados para comprender, estos teóricos imaginaron el pasado como una época de promiscuidad e incesto, en la que los hombres no podían reivindicar a determinadas mujeres como propias y, por lo tanto, disfrutaban de una libertad sexual sin diferencias en

[23] George Simmel, *Conflict and the Web of Group Affiliations* (Nueva York: Macmillan Publishing Co., 1955): 180.

[24] Émile Durkheim, *Suicide* (Glencoe, IL: Free Press, 1951): 384-385.

[25] Íbid., y Lewis A. Coser, "Georg Slimmel's Neglected Contributions to the Sociology of Women", en: *Signs* 2, núm. 4 (1977): 869-876.

un hogar materno. Con imágenes que todavía abundan en ciertas descripciones psicológicas del desarrollo individual, planteaban que la evolución social era consecuencia de los esfuerzos masculinos por competir, afirmar exigencias personales y forjar una esfera pública diferenciada y gobernada por intereses, mientras dejaba a la *madre* en el mundo más *natural*, al que ella pertenecía.

El pensamiento antropológico moderno puso en tela de juicio muchos de estos planteos decimonónicos, a los que apenas les he dado la atención que merecen. Pero los científicos sociales que en la actualidad proclamarían que las culturas anteriores no sabían más del incesto de lo que sabemos en la actualidad, continúan reproduciendo, de formas más sutiles, las imágenes sexistas y las suposiciones que discernimos en los relatos del siglo XIX. La teoría victoriana dividió los sexos en términos dicotómicos y contrastantes, describiendo el hogar y a la mujer no como eran en realidad, sino como debían ser, dada una ideología que oponía ámbitos naturales, morales, privados y, esencialmente, inalterables a los caprichos de una sociedad masculina progresista. Así también, yo sugeriría que cuando los teóricos modernos escriben que la paternidad es una variable y un hecho social, mientras que la maternidad es un hecho relativamente constante e invariable, obligado por la naturaleza,[26] cuando contrastan los roles expresivos con los más instrumentales;[27] o quizá, cuando distinguen el parentesco moral de los vínculos de interés egoísta forjados en la vida económica;[28] o también, cuando describen las diferencias entre los roles sociales y las formas de poder aparentemente formales e informales son los herederos inconscientes del siglo XIX. En verdad, los pensadores contemporáneos reproducen lo que se reconoció como contrastes anacrónicos y términos conceptual-

[26] J. A. Barnes, "Genetrix: Gentor, Nature, Culture?", en: J. Goody (ed.), *The Character of Kinship* (Londres: Cambridge University Press, 1973).

[27] Talcott Parsons, *Social Structure and Personality* (Nueva York: Free Press, 1964); y Morris Zeldtich, "Role Differentiation in the Nuclear Family", en: T. Parsons y R. Bales (eds.), *Family, Socialization and Interaction Process* (Glencoe, IL: Free Press, 1955).

[28] Maurice Bloch, "The Long Term and the Short Term: The Economic and Political Significance of the Morality of Kinship", en J. Goody (ed.), ob. cit.

mente engañosos,[29] por lo menos, en parte, porque todavía creemos que el ser social se deriva de esencias que están fuera de los procesos sociales. La vida en un mundo social que diferencia nuestros vínculos más naturales de los sociales y construidos es interpretada, entonces, en términos de puntos de vista estereotipados de lo que mujeres y hombres son en esencia, puntos de vista que vinculan a las mujeres con la maternidad y la casa en oposición a lo que la antropología llamaría ahora la esfera político-jurídica de la sociedad pública.

Dentro de las ciencias sociales, los albores del siglo veinte vieron un rechazo de las escuelas evolucionistas anteriores y de una búsqueda de universales fundados funcionalmente. Con las investigaciones de Malinowski y Radcliffe-Brown, las familias biológicas llegaron a ser vistas como hechos necesarios y virtualmente presociales, surgidos de nuestras necesidades humanas básicas en lugar de provenir del progreso evolucionista.[30] Pero,

[29] Que las suposiciones parsonianas clásicas sobre las "funciones" instrumentales y expresivas inherentemente diferenciadas (por ejemplo, Parsons, ob. cit.: 59) en interacción pueden ser, en gran medida, el producto de una evaluación ideológica de las actividades adecuadas para *esferas* diferentes (e. implícitamente, de géneros diferentes) es sugerido por Rosaldo en *Women, Culture and Society* (ob. cit., n. 10). Para una crítica útil de la oposición analítica entre lo instrumental y lo expresivo, y, más generalmente, de las suposiciones sobre la diferenciación dentro de la sociología funcionalista, véase Veronica Beechy, "Women and Production: A Critical Analysis of Some Sociological Theories of Women's Work", en: Annette Kuhn y Ann-Marie Wolpe (eds.), *Feminism and Materialism* (Londres: Routledge & Kegan Paul, 1978). La crítica de Judith Irvine, "Formality and Informality in Communicative Events" (*American Anthropologist* 81, núm. 4 [1979]: 773-790), a los conceptos de formalidad e informalidad surge de una perspectiva diferente pero relevante. Lo interesante para nuestro objetivo es que demuestra que los referentes empíricos de la distinción formal-informal son problemáticos, en el mejor de los casos, y además (como en el caso de lo público-doméstico), que el atractivo intuitivo de esta distinción está implantado en la forma en que promete conectar aspectos de *función* social con *estilos* de interacción observados. Esta vinculación funcional se pone en tela de juicio entonces.

[30] Mi caracterización sigue de cerca a Meyer Fortes (*Kinship and the Social Order* [Chicago: Aldine Publishing Co., 1969]), quien señala que para Malinowski, cuya obra *The Family among the Australian Aborigines* (Nueva York:

al definir las necesidades como universales, los antropólogos tuvieron que seguir pensando en el cambio y, para explicar la diversidad y la complejidad de las formas de parentesco sobre las que se tiene información, se vieron en la necesidad de volver a aceptar –aunque dándole menos importancia al género y de forma mucho más sofisticada– la oposición del siglo XIX entre una esfera femenina de la familia y una sociedad inherentemente masculina. La antropología descubrió que el parentesco no es un hecho natural, biológico o genealógico, sino un modelado de supuestos lazos de sangre en términos de normas jurídicas y reglas construidas por las sociedades humanas. Pero, si por un lado reconocieron que el parentesco siempre tiene un sentido público y jurídico, por otro, siguieron insistiendo en que los usos variados y políticos del parentesco para articular los vínculos de linaje, clan o casta, debían distinguirse de una esencia más universal de parentesco con un poco de naturaleza, claro está –especialmente una familia, una genealogía o un grupo materno– como su fuente.[31]

Shocken Books, 1963) era un planteo en apoyo a los universales, un compromiso con "los orígenes familiares de los [...] sistemas de parentesco" (49), era importante y para A. R. Radcliffe-Brown ("The Social Organization of Australian Tribes", en: *Oceania* I [1930]: 34-63, 206-246, 322-341, 426-456), que daba por sentado la existencia de un *núcleo* familiar o genealógico de parentesco, aunque a Radcliffe-Brown le interesaran terrenos jurídicos más variables. Los aborígenes australianos gozaron durante mucho tiempo del estatus cuestionable de *primitivos prototípicos* (son figuras centrales, por ejemplo, en *The Elementary Forms of the Religious Life*, de Durkheim, y en *Totem and Taboo*, de Freud), por lo tanto, el *descubrimiento* de que ellos también tenían *familias* fue crucial para el pensamiento universalista. Fortes está interesado en separarse del genealogismo, pero no por completo: "Veo los aspectos político-jurídicos como complementarios del aspecto familiar de las relaciones de parentesco" (73): en un mundo de dos esferas, la naturaleza y la cultura conservan el mismo estatus analítico, complementario y distinto.

[31] David Schneider ("What Is Kinship All About"?, en: *Kinship Studies in the Morgen Centennial Year*, Priscilla Reining (ed.) [Washington, DC: Anthropological Society of Washington, 1972]) discute la tendencia genealogizante en la mayoría de los enfoques antropológicos del parentesco al relacionarlos con otro aspecto más de nuestra ideología moderna y dicotomizadora, una tendencia a discriminar y ver como necesariamente complementarios los órdenes de la

En su forma contemporánea más articulada, ahora, lo doméstico y lo jurídico/político contrastan en términos de premisas normativas que separan esos terrenos internos definidos por el altruismo prescriptivo que creemos pertenece a la casa, de las esferas exteriores sujetas a una regla externa por contrato, la ley y la fuerza.[32] Y aunque en la actualidad la mayoría de los estudiosos afirmarían que esta división no conlleva suposiciones sobre el sexo, las descripciones que hacen de las esferas opuestas en realidad reflejan puntos de vista estereotipados del siglo XIX sobre la dicotomía sexual necesaria. Por lo tanto, las esferas domésticas no se definen como pertenecientes a las mujeres, ni se considera que las mujeres estén necesariamente limitadas a la casa; pero la mayor parte de la teorización sobre las esferas domésticas supone, en primer lugar, su oposición normativa a terrenos jurídicos (masculinos) y, en segundo lugar, que sus bases están en los vínculos universales e inherentemente altruistas asociados con la díada madre-criatura.[33] Los antropólogos y las antropólogas dis-

---

naturaleza y la ley. El artículo de Sylvia Yanagisako sobre los estudios de familia y parentesco ("Family and Household: The Analysis of Domestic Groups", *Annual Review of Anthropology* 8 [1979]: 161-205) traza la relación entre los supuestos sobre la genealogía y las esferas domésticas. Los problemas específicos a los que nos enfrentamos cuando tratamos de pensar sobre los "hechos" aparentemente universales como el parentesco –particularmente una vez que reconocemos que los términos supuestamente analíticos tienen raíces en la ideología– son discutidos desde puntos de vista diferentes por Andrew Strathern ("Kinship Descent and Locality: Some New Guinea Examples", en Goody [n. 26]) y Steve Barnett y Martin Silverman (*Ideology and Everyday Life* [Ann Arbor: University of Michigan Press, 1979]).

[32] Mi descripción aquí se basa, en gran medida, en "Family and Household: The Analysis of Domestic Groups", de Yanagisako, una discusión crítica de la estructura analítica de Fortes (véase nota 30).

[33] En su introducción a J. Godoy (ed.), *The Developmental Cycle in Domestic Groups* (Londres: Cambridge University Press, 1958): 8, Fortes habla, por ejemplo, de la "célula matricentral", y plantea que "el ámbito doméstico es el sistema de relaciones sociales a través del cual el núcleo reproductivo se integra con el medio ambiente y con la estructura de la sociedad total" (9). Al describir el componente familiar de significado en las relaciones de parentesco –en oposición al político-jurídico–, contrasta "el afecto y la confianza que padres y cria-

tinguieron cuidadosamente la palabra *familia* (un grupo de parientes) del *hogar* (un espacio), y las distinguieron, a su vez, de afirmaciones sobre roles de género con referencia a las funciones domésticas.[34] Pero, en realidad, descubrimos que el significado de lo doméstico es el lugar en el que la parentela comparte un espacio de vida y las madres realizan el abastecimiento diario. De forma complementaria, nadie afirmaría, desde la antropología, que la esfera político-jurídica es siempre, o exclusivamente, de la incumbencia de los hombres, pero las descripciones disponibles sobre las relaciones políticas que organizan, vinculan y dividen grupos domésticos, presuponen que los hombres dan forma a la vida pública (y, a la larga, a la privada) porque tienen intereses egoístas y autoridad pública.

En resumen, nuestra tradición analítica preservó la división del siglo XIX en esferas inherentemente dotadas de género y, al hacerlo, presentó un hecho social supuestamente básico, no en términos morales o relacionales, sino más bien en términos individualistas, en los que la forma de las instituciones sociales se comprende implícitamente como un reflejo de las necesidades, los recursos o la biología individuales. Así, contrastamos la fami-

turas tienen entre sí" con la "autoridad de los padres y la subordinación de las criaturas" (64). Mi propuesta, por supuesto, es que este contraste no surge necesariamente de las relaciones sociales *externas* reales, sino que su *sentido* está situado en una ideología particular y occidental y fuertemente generizada.

[34] Para una discusión muy clara de estas distinciones, véase de Donald R. Bender "A Refinement of the Concept of Household: Families, Co-Residence and Domestic Functions", en: *American Anthropologist* 69, núm. 5 (1967): 493-504; y de Yanagisako, "Family and Household: The Analysis of domestic Groups". El último libro de Lila Leibowitz, *Females, Males, Families* (North Scituate, MA: Duxbury Press, 1978) es un excelente trabajo de documentación de las variaciones en la estructura y función de grupos familiares tanto humanos como de primates y, con ello, desafía cualquier intento de dar una descripción unitaria y funcionalista de los roles de género o de las familias. Desgraciadamente, parece olvidar su propio consejo cuando intenta (sin éxito, creo) ofrecer una definición intercultural de la familia sin supuestos funcionalistas. Además, se diferencia de mi enfoque al tratar de explicar el surgimiento de los grupos familiares en una forma que estereotipa las familias como creaciones de necesidades individuales, que de algún modo *preceden* a la sociedad.

lia con las áreas político-jurídicas, pero no hablamos de *oposición* cuando distinguimos, por ejemplo, la esfera de la ley de la del trabajo, la fe o la escuela, porque vemos esta última como el verdadero producto de la historia y del trabajo humano. En contraste, el hogar *versus* la vida pública parece tener un sentido transhistórico, al menos en parte, porque corresponde a nuestros viejos términos ideológicos que contrastan vínculos interiores y exteriores, de amor y de interés, naturales y construidos y las actividades y los estilos naturales de mujeres y hombres. Como vimos, existen razones para pensar que nuestra aceptación de estos términos dicotómicos tiene sentido; pero, al mismo tiempo, ahora parecería que el entendimiento moldeado por modos oposicionales de pensamiento fue –y, muy probablemente, será– inherentemente problemático para esas personas que, como nosotras, esperamos comprender la vida de las mujeres en el interior de las sociedades humanas.[35]

Una vez conceptualizada la familia como algo distinto del mundo, nos vemos obligadas a pensar que cosas tales como el amor, el altruismo, el género, la organización del parentesco y la textura de la vida familiar no pueden comprenderse adecuadamente con los términos que utilizaríamos para analizar la sociedad como un todo. Así, algunos antropólogos afirmarán que el parentesco debe ser entendido como un fenómeno en sí y de por sí,[36] de la misma manera que muchas feministas proclaman que la sociología no es suficiente para entender los órdenes de sexo/género.[37] Una obser-

[35] Para un pensamiento muy similar, véase Patricia Caplan y Janet M. Burge (eds.), *Women United, Women Divided* (Londres: Tavistock Publications, 1978). Las autoras plantean que el problema con lo público-doméstico como formulación es que no nos ayuda a conceptualizar la naturaleza de la *articulación* entre esferas, y proponen que esta articulación debería ser entendida con referencia a las relaciones de producción. Véase también de Bridget O'Laughlin, "Production and Reproduction: Meillassoux's 'Femmes, greniers and capitaux'", en: *Critique of Anthropology* 2, núm. 8 (1977): 3-32, para una crítica de un conjunto relacionado de oposiciones inherentemente incompatibles con el estudio de las relaciones.

[36] Fortes, ob. cit.: 219-249.

[37] Este tema forma parte de la discusión marxista feminista contemporánea (véase, por ejemplo, Kuhn y Wolpe, ob. cit., nota 29); para un planteo profundo

vación que estos teóricos pasan por alto es que la sociología convencional (inclusive mucho del pensamiento social marxista) no está, hasta el momento, en condiciones de entender la manera en que toda la vida social humana depende de nuestras formas de sentir y creer.[38]

Vale la pena señalar aquí un punto relacionado, y es que –no solamente para la antropología, sino también para la sociología y la historia social– la mayoría de los estudios sobre grupos domésticos tienden a presuponer un núcleo familiar profundamente universal; por lo que al preguntarse cómo y por qué las esferas domésticas se expandieron o se destruyeron, son pocas las personas que indagan los varios *contenidos* de los vínculos familiares o preguntan cómo las relaciones diversas dentro del hogar pueden influir sobre las relaciones fuera de éste. El hecho de que la gente de otros lugares no perciba los grupos domésticos como los grupos familiares cerrados que conocemos, de que la calidez y el altruismo sean rara vez las únicas prerrogativas del pariente corresidente –en resumen, que no podemos decir que sabemos con precisión qué supone ser padre, madre, hermano o hermana, cónyuge o criatura en casos concretos– son cosas muy raramente investigadas porque empezamos pensando que ya sabemos las

---

y revelador de esta posición (un planteo con el que simpatizo, aunque esté en desacuerdo con él), véase Gayle Rubin, "The Traffic in Women", en Reiter (ob. cit., nota 8); también Heidi Hartmann, "Capitalism, Patriarchy, and Job Segregation by Sex", en: *Signs* 1, núm. 3, parte 2 (1975): 137-169.

[38] Mi descripción no es enteramente justa, dado que las preocupaciones por actitudes, la cultura, la conciencia o, en términos marxistas, la reproducción de la ideología, son temas viejos para las ciencias sociales. Sin embargo, una tiene la sensación de que la consternación de las feministas por el fracaso de las ciencias sociales de ocuparse del género en el pasado, alimenta la sensación de que el género, como tema sociológico, es inherentemente distinto de otros aspectos de la organización social con implicaciones para la identidad personal, que exige cierto tipo de descripción no convencional y, por lo general, con sentido psicológico. Mi impresión, en cambio, es que nuestra frustración proviene, en primer lugar, del hecho de que la teoría sociológica no relacionó sistemáticamente el género con otros tipos de desigualdades y, en segundo lugar, de las insuficiencias de una tradición utilitaria que hace enormemente difícil el conceptualizar el significado sociológico de la conciencia humana, de la cultura o del pensamiento.

respuestas. Nuestros estudios de grupos domésticos informan sobre su flujo demográfico y demuestran cómo la autoridad en la vida pública puede moldear cosas tales como la elección de la residencia y los aspectos de la política familiar. Pero el hecho es que las descripciones antropológicas, por lo menos, tienen más que decir sobre la organización de la esfera pública (y, por lo tanto, de los objetivos masculinos) que sobre las variaciones reales en la vida doméstica porque pensamos que el proceso social funciona *de afuera hacia adentro.*[39] El contenido de lo que consideramos el mundo de las mujeres es algo que se conceptualiza, demasiado rápidamente, como conformado ya sea por limitaciones naturales o por el dinamismo asociado con los hombres, sus actividades públicas y su autoridad.

Sin embargo, al citar estos precedentes, mi propósito no es plantear que ahora la gente deba mirar dentro del hogar; esto ya se hizo mucho en sociología. Tampoco creo que, al reconocer los vínculos de las mujeres con la esfera doméstica, haríamos bien en trabajar de adentro hacia afuera al tratar de repensar la naturaleza de la familia o de reconceptualizar la vida de las mujeres. Más bien, sugeriría que la imagen típicamente chata y descolorida de las mujeres que aparece en la mayoría de los relatos convencionales está ligada con las dificultades teóricas que surgen siempre que asumimos que las esferas femeninas o domésticas pueden distinguirse del mundo más amplio de los hombres debido a sus funciones supuestamente *panhumanas*. Y, mientras las feministas estén dispuestas a aceptar este tipo de base virtualmente presocial e invariable para la vida de las mujeres, sus investigaciones sobre los mundos de las mujeres seguirán siendo una mera adición -y no un reto fundamental- a los modos tradicionales de comprender las formas sociales como creación de vidas y las necesidades de los hombres.

[39] Yanagisako documentó este punto en "Family and Household" (ob. cit., nota 31) con un número de ejemplos etnográficos. Una y otra vez encontró que las variaciones en las esferas domésticas no son consideradas verdaderamente interesantes, y tampoco se les da la atención descriptiva o conceptual asociada con terrenos más públicos o jurídicos.

La deficiencia más seria de un modelo basado en las dos esferas opuestas se manifiesta, en resumen, en su alianza con los dualismos del pasado, con las dicotomías que enseñan que las mujeres debemos ser comprendidas no en términos de relaciones –con otras mujeres y con varones– sino de diferencia y separación.[40] *Atadas* por funciones que imaginamos pertenecen a las madres y al hogar, nuestras hermanas están conceptualizadas como seres que actualmente *son* y siempre fueron lo mismo, no personas que actúan, sino meros sujetos de la acción masculina y de la biología femenina. Y las feministas se revelan como las víctimas de este pasado cuando sus descripciones intentan llamar nuestra atención hacia las cosas importantes que hacen las mujeres, al agregar variables relacionadas con los roles domésticos, la maternidad y la vida reproductiva.[41]

El ejemplo de las sociedades simples

La investigación feminista comenzó –según la frase de Marx– poniendo la sociología "sobre su cabeza" y utilizando herramientas relativamente convencionales para forjar nuevos tipos de argumentos. Así como en 1974 planteé la importancia de prestar atención a la esfera doméstica para entender el lugar de las mujeres en la vida social humana, durante la década de 1970 hubo intentos básicamente iguales de *dar vuelta a las mesas* por parte de varias feministas que hacían investigación desde las ciencias so-

[40] June Nash, "The Aztecs and the Ideology of Male Dominance" (en : *Signs* 4, núm. 2 [1978]: 349-362), y June Nash y Eleanor Leacock, "Ideologies of Sex: Archetypes and Stereotypes" (en: *Annals of the New York Academy of Science* 288 [1977]: 618-645) sugirieron que los dualismos como naturaleza-cultura y público-doméstico tienen menos fundamentos en la *realidad* de otras culturas que en nuestra ideología occidental moderna. Desafortunadamente, su crítica se detiene en el nivel de crítica del capitalismo occidental, sin formular una alternativa adecuada tanto para nuestras intuiciones como para el problema de entender el género que enfrentamos.

[41] De nuevo, me parece que ésta es la inclinación de un buen número de investigaciones y trabajos marxistas-feministas. (Véanse las notas 21, 34 y 35.)

ciales. Para algunas, descubrir el mundo de las mujeres[42] o su esfera[43] fue un primer paso analítico. Un énfasis en los roles informales[44] o las formas expresivas silenciadas[45] proporcionó un punto de partida crítico para otras. Uno de los adelantos más importantes en la antropología fue el desafío que presentaron algunas escritoras feministas al relato tradicional que celebraba los primeros pasos evolutivos logrados por el *Hombre Cazador.*[46] Con el fin de aclarar mis argumentos anteriores, quiero comentar brevemente el proceso mediante el cual la *Mujer Recolectora* vino a socavar lo que había sido el orgullo del primer lugar del *Hombre Cazador* y, después, a demostrar que nuestras nuevas recolectoras son, de hecho, las herederas directas de los cazadores, ya que cada una está clasificada dentro de una esfera sexualmente estereotipada que, desde el punto de vista empírico, es problemática, y, desde el punto de vista conceptual, es una instancia más de nuestra tendencia a pensar en los términos individualizantes y biologísticos subyacentes en las dicotomías victorianas.

Resumiendo, en la década de 1960 hubo un florecimiento del interés en tres temas antropológicos relacionados entre sí: la evolución humana, la naturaleza de la vida social de los primates y la organización de sociedades simples (y, por inferencia, ances-

[42] Carroll Smith-Rosenbergt, "The Female World of Love and Ritual: Relations between Women in Nineteenth-Century America", en: *Signs* 1, núm. 1 (1975): 1-30.

[43] Nancy F. Cott, *The Bonds of Womanhood: "Woman's Sphere" in New England, 1780-1835* (New Haven: Yale University Press, 1977).

[44] Susan Rogers, "Female Forms of Power" (ob. cit., nota 9); Susan Rogers, "Woman's Place: A Critical Review of Anthropological Theory", en: *Comparative Studies in Society and History* 20, núm. 1 (1978): 123-162; y L. Chiñas, Beverly, *The Isthmus Zapotecs: Women's Roles in Cultural Context* (Nueva York: Holt, Rinehart & Winston, 1973).

[45] E. Ardener, ob. cit. (nota 2).

[46] Sally Slocum, "Woman the Gatherer: Male Bias in Anthropology", en Reiter (ob. cit., nota 8); Nancy Tanner y Adrienne Zihlman, "Women in Evolution". Part I: "Innovation and Selection in Human Origins", en: *Signs* I, núm. 3, parte 1 (1976): 585-608; y Adrienne Zihlman, "Women in Evolution". Part II: "Subsistence and Social Organization Among Early Hominids", en: *Signs* 4, núm. 1 (1978): 4-20.

trales) de cazadores-recolectores. La investigación, abrumadoramente influida por intereses ecológicos y adaptacionistas, llevó, por un lado, al reconocimiento de que en la mayoría de los grupos cazadores del mundo, las mujeres, de hecho, suplían la mayoría de la comida de la humanidad en su calidad de recolectoras y colectoras de caza pequeña. Pero, al mismo tiempo, los estudiosos alegaron que no fue la recolección, sino la caza mayor, lo que movió a nuestros ancestros primates a saltar el abismo que separa a la humanidad del mundo salvaje y natural. Los cazadores, se alegó, necesitaban el lenguaje –y, por lo tanto, cerebros mayores– para comunicarse y planificar; y al diseñar armas, hicieron adelantos mayores proporcionando al hombre sus primeras aptitudes en el arte y la manufactura de herramientas.[47]

No es de sorprender que la respuesta feminista ante esta interpretación empezara por afirmar que nuestra investigación tradicional había desatendido el papel central de las mujeres. Durante toda la década de 1970, distintos trabajos trazaron una serie compleja de vínculos que relacionaban la decadencia de grupos humanos con caninos grandes y puntiagudos, la aparición de pulgares opuestos, el incremento de habilidades que requerían un cerebro mayor para coordinar el ojo y la mano y, finalmente, el hecho de que las hembras humanas necesitaban una pelvis mayor para acomodar y cargar a sus criaturas de cerebro grande. Estas hembras, según la nueva descripción, adoptaron posturas erectas, lo que a la larga les permitió explotar el medio ambiente de formas nuevas. La interpretación feminista señala también que las criaturas debieron nacer con cerebros relativamente inmaduros todavía y necesitaban prolongados períodos de dependencia y cuidado adulto. Por lo tanto, para las mujeres debió haber sido una especie de necesidad immediata forjar las habilidades sociales y productivas que les permitieran hacerse cargo de su progenie dependiente y de ellas mismas. Además, se piensa que a las mujeres les interesaba encontrar hombres no violentos sino coo-

[47] Por ejemplo, Sherwood I. Washburn y C. S. Lancaster, "The Evolution of Hunting", en: R. Lee e I. DeVore (eds.), *Man the Hunter* (Chicago: Aldine Publishing Co., 1968).

perativos como compañeros, con la esperanza de convencerlos de que les sirvieran de asistentes y proveedores. Así fue como, dice la historia, las mujeres se las arreglaron para crear nuestras habilidades sociales básicas (como el lenguaje) y nuestras primeras herramientas para excavar y hacer cestería; también –por su interés en criaturas pequeñas–, por el proceso de selección, consiguieron crear un Adán que entendiera y ayudara.

Con razón, esta nueva interpretación ganó aceptación. Utilizando tipos de argumentos e información que habían alimentado una descripción tradicional evidentemente deficiente y machista, no sólo tenía coherencia, sino que, además, correspondía con lo que los etnógrafos habían observado en la actuación de las mujeres en los grupos cazadores contemporáneos, en particular, su gran autonomía y amor propio. Las mujeres de los grupos cazadores recolectores no son seres pasivos recluidos en el hogar y dependientes de la voluntad de los hombres que les traen la caza, por el contrario, por lo general parecen disfrutar de una vida tan flexible y relativamente igualitaria como cualquiera otra conocida.

Pero al mismo tiempo que la Mujer Recolectora comenzó a corregir lo que sabemos, me parece que esta descripción corregida no es la más adecuada si lo que buscamos no es, simplemente, una apreciación de la contribución de las mujeres sino una comprensión de cómo organizaban su vida y planteaban exigencias en cualquier sociedad real. Esta descripción insiste, con razón, en que nuestras hermanas recolectoras hicieron cosas importantes; pero no puede explicar por qué los pueblos cazadores nunca celebraban las actividades de las mujeres, que eran tan necesarias para la supervivencia humana. En realidad, si nos remitimos a la evidencia contemporánea por lo que pueda decir sobre el pasado, los pueblos cazadores celebran –en ritos tanto masculinos como colectivos– no la recolección o los partos sino el trascendente rol de los cazadores. El Hombre Cazador se jacta de su presa y las mujeres eligen como amantes a los cazadores hábiles; pero en ningún informe nos dicen que a las mujeres se las celebre por sus habilidades en la recolección ni que se les otorgue un reconocimiento especial por sus éxitos como madres.

Más importante, quizás, es que la Mujer Recolectora, como se la describe ahora, es un ser abrumadoramente biológico cuyos intereses están dictados por su rol reproductivo. Busca un hombre que la deje embarazada y quizás le dé alimentos; pero no tiene motivo para forjar –o resistir– vínculos adultos estables, o crear y utilizar un orden jurídico formado de expectativas, normas y reglas. La Mujer Recolectora aparece como un ser conforme consigo mismo; absorbida en lo que, de hecho, se presenta como quehaceres relativamente domésticos, libera a sus asociados hombres para que emprendan cacerías riesgosas, forjen vínculos más amplios y, por lo tanto, de nuevo le concede el mando al Hombre, permitiéndole hacer el todo social.[48] Que los hombres jóvenes en los grupos de cazadores-recolectores reales se manifiesten mucho más interesados que las mujeres, tanto en casarse como en tener descendencia propia; que esas mujeres no esperan carne de sus maridos e hijos (más bien, durante sus primeros años de matrimonio, probablemente dependen de padres, amantes o hermanos); que los vínculos madre-hijo son frágiles porque las mujeres exhortan a sus hijos a abandonar la esfera natal y a celebrar no la fertilidad sino la sexualidad femenina; que esos hombres en casi todos los grupos de cazadores dirán que *intercambian* hermanas para obtener esposas; y, finalmente, que las mujeres encuentren típicamente su autonomía restringida por las amenazas de violaciones y de violencia masculinas, todos son rasgos sistemáticos y recurrentes de la vida social en los grupos de cazadores-recolectores que no puede entender una descripción centrada ya sea en los roles de los hombres o los de las mujeres (o que empiece con el estudio de las familias sin prestar atención a los vínculos entre los grupos familiares en procesos sociales mas amplios).

No puedo detallar aquí los contornos de un enfoque alternativo, pero me gustaría sugerir brevemente algunas direcciones posibles. En una investigación reciente que Jane Collier y yo llevamos

[48] De forma (penosamente) divertida, este punto de vista aparece explícito en Charlotte Perkins Gilman, *Women and Economics* (Nueva York: Harper & Row, 1968), un texto en el que afirma que las mujeres, alguna vez dominantes, dejaron "la construcción de la sociedad" a los hombres para ganarse su cooperación.

a cabo, nos interesó destacar no solamente las actividades de las mujeres -o de los hombres- separadamente; estamos intentando mostrar las formas en que una división sexual del trabajo, en todos los grupos sociales humanos, está vinculada con formas extremadamente complejas de interdependencia, política y jerarquía.[49] Notamos, en particular, que en la mayoría de los grupos de cazadores-recolectores, las mujeres alimentan a los maridos pero los hombres no alimentan necesariamente a sus esposas, y que los solteros sexualmente maduros pasan sus años de soltería demostrando su potencial como proveedores. Lo que parece ocurrir es que las mujeres atienden el hogar, alimentan a las criaturas y a los adultos relacionados con ellas, tales como sus hermanos, padres o maridos. Esto significa que los hombres comen en los hogares de mujeres que poseen un lazo primario marital con alguna otra persona -y así viven su subordinación al marido de una mujer que no es su propia esposa-, o tienen esposa y fuego propios, por lo que se consideran adultos sociales.

Se crea entonces una jerarquía social que clasifica a los hombres casados por encima de los no casados, lo que hace que los hombres quieran casarse. Y los hombres no se casan ganando los corazones de las doncellas, sino dando caza y trabajo al padre y a la madre, los únicos que pueden persuadir a las jóvenes para que asuman el rol de esposas. Felices de obtener regalos inmediatos tanto de afecto como de caza por parte de amantes a quienes no tienen que alimentar, la mayoría de las mujeres no tienen motivos para buscar un esposo, pues tienen asegurada protección y apoyo de padre, madre y hermanos. Las mujeres pueden usar su atractivo sexual para despreciar, apoyar o alentar las iniciativas de los hombres. Pero, en un mundo en el que los hombres -y no

[49] La investigación a la que me refiero esta explicada en el artículo de M. Rosaldo y Jane Collier, "Sex and Politics in Simple Societies", en: S. Ortner y H. Whitehead (eds.), *Sexual Meanings* (Cambridge: Cambridge University Press, 1981). Además, el reciente manuscrito, inédito, de Jane Collier, "Women's Work. Marriage and Stratification in Three Nineteenth-Century Plains Tribes", proporciona la explicación teórica y descriptiva más completa de la perspectiva aquí defendida (disponible con la autora. Departamento de Antropología, Universidad de Stanford).

las mujeres– tienen buenos motivos para obtener una esposa y exigirle cosas, sólo los hombres son reconocidos y descritos como personas que crean activamente los lazos afines profundos que organizan la sociedad. Así, mientras al hacer el amor los hombres plantean exigencias que sirven para forjar alianzas –o, quizá, provocan conflictos al disputar las exigencias de hombres iguales–, la sexualidad femenina es vista más como una fuerza estimulante (que requiere celebración) o irritante (que requiere un control mediante la violación) que como una fuerza activa para organizar la vida social. De hecho, la razón por la que el Hombre Cazador es celebrado con tanta frecuencia en estos grupos es que los jóvenes pretendientes dan a sus parientes políticos presas de caza con el fin de dramatizar exigencias afines *y* de ganar su apoyo en un intento por asegurar la lealtad y los servicios tan necesarios de una esposa renuente, con toda razón.

Hablar de asimetría sexual en estos grupos no es, por lo tanto, decir que todos "los hombres [...] mandan",[50] o que todas las mujeres, en contraste con los hombres, están dispuestas a ser excluidas del mundo público debido al cuidado que necesitan las familias jóvenes. Las criaturas limitan a las mujeres, no para hablar, sino en la participación en la política placentera del sexo. Y la política sexual, mucho más que el cuidado de las criaturas, parece ser el centro de la vida de la mayoría de estas mujeres. Los servicios que se esperan de las mujeres en el hogar tienen sentido no como extensiones de las tareas maternas sino, más bien, como concomitantes de las jerarquías masculinas; y las mujeres celebran su identidad sexual porque es en términos de las exigencias sexuales que la gente de ambos sexos organiza y desafía sus vínculos sociales duraderos. Al fin de cuentas, la preeminencia disfrutada por los hombres en grupos como éstos parece relacionarse tanto con el significado del matrimonio en las relaciones entre los hombres mismos –relaciones que hacen de las esposas algo que hay que conseguir–, como con la oposición sexual o con una dominación masculina más brutal. Aunque las amenazas de fuer-

[50] Robin Fox, *Kinship and Marriage* (Harmondsworth, Middlesex: Penguin Books, 1967): 31.

za de los hombres pueden detener a las mujeres que podrían estar dispuestas a rebelarse, el hecho es que las mujeres raramente parecen oprimidas, o, en el mejor de los casos, limitadas, por el simple hecho de que no pueden disfrutar del mayor premio de la vida política masculina: el estatus de un cazador que disfruta de una esposa y un hogar propio.

La Mujer Recolectora fue descubierta en un intento por aclarar nuestras descripciones de *cómo empezó todo* y por desafiar las interpretaciones que presuponen un fundamento necesario y natural para la dominación masculina. Pero presenté el esquema de un enfoque alternativo porque me parece que la Mujer Recolectora no nos ayudaba a comprender, en términos sociológicos y etnográficos (como sus hermanas más silenciosas del pasado), cómo es la vida de la mujer en grupos simples de cazadores-recolectores. El problema, en mi opinión, estaba en tratar de comprender las formas de la acción femenina y el rol de la mujer, preguntando "¿qué hacía la mujer primitiva?" y no "¿qué tipos de vínculos y expectativas moldearon su vida?". Suponiendo que los hechos brutos reproductivos o productivos (la comida que consiguen, los niños que paren) definen lo que las mujeres son y significan, este enfoque define de entrada a todas las mujeres como madres. Por lo tanto, como sucede con el esquema público-doméstico y otros sistemas analíticos relacionados, las mujeres son conceptualizadas como seres biológicos, diferenciadas de los hombres, en lugar de ser vistas como compañeras y/o rivales de los hombres en un proceso social constante y limitante.[51]

[51] "Animal Sociology and a Natural Economy of the Body Politic, Parts I and II" de Donna Haraway, en: *Signs* 4, núm. 1 (1978): 21-60, sobre la ideología del pensamiento reciente evolutivo y primatológico demuestra cómo Tanner y Zihlman, en particular, usan supuestos analíticos de la sociobiología para presentar un planteo que no es sociobiológico. Haraway no afirma que este enfoque sea erróneo, pero sí pide cautela. Mi planteo aquí desarrolla lo que entiendo es la intención de Haraway. En particular, planteé, en varias instancias, que un enfoque que supone o postula *esferas opuestas* y/o la importancia *obvia* de la reproducción biológica (y de la maternidad) está profundamente unido a los sesgos asociados con el *individualismo metodológico* en la sociología. Hemos visto que las *dos esferas* tienden a reflejar lo que se toma como necesidades

Mi alternativa es insistir en que la asimetría sexual es un hecho político y social, mucho menos relacionado con recursos y habilidades individuales que con relaciones y exigencias que guían las formas en que la gente actúa y conforma sus conocimientos. Por lo tanto, me parece que, si queremos entender lo que a las mujeres les falta o lo que los hombres disfrutan –y el tipo de consecuencias que esto acarrea–, lo que necesitamos no son descripciones de cómo empezó todo, sino perspectivas teóricas, como la delineada aquí, que analicen las relaciones de las mujeres y los hombres como aspectos de un contexto social más amplio. Si los hombres, al concertar matrimonios, parecen ser actores que crean el mundo social, nuestra tarea no es ni decir que éste es un hecho adecuado desde el punto de vista sociológico, ni intentar negarlo acentuando las actividades femeninas. Lo que debemos hacer es empezar a analizar los procesos sociales que dan sentido a estas circunstancias, preguntar cómo sucede –en un mundo en el que las personas de ambos sexos toman decisiones importantes– que los hombres lleguen a ser vistos como los creadores del bien colectivo y la fuerza principal en la política local. Finalmente, yo diría que si éstas son las preguntas que guían nuestra investigación, descubriremos respuestas no en los límites biológicos ni en una morfología de esferas funcionalmente diferenciadas, sino más bien en hechos sociales específicos –formas de relación y de pensamiento– relacionados con la desigualdad y la jerarquía.

Conclusión

Empecé este artículo con el comentario de que había llegado el momento de hacer una pausa y reflexionar de forma crítica sobre

---

y capacidades individuales (biológicamente dadas); por lo tanto, sólo un análisis en términos de dos esferas tiene sentido, suponiendo que la sociedad *es* el producto simple de los individuos que la componen. La sociobiología hace esta suposición. Mi objetivo fue poner esa suposición en tela de juicio al recalcar que sólo entendiendo las relaciones sociales veremos el significado de las capacidades y limitaciones individuales en cualquier instancia.

los tipos de preguntas que la investigación feminista planteó a la antropología. En vez de criticar las descripciones abiertamente inexactas de textos como *Women's Evolution* o *The First Sex*, expliqué que nuestro problema más serio está no en una búsqueda inútil de los matriarcados en el pasado, sino en nuestra propia tendencia a formular preguntas primero en términos universalizantes y a buscar verdades y orígenes universales.

Creo que la asimetría sexual puede descubrirse en todos los grupos sociales humanos, al igual que los sistemas de parentesco, los matrimonios y las madres. Pero preguntar "por qué" o "cómo empezó" parece llevar, inevitablemente, nuestros pensamientos de una descripción de la importancia del género en la organización de todas las formas institucionales humanas (y, recíprocamente, de la importancia de todos los hechos sociales para el género) hacia suposiciones dicotómicas que vinculan los roles de los hombres y las mujeres con las cosas distintas que hacen como individuos –cosas que, para las mujeres, en particular, son explicadas con demasiada premura por los hechos, aparentemente primordiales e invariables, de la fisiología sexual–.[52] Mi planteo anterior de la asimetría sexual en términos de la inevitable clasificación de la oposición de la esfera doméstica y la pública no es, pues, algo que esté dispuesta a rechazar por erróneo. Pero propongo que las razones por las que esa descripción tenía sentido

[52] Mi alegato contra el biologismo funciona en dos niveles. Tanto las mujeres como los hombres tienen cuerpos, por supuesto, y, en algún sentido, nuestra naturaleza biológica limita lo que podemos ser (no podemos vivir bajo el agua o volar en el cielo). En un sentido más profundo, yo no cuestionaría que existen *interacciones* importantes entre cosas como las hormonas y las disposiciones del comportamiento, como la agresión. Lo que sí critico, en primer lugar, en términos teóricos, es una tendencia a pensar que las relaciones sociales *reflejan* y, a la larga, están *construidas sobre* cosas que se supone son dadas por la biología (una tendencia asociada con el individualismo metodológico [véase nota 48]). Y, en segundo lugar, estratégicamente, me molesta que cuando intentamos encontrar una primera base biológica tendemos a pensar que la vida de las mujeres está moldeada por *límites* biológicos, mientras que las características *congénitas* que con más frecuencia se asocian con los varones –como la agresión– tendemos a verlas como una fuente de libertad y una base para la creación de vínculos sociales constructivos.

deben buscarse en las categorías, sesgos y limitaciones de una sociología tradicionalmente individualista y con enfoque masculino, y no en el detalle empírico. De hecho, actualmente afirmaría que nuestro deseo de pensar en las mujeres en términos de una supuesta *primera causa* está, en sí, basado en nuestra incapacidad de comprender adecuadamente que las personas que crean los vínculos y las relaciones sociales son, ellas también, creaciones sociales. Como tendemos a pensar en las formas sociales humanas como un reflejo de las personas que les dan vida, entonces encontramos motivos para temer que los roles sociales de las mujeres, tal como se observan actualmente, estén basados en lo que algunos podrían afirmar que somos todas las mujeres: no actores humanos –adultas sociales– sino madres reproductoras. Casi al mismo tiempo, las suposiciones tradicionales que moldean una forma de pensamiento que ve en todos los agrupamientos domésticos un núcleo invariable, altruista y protector –en oposición a los vínculos más contingentes que contribuyen a crear órdenes sociales más amplios– nos conducen repetidamente a restablecer las cosas que tememos al caracterizar los roles de las mujeres en particular como algo distinto del producto de la acción humana, en sociedades históricas concretas.

Sin negar que los hechos biológicos como la reproducción dejan su huella en la vida de las mujeres, insistiría en que los hechos de este tipo no explican ni tampoco nos ayudan a describir las jerarquías sexuales en relación con la vida pública o doméstica. Afirmar que la familia moldea a las mujeres es, a la larga, olvidar que las familias mismas son cosas que los hombres y las mujeres crean activamente y que éstas varían con las particularidades del contexto social. Y, así como las familias (en términos sociales y culturales) son mucho más variadas (y menos generalizables) de lo que cree la mayoría de los estudiosos, también las desigualdades de género difícilmente son universales en sus implicaciones o sus contenidos. Los roles que desempeñan los sexos contribuyen a todas las demás desigualdades en su mundo social y están, a su vez, moldeados por éstas, trátese de la división entre un esposo cazador y un joven soltero dependiente o de la relación del capitalista con sus obreros en nuestra propia sociedad. En cada caso, las formas que toma el género –y, por lo tanto, las posibilidades e implicaciones de una política sexual– son cosas que deben interpretarse en términos políticos y sociales, que hablan, inicialmente, de las relaciones y de las oportunidades de que pueden disfrutar los hombres y las mujeres, para luego comprender cómo pueden llegar a oponerse en términos de intereses, imágenes o estilos.

No puedo agregar nada a la numerosa bibliografía que ya existe sobre el lugar que ocupan las mujeres en nuestra forma social contemporánea. Para mi planteo parecería, sin embargo, necesario señalar que una de las formas en que el género está vinculado con la vida social capitalista moderna es que una cualidad vital que creemos que las mujeres no tenemos –la agresión– surge abrumadoramente en descripciones populares sobre por qué algunos hombres fracasan y otros tienen éxito. Ni se me ocurre que las hormonas contribuyan al éxito de los hombres de negocios o al fracaso de los pobres, ni que nos ayuden a entender el hecho social de la subordinación femenina. Pero yo sugeriría que, en nuestra sociedad, hablar de los instintos naturales de agresividad y autoafirmación es una manera en que el sexismo y otras formas de desigualdad social están entrelazadas. No es por casualidad, por ejemplo, que el autor de *The Inevitability of Patriarchy* ofrezca datos sobre las hormonas con el fin de declarar que las mujeres, al carecer de agresividad, están destinadas a no tener nunca éxito.

La lectura de obras etnográficas sobre los grupos cazadores contemporáneos no nos llevan a afirmar que los instintos competitivos capitalistas están estrechamente ligados con las cualidades y habilidades bastante distintas que hacen que un marido/cazador tenga éxito. Pero, después de reconocer que las desigualdades políticas y económicas, aunque universales, son inteligibles solamente en sus formas locales específicas, ahora debemos entender hasta qué punto eso es verdad para las desigualdades que naturalizamos al hablar de sexo. Las preguntas sobre los orígenes pueden encontrar sus respuestas en un relato basado en oposiciones funcionales entre esferas. Pero tanto la pregunta como la respuesta nos enseñan a ubicar el *problema* de las mujeres en un lugar aparte y así dejar a los hombres felices en su coto tradicional, disfrutando del poder y creando reglas sociales, mientras que, por supuesto, ignoran a las mujeres. Al actuar de esta manera, no logran ayudarnos a comprender cómo los hombres y las mujeres participan en las formas institucionales que pueden oprimir, liberar, unir o dividir a unos y a otras, y contribuyen a reproducirlas.

Aquello que los científicos sociales tradicionales no lograron comprender no es que las asimetrías sexuales existen, sino que son tan completamente sociales como el rol del cazador o del capitalista, y que figuran en los hechos mismos, como el racismo y las clases sociales, que la ciencia social afirma comprender. La tarea crucial para las académicas feministas no está en el objetivo relativamente limitado de documentar el sexismo prevaleciente como un hecho social –o en mostrar cómo podemos esperar cambiar o cómo fuimos capaces de sobrevivir–. Más bien, parece que tenemos el reto de sacar a luz nuevas formas de vincular las particularidades de las vidas, actividades y metas de las mujeres con las desigualdades dondequiera que existan.

Repensando el cine de mujeres: teoría estética y teoría feminista*

Teresa de Lauretis

Cuando Silvia Bovenschen, en 1976, hizo la pregunta "¿existe una estética femenina?", la única respuesta que pudo dar fue sí y no: "Claro que la hay, si una se refiere al hecho de tener conciencia de lo estético y a modos de percepción sensorial. Claro que no, si una habla de una variante insólita en la producción artística o de una teoría del arte construida concienzudamente".[1] Si esta contradicción resulta sabida para cualquier persona que conozca vagamente el desarrollo del pensamiento feminista a lo largo de los últimos quince años, es porque hay en ella un eco de la contradicción específica y básica del propio movimiento feminista: una presión doble, un tironeo simultáneo en direcciones opuestas;

* Estoy muy agradecida a Cheryl Kader porque compartió generosamente conmigo sus conocimientos y sus ideas desde el momento en que empecé a escribir este ensayo; y a Mary Russo por sus valiosas sugerencias críticas. Este texto fue escrito, inicialmente, como contribución al catálogo de *Kunst mit Eigen-Sinn* (editado por Silvia Eiblmayr, Valie Export y Monika Prischl-Meier [Viena y Munich: Locker, 1985]), una muestra internacional de arte contemporáneo de mujeres que se llevó a cabo en el Museum des 20 Yahrhunderts en Viena, 1985. Publicado por primera vez en su versión actual ampliada con el título "Aesthetic and Feminist Theory: Rethinking Women's Cinema", en *New German Critique*, núm. 34 (invierno de 1985), fue reimpreso en *Technologies of Gender* con cambios mínimos de formato y estilo editorial. Título original en inglés: "Rethinking Women's Cinema: Aesthetics and Feminist Theory", en: *Technologies of Gender* (Bloomington: Indiana University Press, 1987). Traducción de Marysa Navarro.

[1] Silvia Bovenschen, "Is there a Feminine Aesthetic?", en: *New German Critique*, núm. 10 (invierno de 1977), traducción de Beth Weckmueller; originalmente publicado en *Aesthetik und Kommunikation*, núm. 25 (septiembre de 1976).

por un lado, una tensión hacia lo positivo de lo político o hacia los movimientos de acción positiva para las mujeres como sujetos sociales, y, por otro, hacia la negatividad inherente en la crítica radical de la cultura patriarcal y burguesa. Es también la contradicción de las mujeres en el lenguaje, cuando intentamos hablar como sujetos de discursos que nos niegan o nos cosifican a través de sus representaciones. Como dice Bovenschen, "estamos en un aprieto tremendo. ¿Cómo hablamos?, ¿en qué categorías pensamos? ¿Será que hasta la lógica es una pequeña trampa viril? [...] ¿Están nuestros deseos y nociones de felicidad tan profundamente alejados de las tradiciones y modelos culturales"? (119).

Por lo tanto, no es sorprendente que la misma contradicción apareciera en el debate sobre el cine de mujeres, su política y su lenguaje tal y como estaba articulado en la teoría cinematográfica angloamericana a principio de la década de 1970 en relación con la política y el movimiento feminista, por un lado, y con las prácticas artísticas de vanguardia y el cine de mujeres por el otro. Allí también, los relatos de la cultura cinematográfica feminista producidos desde mediados hasta finales de la década de 1970 tendían a subrayar una dicotomía entre dos preocupaciones del movimiento feminista y dos tipos de trabajo cinematográfico que parecían estar enfrentados: uno pedía datos inmediatos para el activismo político, los grupos de concientización, autoexpresión o la búsqueda de *imágenes positivas* de la mujer; el otro insistía en un trabajo riguroso y formal sobre el medio –o, mejor dicho, sobre el aparato cinematográfico entendido como tecnología social– para analizar y liberar los códigos ideológicos incrustados en la representación.

Por lo tanto, cuando Bovenschen lamenta la "oposición entre las reivindicaciones feministas y la producción artística" (131), el tira y afloja en que las artistas se vieron atrapadas entre los pedidos del movimiento, que exigía que el arte de las mujeres mostrara la actividad de las mujeres, documentara manifestaciones, etc., y la exigencia formal de "la actividad artística y de su trabajo concreto con materiales y los medios", Laura Mulvey también señala dos momentos sucesivos en la cultura cinematográfica feminista. Primero, hubo un período signado por el esfuerzo por cambiar *el con-*

tenido de la representación cinematográfica (de presentar imágenes realistas de mujeres para registrarlas hablando de sus experiencias en la vida real), un período "caracterizado por una mezcla de toma de conciencia y de propaganda".[2] Le siguió un segundo momento en el que la preocupación por el lenguaje de la representación en sí fue lo predominante, y la "fascinación con el proceso cinematográfico" llevó a directoras y críticas al "uso de los principios estéticos, al interés en ellos y a los términos de referencia creados por la tradición de vanguardia". (7)

En este segundo período, el interés tanto del cine de vanguardia como del feminismo en la política de las imágenes o en la dimensión política de la expresión estética, hizo que se dirigieran hacia los debates teóricos sobre el lenguaje y la imagen que había fuera del cine, en la semiótica, el psicoanálisis, la teoría crítica y la teoría de la ideología. Así, se planteaba que, para contrarrestar la estética del realismo, totalmente comprometida tanto con la ideología burguesa como con el cine de Hollywood, las creadoras de cine feminista o de vanguardia debían tomar partido contra el *ilusionismo* narrativo y a favor del formalismo. Se suponía que "al colocar en primer plano el proceso en sí, privilegiando el significante, la unidad estética queda forzosamente dislocada y fija la atención del espectador o de la espectadora en los medios de producción de significado". (7)

Si bien Bovenschen y Mulvey no abandonaron ni el compromiso político con el movimiento ni la necesidad de otras representaciones de la mujer, la manera en que formularon el problema de la expresión (una "estética femenina", un "nuevo lenguaje del deseo") estaba encuadrada en nociones artísticas tradicionales, específicamente, las propuestas por la estética modernista. La idea de Bovenschen de que lo que se expresa en la decoración de la casa y el cuerpo, en cartas u otras formas privadas de escritura son, en realidad, las necesidades e impulsos estéticos de las muje-

[2] Laura Mulvey, "Feminism, Film and the Avant-Garde", en: *Framework*, núm. 10 (primavera de 1979): 6. Véase también Christine Gledhill, "Recent Developments in Feminist Film Criticism", en: *Quarterly Review of Film Studies* 3, núm. 4 (1978).

res, es fundamental. Pero la importancia de ese descubrimiento se ve disminuida por las palabras que la definen: "los ámbitos *pre*-estéticos". Luego de citar un pasaje de *The Bell Jar* de Silvia Plath, Bovenschen comenta:

> Aquí se presenta la ambivalencia una vez más: por un lado, vemos la actividad estética deformada, atrofiada, pero, por el otro, encontramos impulsos creativos sociales, hasta dentro de este campo reducido que, sin embargo, no tienen ninguna posibilidad de desarrollo estético, ni oportunidad de crecimiento [...] [Estas actividades] quedaron ligadas a la vida diaria, débiles intentos de convertir esta esfera en algo estéticamente más placentero. Pero el precio de esto fue la estrechez mental. El objeto no podría jamás abandonar el ámbito en el cual había visto la luz por primera vez, quedaba ligado a su entorno, no podría jamás separarse e iniciar una comunicación (132-133).

Así como Plath se lamenta de que la hermosa alfombra hecha a mano por Mrs. Willard no esté colgada en la pared sino que es usada con el propósito para el que había sido confeccionada y, por lo tanto, está perdiendo rápidamente su belleza, Bovenschen haría que *el objeto* de creación artística abandonase su contexto distinto de producción y su valor de uso para introducirse en el *ámbito estético* y, de esta manera, *iniciar la comunicación*; es decir, entrar al museo, a la galería de arte, al mercado. En otras palabras, el arte se disfruta públicamente y no en forma privada, tiene un valor de cambio más que un valor de uso, y ese valor le es conferido por cánones estéticos socialmente establecidos.

También Mulvey, al proponer la destrucción de la narrativa y del placer visual como máximo objetivo del cine de mujeres, saluda una tradición establecida, aunque de izquierda: la histórica tradición de vanguardia que se remonta a Eisenstein y a Vertov (si no a Méliès) y, a través de Brecht, llega a su máxima influencia con Godard y, del otro lado del Atlántico, la tradición norteamericana de cine de vanguardia.

> El primer golpe contra la acumulación monolítica de convenciones del cine tradicional (ya adoptadas por los cineastas radicales)

> es liberar la mirada de la cámara para que se materialice en el tiempo y en el espacio y la mirada de la sala en un distanciamiento dialéctico y apasionado.[3]

Pero, por mucho que Mulvey y otras cineastas de vanguardia insistieran en que el cine de mujeres debería evitar una política de las emociones y buscar problematizar la identificación de la espectadora con la imagen de la mujer en la pantalla, tanto la respuesta a sus trabajos teóricos como la recepción de sus películas (codirigidas por Peter Wollen) no mostraban un consenso. Las críticas feministas, las espectadoras y las cineastas siguieron con sus dudas. Así, por ejemplo, Ruby Rich escribía:

> Según Mulvey, la mujer es invisible en el público que se percibe como masculino; según Johnston, la mujer no es visible en la pantalla... ¿Cómo se formula una comprensión de una estructura que insiste en nuestra ausencia aun cuando nuestra presencia es evidente? ¿Con qué se identifica una espectadora en una película? ¿Cómo pueden usarse las contradicciones? ¿Y cómo ejercen su influencia todos estos factores sobre lo que una hace como cineasta, o sea, más específicamente, lo que una hace como cineasta feminista?[4]

Las preguntas sobre identificación, autodefinición, los modos o la misma posibilidad de verse una misma como sujeto –algo que los artistas y teóricos de vanguardia también vienen planteando durante casi cien años, al mismo o tiempo que intentan subvertir las representaciones dominantes o desafiar su hegemonía– son temas fundamentales para el feminismo. Si la identificación "no es simplemente un mecanismo psíquico entre otros, sino la operación por la cual se constituye el sujeto humano", como la definen LaPlanche y Pontalis, entonces será tanto más importante desde el punto de vista teórico y político para las mujeres que nunca nos habíamos representado como sujetos y cuyas imágenes y

[3] Laura Mulvey, "Visual Pleasure and Narrative Cinema", en: *Screen* 16, núm. 3 (otoño de 1975): 18.

[4] B. Ruby Rich, "Women and Film: A discussion of Feminist Aesthetics", en: *New German Critique* núm. 13 (invierno de 1978): 98.

subjetividades -hasta hace muy poco- no fueron nuestras para moldearlas, retratarlas o crearlas.[5]

Existen razones de peso para cuestionar el paradigma teórico de una dialéctica sujeto-objeto, ya sea hegeliana o lacaniana, que subtiende tanto el discurso estético como el científico de la cultura occidental; porque lo que ese paradigma contiene, las bases sobre las cuales descansan esos discursos, constituyen la premisa no admitida de la diferencia sexual: el sujeto humano, el Hombre, es el varón. Como en la distinción originaria del mito clásico que nos llega a través de la tradición platónica, la creación humana y todo lo que es humano -la mente, el espíritu, la historia, el lenguaje, el arte o la capacidad simbólica- se definen en contraposición al caos informe, *phusis* o naturaleza a algo que es femenino, matriz y materia; y sobre la base de esta oposición binaria primaria se modelan todas las otras.

Como lo explica Lea Melandri:

> El idealismo, las oposiciones entre mente y cuerpo, entre racionalidad y materia, se originan en un doble encubrimiento: el del cuerpo de la mujer y el de la fuerza de trabajo. Sin embargo, cronológicamente, antes de que los productos y la fuerza de trabajo que los produjeron, la materia que fue negada en lo concreto y en lo particular, en su *forma plural relativa*, es el cuerpo de la mujer. La mujer entra en la historia habiendo ya perdido su condición concreta y singular: es la maquinaria económica que reproduce a la especie humana y es la Madre con mayúscula, un equivalente con más valor universal que el dinero, la medida más abstracta inventada por la ideología patriarcal.[6]

El hecho de que esta proposición resulte verdadera cuando se aplica a la estética del modernismo o a las líneas principales del

[5] J. LaPlanche y J. B. Pontalis, *The Language of Psychoanalysis* (New York: W. W. Norton, 1973): 206 (trad. de D. Nicholson-Smith).

[6] Lea Melandri, *L'infamia originaria* (Milán: Edizioni L'Erba Voglio, 1977): 27 (traducción de la autora). Para una discusión más compleja de las teorías semióticas de cine y narrativa, véase Teresa de Lauretis, *Alice Doesn't: Feminism, Semiotics, Cinema* (Bloomington: Indiana University Press, 1984).

cine de vanguardia, desde los filmes visionarios a los estructuralistas materialistas, a las películas de Stan Brakhage, Michael Snow o Jean-Luc Godard, pero no lo sea para las de Ivonne Rainer, Valie Export, Chantal Akerman o Marguerite Duras, por ejemplo; que sea válida para los filmes de Fassbinder pero no para los de Ottinger, los de Pasolini y Bertolucci pero no los de Cavani y así sucesivamente, me indican que ya es hora de cambiar los términos de esta proposición.

Preguntarles a las películas de estas mujeres "¿qué señales formales, estilísticas o temáticas apuntan a una presencia femenina detrás de la cámara?" y, a partir de allí, al generalizar y universalizar decir "ésta es la mirada y éste es el sonido del cine de mujeres, éste es su lenguaje", significa, finalmente, condescender y aceptar una cierta definición de lo que es el arte, el cine y la cultura, y con lo cual se demuestra complacientemente cómo las mujeres pueden *contribuir* y de hecho *contribuyen* y *pagan su tributo* a la *sociedad*. Dicho de otro modo, preguntar si existe una estética femenina o una estética de mujeres o un lenguaje específico del cine de mujeres, significa permanecer encerradas en la casa del amo, para que, como lo advierte la sugestiva metáfora de Audre Lorde, podamos legitimar las agendas ocultas de una cultura que debemos cambiar. Los cambios cosméticos, nos señala, no resultarán suficientes para la mayoría de las mujeres -las mujeres de color, tanto las negras como las blancas; o, en sus propias palabras, "la asimilación a una única historia femenina europea occidental no es aceptable"-.[7]

Es hora de que escuchemos. Lo que no quiere decir que dejemos de lado el análisis riguroso y la experimentación de los procesos formales de producción de significado, incluyendo la producción de narrativa, placer visual y las posiciones del sujeto, sino que ahora la teoría feminista tendría que ocuparse, precisa-

[7] Véase, de Audre Lorde, "The Master's Tools Will Never Dismantle the Master's House" y "An Open Letter to Mary Daly", en: Chérrie Moraga y Gloria Anzaldúa (eds.), *This Bridge Called My Back: Writings by Radical Women of Color* (Nueva York: Kitchen Table Press, 1983) (hay traducción al español). Ambos ensayos fueron reeditados en *Sister Outsider: Essays and Speeches*, de Audre Lorde (Trumansburg, NY: Crossing Press, 1984).

mente, de redefinir los conocimientos estéticos y formales, de la misma manera que el cine de mujeres se ocupó de la transformación de la mirada.

Tomemos *Jeanne Dielman* de Akerman (1975), una película sobre la rutina de una madura ama de casa belga de clase media, una película donde lo preestético ya es completamente estético. Esto no se debe, sin embargo, a la belleza de sus imágenes, la composición equilibrada de sus cuadros, la ausencia de contraplanos, o la muy cuidada edición de sus fotogramas en un espacio narrativo continuo, lógico y obsesivo; se debe a que son las acciones de una mujer, de su cuerpo y de su mirada las que definen el campo de nuestra visión, la temporalidad y los ritmos de percepción, el horizonte de significado abierto a la espectadora. De manera tal que el suspenso narrativo no se basa en la expectativa de un *hecho significativo*, de un hecho social de importancia trascendental (que, en realidad, acontece inesperadamente y una tiene la sensación, casi accidentalmente, hacia al final de la película), sino en los pequeños errores en la rutina de Jeanne, pequeños olvidos, vacilaciones entre gestos reales como pelar patatas, lavar platos o hacer un café y luego no tomarlo. Lo que la película construye –desde un punto de vista formal y con sentido estético– es un retrato de la experiencia femenina, de duración, percepción, hechos, relaciones y silencios que sentimos immediata e incuestionablemente como verdaderos. En este sentido, lo *preestético* es estético más que estetizado, como lo es también en películas tales como *Dos o tres cosas que sé de ella,* de Godard, *Repulsión,* de Polanski, o *El eclipse* de Antonioni. Dicho en otras palabras, la película de Akerman se dirige a la espectadora mujer.

El esfuerzo de la cineasta por traducir una presencia en la sensación de un gesto, por transmitir una experiencia que es subjetiva aunque codificada socialmente (y, por lo tanto, reconocible) y hacerlo formalmente utilizando su conocimiento conceptual –podríamos decir, teórico– de cine, está expresado en una entrevista con Chantal Akerman sobre la filmación de *Jeanne Dielman:*

> Pienso que es una película feminista porque le doy lugar a cosas que nunca o casi nunca se mostraron de ese modo, como los ges-

> tos cotidianos de una mujer. En la jerarquía de imágenes fílmicas, son las más bajas [...] Pero, más que por el contenido, es por el estilo. Si una decide mostrar los gestos de una mujer con tanta precisión es porque una quiere a las mujeres. De alguna manera, reconocemos esos gestos que siempre fueron negados e ignorados. Creo que el verdadero problema con el cine de mujeres nada tiene que ver con el contenido. Es que muy pocas mujeres tienen la seguridad necesaria para dejarse guiar por sus sentimientos. El contenido es la cosa más simple y obvia. Lo encaran y se olvidan de buscar las maneras formales de expresar lo que son, lo que quieren, sus ritmos, su manera singular de ver las cosas. Muchas mujeres sienten un desprecio inconsciente por sus sentimientos. No creo que sea mi caso. Tengo suficiente seguridad en mí misma. Ésa es, pues, la otra razón por la que creo que es una película feminista -no sólo por lo que dice, sino también por *lo que* muestra y *cómo* lo muestra-.[8]

Esta poética lúcida tiene eco en mi respuesta como espectadora y me explica por qué reconozco en esas imágenes cinematográficas poco vistas, en esos movimientos, en esos silencios, en esas miradas, las formas de una experiencia, casi no representada, nunca vista en el cine, aunque lúcida e inconfundiblemente presentada aquí. Por lo tanto, lo dicho no puede ser desechado con lugares comunes, como la intención del autor o la falacia intencional. Como lo señala otra crítica espectadora, hay "dos lógicas" en el filme, "dos manifestaciones de lo femenino": el personaje y la directora, la imagen y la cámara, permanecen como posiciones diferentes, que sin embargo interactúan y son interdependientes. Llámense feminidad y feminismo; la una se hace representable por el trabajo crítico de la otra; una se mantiene a distancia, estructurada, "enmarcada"; sin embargo, la otra la "respeta", "la quiere" y le da "lugar".[9] Las dos "lógicas" permanecen separadas:

[8] "Chantal Akerman on Jeanne Dielman", en: *Camera Obscura*, núm. 2 (1977): 118-119.

[9] En la misma entrevista, Akerman dijo: "No tuve ninguna duda sobre ninguna de las tomas. Sabía muy bien dónde poner la cámara, cuándo y por qué [...] La *dejé* [al personaje] vivir su vida en medio de la toma. No me acerqué demasiado, pero tampoco me mantuve *muy* lejos. La dejé estar en su espacio.

> El punto de vista de la cámara no puede ser interpretado como la mirada de cualquier personaje. Su interés va más allá de la ficción. La cámara aparece en su regularidad y capacidad de predicción con la misma precisión de Jeanne. Sin embargo, la cámara continúa con su lógica del principio al fin; el orden de Jeanne se interrumpe y, con el asesinato, el texto llega a su final lógico, ya que Jeanne se detiene completamente. Si bien Jeanne ha destruido simbólicamente el falo, su orden permanece visible a su alrededor.[10]

Por último, el espacio estructurado por la película no es solamente un espacio de visión textual o cinematográfico, encuadrado y en *off* –ya que el espacio en *off* está inscrito en las imágenes, aunque no suturado narrativamente por el contraplano (*reverse shot*)–, sino dirigiéndose efectivamente a los determinantes histórico-sociales que definen la vida de Jeanne y la encuadran. Pero, más allá de eso, el espacio de la película es, también, un espacio crítico de análisis, un horizonte de significados posibles que incluye o se extiende hacia el espectador o la espectadora (*se extiende más allá de la ficción*) en tanto y en cuanto sea llevado a ocupar al mismo tiempo las dos posiciones, siguiendo ambas *lógicas* y percibiéndolas como iguales y tan verdadera la una como la otra.

Cuando digo que una película cuyo espacio visual y simbólico está organizado de esta manera *–apela al espectador como mujer–* cualquiera sea su género, quiero decir que la película define todos los puntos de identificación (el personaje, la imagen, la cámara) como sujeto hembra, femenina o feminista. Sin embargo, esta noción no es tan simple ni evidente como la reconocida perspectiva teórica cinematográfica de la identificación cinemática, es

---

No hay descontrol. Pero la cámara no era *voyeurista* en el sentido comercial, porque siempre se sabía donde yo estaba [...] Era la única manera de filmar esa película: evitando cortar a la mujer en cien pedazos, evitando cortar la acción en cien lugares, mirando con cuidado y siendo respetuosa. El cuadro quería respetar el espacio, respetarla a ella y sus gestos" (ibid.: 119).

[10] Janet Bergstrom, "Jeanne Dielman, 23 Quai du Commerce, 1080 Bruxelles, por Chantal Akerman", en: *Camera Obscura*, núm. 2 (1977): 117. Sobre la rigurosa consistencia formal de la película, véase también Mary Jo Lakeland, "The Color of Jeanne Dielman", en: *Camera Obscura*, núm. 3-4 (1979): 216-218.

decir, aquella en que la identificación con el punto de vista es masculina y la identificación con la imagen es femenina. No es evidente, precisamente, porque esa visión -que explica con claridad el funcionamiento del cine dominante- es aceptada ahora: que la cámara (tecnología), la mirada (*voyeurismo*) y el área de acción participan de lo fálico y, por lo tanto, son entidades o figuras de naturaleza masculina.

La dificultad de *probar* que una película se dirige a sus espectadores como sujetos femeninos se hace patente una y otra vez en conversaciones y discusiones entre el público y las cineastas. Luego de la proyección privada de *Redupers*, en Milwaukee (en enero de 1985), Helke Sander contestó a una pregunta sobre la función del muro de Berlín en su película y terminó diciendo algo así como "pero claro está que el muro también representa otra división que es específica de las mujeres". No elaboró su idea, pero para mí, de nuevo, el sentido de lo que había dicho era claro e inequívoco. También lo era para otra crítica y espectadora, Kaja Silverman, que ve el muro como una división distinta de la que podría establecer una pared; y además ve la división que el muro no puede hacer, ya que hay cosas que "fluyen a través del muro de Berlín (la TV y la radio, los gérmenes, lo que escribe Christa Wolf)"; y las fotografías de Edda muestran los dos berlines en "sus similitudes cotidianas más que en sus divergencias ideológicas".

> Los tres proyectos están motivados por el deseo de destruir el muro o, por lo menos, de evitar que funcione como una línea divisoria entre dos polos opuestos irreductibles [...] *Redupers* convierte el muro en un significante de límites psíquicos, ideológicos, políticos y geográficos. Funciona como una metáfora de las diferencias sexuales, de los límites subjetivos articulados por el orden simbólico existente tanto en el Este como en el Oeste. Por lo tanto, el muro marca los límites discursivos que separan a las personas no sólo del mismo país y del mismo idioma, sino también del mismo espacio dividido.[11]

[11] Kaja Silverman, "Helke Sander and the Will to Change", en: *Discourse*, núm. 6 (otoño de 1983): 10.

Las que como nosotras compartimos la visión de Silverman debemos preguntarnos si, en realidad, esa división específica representada por el muro en *Redupers* (la diferencia sexual, el límite discursivo, el límite subjetivo), está en la película o en nuestros ojos de espectadoras. ¿Está verdaderamente en la pantalla, en la película, inscrita en su montaje lento de tomas largas y en la quietud de sus imágenes dentro de sus marcos silenciosos?, ¿o está, más bien, en nuestra percepción, en nuestra visión interna, precisamente como un límite subjetivo y discursivo (género), un horizonte de significado (feminismo) que se proyecta en las imágenes, a la pantalla, alrededor del texto?

Creo que éste es el otro tipo de división que está reconocido en la imagen del "cielo dividido", de Christa Wolf, o en "el cuarto propio" de Virginia Woolf: la sensación de una distancia interna, una contradicción, un espacio de silencio, que está allí junto al tironeo imaginario de las representaciones culturales e ideológicas, sin negarlas ni borrarlas. Las artistas, directoras y escritoras reconocen esta división o diferencia al intentar expresarla en sus obras. Sin embargo, aún hoy, la mayoría de nosotras estaríamos de acuerdo con Silvia Bovenschen.

"Por ahora -escribe Gertrud Koch- la cuestión es saber si las películas hechas por mujeres logran de hecho subvertir el modelo básico de la construcción de la mirada de la cámara y si la mirada femenina desde la cámara, sobre el mundo, los hombres, las mujeres y los objetos será esencialmente distinta".[12] Formulado en estos términos, sin embargo, el problema será una cuestión retórica. He sugerido que se debe desplazar la importancia del o de la artista detrás de la cámara, de la mirada o del texto como origen y determinación del significado hacia la esfera pública más amplia del cine como tecnología social; debemos desarrollar nuestro entendimiento de las implicaciones del cine en otros modos de representación cultural y de sus posibilidades de producción y contraproducción de visiones sociales. Agregaría, también, que frente a la dominación del *modelo básico*, sugiero que, mientras los ci-

[12] Gertrud Koch, "Ex-changing the Gaze: Re-visioning Feminist Film Theory", en: *New German Critique*, núm. 34 (invierno de 1985): 144.

neastas encaran los problemas de la transformación de la mirada empleando los códigos de cine, específicos y no específicos, nuestra tarea desde la teoría es articular las condiciones y las formas de una visión para otro sujeto social y aventurarnos en la arriesgada empresa de redefinir el conocimiento estético y formal.

Este proyecto, evidentemente, trae consigo la idea de reconsiderar y reevaluar las formulaciones de las primeras feministas, o sea, como señala Sheila Rowbotham, "volver a mirarnos a través de nuestras creaciones culturales, nuestras acciones, nuestras ideas, nuestros panfletos, nuestra organización, nuestra historia, en una palabra, en nuestra teoría".[13] Y si ahora podemos agregar "nuestro cine", quizás haya llegado el momento de repensar el cine de mujeres como la producción de la visión social feminista. Como forma de crítica política o política crítica y con la conciencia específica que desarrollaron las mujeres para analizar la relación del sujeto con la realidad sociohistórica, el feminismo no sólo inventó nuevas estrategias o creó nuevos textos, sino que, y esto es lo más importante, además imaginó un nuevo sujeto social, las mujeres: como seres que hablan, son escritoras, lectoras, espectadoras, usuarias y hacedoras de formas culturales y formadoras de procesos culturales. El proyecto de un cine de mujeres, por lo tanto, ya no es el de destruir o trastocar la visión centrada en los hombres, representando sus cegueras, sus huecos o sus aspectos reprimidos. El esfuerzo y el desafío, ahora, es lograr otra visión: construir otros objetos y sujetos de visión y formular las condiciones de representación de otro sujeto social. Por el momento, entonces, el trabajo feminista en el cine parece estar enfocado, necesariamente, en esos límites subjetivos y discursivos que marcan la división de las mujeres como género específico, una división más intangible, compleja y contradictoria que la que puede ser transmitida por la noción de diferencia sexual tal y como se usa corrientemente.

La idea de que *un filme puede dirigirse a una espectadora* me parece muy importante en la tarea crítica de caracterizar el cine hecho por mujeres como un cine para mujeres y no sólo mujeres,

[13] Sheila Rowbotham, *Woman's Consciousness, Man's World* (Harmondsworth: Penguin Books, 1973): 28.

mucho más que describir a las mujeres de forma positiva o negativa. Pero es una idea que no aparece en los trabajos críticos antes mencionados sobre películas, el objetivo, el texto. Pero releyendo esos ensayos hoy se puede ver, y es importante señalarlo, que la cuestión del lenguaje fílmico o de una estética femenina fue planteada desde el primer momento en relación con el movimiento feminista: "lo nuevo sólo surge del trabajo de enfrentamiento" (Mulvey: 4); "la imaginación" de las mujeres "constituye el movimiento en sí" (Bovenschen: 136); y en la visión no formalista de Claire Johnston del cine de mujeres como contracine, una estrategia política feminista debería aprovechar, en lugar de ignorar, el uso del filme como una forma de cultura de masas: "Nuestras fantasías colectivas deben ser liberadas para contrarrestar nuestra reificación en el cine; el cine de mujeres debe dar cuerpo a la elaboración del deseo: ese objetivo requiere el uso del filme".[14]

Desde los primeros festivales de cine de mujeres en 1972 (Nueva York, Edimburgo) y desde la primera revista feminista de crítica cinematográfica (*Women and Film*, publicada en Berkeley de 1972 a 1975), el tema de la expresión de las mujeres fue un problema de lenguaje y comunicación entre ellas, un problema tanto de creación/invención de nuevas imágenes como de creación/puesta en imágenes de nuevas formas de comunidad. Si repensamos el problema de la especificidad del cine de mujeres y en las formas estéticas desde la perspectiva de quién hace la película para quién, quién mira y habla, cómo, dónde y a quién, entonces lo que se vio como quiebre, división, fisura ideológica en la cultura fílmica feminista entre teoría y práctica, entre formalismo y activismo, puede parecer la fuerza verdadera, el impulso y la heterogeneidad productiva del feminismo. En su introducción a la reciente colección, *Re-vision: Essays in Feminist Film Criticism*, Mary Ann Doane, Patricia Mellen Camp y Linda Williams indican lo siguiente:

[14] Claire Johnston, "Women's Cinema as Counter-Cinema", en: Claire Johnston (ed.), *Notes on Women's Cinema* (Londres: SEFT, 1974): 31. Véase también Gertrud Koch, "Was ist und wozu brauchen wir eine feministische Film kritik", en: *Frauen und Film*, núm. 11 (1977).

> Si los trabajos feministas sobre cine son cada vez más teóricos, menos orientados hacia la acción política, esto no significa, necesariamente, que la teoría en sí sea contraproducente para la causa feminista, ni que la forma institucional de los debates en el feminismo haya reproducido simplemente el modelo masculino de competencia académica [...] Las feministas que comparten preocupaciones similares escriben y publican juntas, hacen películas en colaboración y también arreglos de distribución. De este modo, muchas de las aspiraciones políticas del movimiento de mujeres forman parte integral de la estructura misma del trabajo feminista y en el cine y sobre el cine.[15]

La palabra "re-visión" de su título, tomada de Adrienne Rich ("Re-visión: acto de mirar hacia atrás, ver con ojos nuevos", escribe Rich, es para las mujeres "un acto de supervivencia"), se refiere al proyecto de recuperar la visión, de "ver la diferencia de forma diferente", de desplazar el énfasis crítico de "las imágenes de 'mujeres' al eje de la visión en sí", a los modos de organizar la vista y el oído tal y como resultan en la "producción de esa 'imagen'".[16]

Estoy de acuerdo con las editoras de *Re-vision* cuando dicen que, en la década pasada, la teoría feminista pasó "de un análisis de la diferencia como algo opresivo, al esbozo y la especificación de la diferencia como algo liberador, que ofrece la única posibilidad de un cambio radical" (12). Pero creo que un cambio radical exige que esa especificación no se limite a la "diferencia sexual", es decir, a una diferencia entre mujeres y hombres, a una diferencia entre lo femenino y lo masculino o a una diferencia entre Mujer-Hombre. Un cambio radical requiere que se delinee y se comprenda con más claridad la diferencia entre mujeres y Mujer, es decir, *las diferencias entre mujeres.* Porque, en realidad, existen diferentes historias de mujeres. Hay mujeres que se disfrazan y hay mujeres que usan un velo; hay mujeres invisibles

[15] Mary Ann Doane, Patricia Mellencamp y Linda Williams (eds.), *Re-vision: Essays in feminist Film Criticism* (Frederick, Md.: University Publications of America and the American Film Institute, 1984): 4.

[16] Íbid.: 6. La cita de Adrienne Rich aparece en su libro *On Lies, Secrets and Silence* (Nueva York: W. W. Norton, 1979): 44.

a los hombres, en su sociedad, pero también hay mujeres que son invisibles a otras mujeres en nuestra sociedad.[17]

La invisibilidad de las mujeres negras en las películas de mujeres blancas, por ejemplo, o del lesbianismo en la corriente de crítica feminista dominante, es lo que muestra con gran vigor *Born in Flames* de Lizzie Borden (1983), mientras construye los términos de su visibilidad como sujetos y objetos de visión. Ambientada en un futuro cercano hipotético y en un lugar muy parecido al bajo Manhattan, con un estilo de documental (a la manera de Chris Marker) y la sensación de ciencia ficción contemporánea (la ciencia ficción después de la nueva ola de Samuel Delany, Joanna Russ, Alice Sheldon, o Thomas Disch), *Born in Flames* muestra cómo una revolución cultural socialdemócrata *exitosa*, en su décimo año, lenta e inexorablemente vuelve a viejos patrones de dominación masculina, a la política de siempre y a la tradicional falta de interés de la izquierda hacia *los temas de mujeres*. Es sobre esta opresión específica de género, en sus distintas manifestaciones, que varios grupos de mujeres (negras, latinas, lesbianas, madres solteras, intelectuales, activistas, políticas, cantantes de *spirituals* y actrices punk y un ejército de mujeres) logran movilizarse y unirse sin desconocer sus diferencias, sino reconociéndolas.

Como *Redupers* y *Jeanne Dielman*, la película de Borden apela a la espectadora, pero no lo hace describiendo una experiencia que se siente inmediatamente como propia. Por el contrario, su narrativa apenas coherente, sus tomas rápidas y el montaje de sonido, el contrapunto de imagen y palabra, la diversidad de voces y lenguas y el marco de ciencia ficción del relato mantienen a la espectadora a distancia, proyectando hacia ella su ficción como un puente de diferencia. En resumen, el efecto de *Born in Flames* en mí, como espectadora mujer, es, precisamente, permitirme ver *la diferencia de forma diferente*, mirar a las mujeres

[17] Véase Barbara Smith, "Toward a Black Feminist Criticism", en: Gloria T. Hull, Patricia Bell Scott y Barbara Smith (eds.), *All the Women Are White, All the Blacks are Men, But Some of Us Are Brave: Black Women's Studies* (Old Westbury, NY: Feminist Press, 1982).

con ojos distintos a los que he tenido hasta el momento pero que, sin embargo, son míos; porque, así como la película hace hincapié en la "interdependencia de fuerzas diferentes" en el feminismo (las palabras son de Audre Lorde), también inscribe las diferencias entre mujeres como *diferencias internas* de las mujeres.

Born in Flames me interpela como mujer y como feminista que vive en un momento particular de la historia de las mujeres: los Estados Unidos en la actualidad. Los hechos y las imágenes acontecen en lo que, en ciencia ficción, se denomina un *universo paralelo*, un tiempo y un lugar distintos que parecen el aquí y el ahora, y que, sin embargo, no lo son, del mismo modo que yo (y todas las mujeres) vivimos en una cultura que es la nuestra y, al mismo tiempo, no lo es. En ese universo poco probable pero no imposible de la ficción del filme, las mujeres se unen en la misma lucha que las separa y las diferencia. Por lo tanto, lo que me describe, lo que produce mi identificación con la película y me brinda un lugar en él como espectadora, es la contradicción de mi propia historia y la diferencia personal/política que también está dentro de mí.

Helen Fehervary, en un debate reciente sobre las películas de mujeres en Alemania, dice: "La relación entre la historia y los así llamados procesos subjetivos no tiene que ver con el entender la verdad en la historia como una entidad objetiva, sino con encontrar la verdad de la experiencia. Evidentemente, esta inmediatez de la experiencia está relacionada con la historia misma de las mujeres y su falta de auto-conciencia".[18] Lo que el cine de mujeres puede analizar, articular, reformular es cómo y por qué nuestras historias y conciencias son diferentes, están divididas, incluso entran en conflicto. Con esto puede ayudarnos a crear un ser distinto, como dice Toni Morrison sobre sus dos heroínas:

> Porque cada una de ellas había descubierto años atrás que ninguna de las dos era ni blanca ni un hombre y que toda libertad y

[18] Helen Fehervary, Claudia Lenssen y Judith Mayne, "From Hitler to Hepburn: A Discussion of Women's Film Production and Reception", en: *New German Critique*, núms. 24-25 (otoño e invierno de 1981-1982): 176.

> todo éxito les estaba vedado, es que habían emprendido la tarea de crear otro ser para ser.[19]

En las páginas siguientes me referiré con frecuencia a *Born in Flames*, trataré algunos de los problemas que planteó, pero no con el propósito de hacer un análisis textual. Más bien, tomaré la película como punto de partida, como lo fue para mí, para una serie de reflexiones acerca del tema de este ensayo.

De nuevo, es una película y el proyecto de una cineasta lo que plantea con mayor claridad para mí la cuestión de la diferencia, esta vez relacionada con factores que no son el género, como la raza y la clase social –un problema debatido largamente dentro del feminismo marxista y reformulado recientemente por mujeres de color en publicaciones y editoriales feministas–. No es de sorprender que esta cuestión surja de nuevo, ahora urgente e irrevocablemente, en un momento de fuerte regresión social y con presiones económicas (la tan mentada *feminización de la pobreza*) que desmiente la complacencia de un feminismo liberal que disfruta de su modesta porción de legitimidad institucional. Como señal de los tiempos, la reciente cosecha de películas comerciales hechas por hombres sobre mujeres (*Liana, Personal Best, Silkwood, Frances, Places of the Heart*, etc.) está indudablemente *autorizada* y es financieramente viable, por esa legitimidad. Pero el éxito de este feminismo liberal, aunque modesto, fue pagado al precio de reducir la complejidad contradictoria –y la productividad teórica– de conceptos tales como la *diferencia sexual*, *lo personal es político* y el *feminismo* mismo a ideas más simples y aceptables que ya existían en la cultura dominante. Así, para muchas personas, actualmente, *diferencia sexual* significa apenas algo más que sexo (biología) o género (en el sentido más simple de socialización femenina) o la base de ciertos *estilos de vida* privados (homosexuales y otras formas de relación no ortodoxas); *lo personal es político* muy a menudo se traduce como "lo personal en vez de lo político" y *feminismo* es tomado sin vacilar tanto por la academia como por los medios como un discurso –una va-

[19] Toni Morrison, *Sula* (Nueva York: Bantam Books, 1975): 44.

riedad de crítica social, un modo de análisis estético o literario entre otros–, que merece mayor o menor atención según el grado de interés de estudiantes, lectoras o espectadoras. Y sí, un discurso perfectamente accesible a todos los hombres de buena voluntad. En este contexto, raza o clase deben seguir pensándose como temas esencialmente sociológicos o económicos y, por lo tanto, paralelos al género pero no dependientes de él, implicados con la subjetividad pero no determinantes de la misma y de poca relevancia para este *discurso feminista* que, como tal, no tendría competencia en el asunto, sino, en el mejor de los casos, sólo una preocupación humanitaria o progresista con los que están en desventaja.

La importancia del feminismo (sin resaltados) para los temas de raza y clase, sin embargo, está enunciada muy explícitamente por esas mujeres de color, negras y blancas, que no son las receptoras sino *los objetivos* de los planes de igualdad de oportunidades, que están al margen, o no fueron engatusadas por *el feminismo* liberal, o que entienden que el feminismo no es nada si no es al mismo tiempo político y personal, con todas las contradicciones y dificultades que eso entraña. Para estas feministas, está claro que la construcción social del género, la subjetividad y las relaciones entre representación y experiencia tienen lugar enmarcadas por raza y clase, tal como sucede en el lenguaje y la cultura y, con frecuencia, entre lenguas, culturas y mecanismos socioculturales. Por lo tanto, no sólo sucede que la noción de género o *diferencia sexual* no puede, simplemente, acomodarse dentro de las categorías preexistentes, sin género (o de género masculino), categorías según las cuales los discursos oficiales sobre raza y clase fueron elaborados; pero, por otro lado, ocurre lo mismo con los temas de raza y clase, ya que no pueden ser incluidos simplemente en categorías más amplias, llámense hembritud, femeninidad, mujeridad o, en última instancia, Mujer. Por el contrario, está cada vez más claro que todas las categorías de nuestras ciencias sociales deben ser reformuladas, *comenzando por* la noción de sujetos sociales generizados. Y algo de este proceso de reformulación –revisión, reescritura, relectura, recapitulación, *volver a mira*mos– es lo que veo inscrito en los textos del cine de mujeres, aunque todavía no lo suficientemente enfocados en la teoría fílmica feminista o en la práctica crítica feminista en general. Este punto, como la relación de la escritura feminista con el movimiento de mujeres, requiere de una discusión más profunda que no puede ser encarada aquí. Lo único que puedo hacer es esbozar el problema que me afecta con desusada intensidad en la recepción de la película de Lizzie Borden y mi respuesta.

Lo que *Born in Flames* logra representar es esta idea feminista: el sujeto mujer es engendrada/generada, construida y definida en su género por múltiples representaciones de clase, raza, lengua y relaciones sociales; y, por lo tanto, las diferencias entre mujeres son diferencias *en* las mujeres, razón por la cual el feminismo puede existir a pesar de esas diferencias y, como estamos empezando a comprender, no puede seguir existiendo sin ellas. La originalidad de este proyecto fílmico reside en su representación de la mujer como sujeto social y espacio de diferencias; diferencias que no son puramente sexuales o meramente raciales, económicas o (sub) culturales, sino todas juntas y con bastante frecuencia en conflicto entre sí. Después de ver esta película, una se queda con la imagen de una heterogeneidad del sujeto social hembra, con la sensación de distancia con los modelos culturales dominantes y de una división interna en las mujeres que perdura, en la unidad provisoria de cada acción política concertada y no a pesar de ella. Así como la narrativa de la película no queda resuelta, permanece fragmentada y resulta difícil de seguir, la heterogeneidad y las diferencias entre las mujeres perduran en nuestra memoria como la imagen narrativa de la película, su trabajo de representación, no reductible a una identidad fija, la identificación de todas las mujeres con la Mujer o a una representación del Feminismo como una imagen coherente y disponible.

Otras películas, además de las ya mencionadas, representaron con éxito esa división interna o distancia con la lengua, la cultura y el yo, que veo reiterada desde el punto de vista temático y figurativamente en el cine de mujeres de los últimos tiempos (también está representada, por ejemplo, en el *Processo a Caterina Ross*, de Gabriella Rosaleva, y en *Committed*, de Lynne Tillman y Sheila McLaughlin). Pero *Born in Flames* proyecta esa división en una escala sociocultural más amplia y recoge casi todos los temas para ponerlos en juego. La película es "una aventura en movimiento" como puede leerse en el costado de los camiones (robados) que llevan el nuevo transmisor móvil de las mujeres libres, que renacen como Phoenix-Regazza (la muchacha fénix) de las llamas que destruyeron las dos estaciones separadas. Como lo señaló un comentarista:

> Una película de acción, una fantasía de ciencia ficción, un *thriller* político, un film *collage*, un arrebato de *underground*: *Born in Flames* es todas esas cosas y ninguna de ellas [...] Editada en fragmentos de quince segundos y con metros de película salpicada de transferencias de video vacilantes [...] *Born in Flames* es superior a las reflexiones hollywoodenses sobre la comunicación de masas, tales como *Absence of Malice*, *Network* o *Under Fire*. No es tanto una cuestión de contenido (el argumento se centra en el sospechoso *suicidio* en la cárcel, a la Ulrike Meinhoff, de la líder del Ejército Femenino Adelaide Norris) como de forma, que aprovecha un montón de facetas de la comunicación que nos rodean a diario.[20]

Las últimas palabras de esta cita se hacen eco del énfasis que pone Akerman sobre la forma en vez del contenido, recogidas por Borden en numerosas declaraciones públicas. Ella también está profundamente preocupada por su relación como cineasta con la representación fílmica ("Me comprometí con dos cosas en la película: el cuestionamiento de la narración [...] y la creación de un proceso por el cual yo pudiera liberarme de mi servidumbre en términos de clase y raza").[21] Y, como Akerman, ella también confía en que esa visión puede ser transformada, porque la suya

[20] Kathleen Hulser, "Les guérrillères", en: *Afterimage* 11, núm. 16 (enero de 1984): 14.

[21] Anne Friedberg, "An Interview with Filmmaker Lizzi Borden", en: I1, núm. 2 (invierno de 1984): 43. Sobre el esfuerzo para comprender la posición personal de una feminista frente a las diferencias raciales y culturales, véase Elly Bulkin, Minnie Bruce Pratt y Barbara Smith, *Yours in Struggle: Three Feminist Perspectives on Anti-Semitism and Racism* (Nueva York: Long Haulo Press, 1984).

lo fue: "Cualquier incomodidad que pudiera haber sentido como cineasta blanca trabajando con mujeres negras se terminó hace mucho tiempo. Fue exorcizada en el proceso de filmación". Así, en respuesta a la sugerencia de la entrevistadora (Anne Friedberg) de que el filme es "progresista" precisamente porque "hace que el público se sienta un tanto incómodo y porque fuerza al espectador o espectadora a enfrentar sus planteos políticos (o la ausencia de ellos)", Borden rechaza de plano los presupuestos implícitos de la entrevistadora:

> Yo no pienso que el público sea únicamente blanco y de clase media. Lo importante, para mí, era crear un filme en el cual ésa *no* fuera la única audiencia. El problema con muchas críticas de la película es que presupone un público de lectores y lectoras blancas de clase media para artículos escritos sobre un filme que suponen interesante solamente para un público de esas características. Me deja muy perpleja la incomodidad que sienten los críticos. Lo que intentaba hacer (y con sentido de humor) era adoptar varias posiciones en las que, de alguna forma, todo el mundo pudiera ubicarse. Cada mujer –con los hombres es algo totalmente diferente– tendría algún grado de identificación con una posición de la película: algunas críticas se identificaron exageradamente con algo en una posición privilegiada. Básicamente, ninguna postura de los personajes negros estaba *en contra* de las espectadoras blancas; más bien, tenía el sentido de una invitación: ven y trabaja con nosotras. En vez de decir al espectador o a la espectadora que no podía participar, éstos y éstas debían ser depositarios(as) de todos los distintos puntos de vista y de todos los distintos estilos retóricos. Es de esperar que una podría identificarse con una posición, pero también podría evaluar todas las otras presentadas en la película. Esencialmente, creo que esta incomodidad la siente sólo la gente que ofrece muy serias resistencias a la película.[22]

Esta respuesta, en mi opinión, marca con claridad, en el cine de mujeres, un desplazamiento de una estética de subversión vanguardista o modernista o hacia un conjunto de nuevas preguntas

[22] Entrevista en *Women and Performance*: 38.

sobre la representación fílmica a la que el término *estética* puede o no aplicarse, según la definición que una haga de lo que es el arte o el cine y de la relación entre ambos. Asimismo, sería un tema demasiado amplio para incluirlo aquí discutir si los conceptos de *posmoderno* o *estética posmoderna* son preferibles o más adecuados en este contexto, tal como lo sugirió Craig Owen con respecto al trabajo de las artistas.[23]

De cualquier modo, para mí, hubo un desplazamiento en el cine de mujeres, de una estética centrada en el texto y sus efectos en el sujeto que mira o lee –cuya coherencia cierta, aunque imaginaria, se ve fracturada por el quiebre de la coherencia lingüística, visual y/o narrativa del texto– a lo que puede llamarse una estética de recepción, en la que la espectadora es la preocupación primaria del filme, primaria en el sentido de que está allí desde el principio, inscrita en el proyecto de la cineasta y hasta en la producción de la película.[24] La preocupación explícita por el público no es nueva, por supuesto, ni en el arte ni en el cine –en el teatro, desde Pirandello y Brecht– y está siempre presente de forma manifiesta en Hollywood y en la televisión. Lo que hay de nuevo aquí es la concepción particular del público, considerado ahora en su heterogeneidad y otredad con respecto al texto.

En la película de Borden, el hecho de que el público sea concebido como una comunidad heterogénea se ve en su insólito manejo de la función de a quién se dirige. El uso de la música y el ritmo, junto con el lenguaje hablado, desde la canción *rap* a una variedad de jergas subculturales y hablas fuera de lo común, sir-

[23] Craig Owens, "The discourse of Others: Feminists and Postmodernism", en: Hal Foster (ed.), *The Anti-Aesthetic: Essays in Postmodern Culture* (Washington: Bay Press, 1983): 57-82. Véase también Andreas Huyssen, "Mapping the Postmodern", en: *New German Critique*, núm. 33 (otoño de 1984): 5-52, reeditado en Huyssen, *After the Great Divide: Modernism, Mass Culture, Postmodernism* (Bloomington: Indiana University Press, 1986).

[24] Los actores no profesionales de Borden, así como sus personajes, son parte de la audiencia prevista de la película: "No quería que la película se viera reducida al ghetto fílmico blanco, así que recurrí al correo. Conseguimos listas con direcciones de mujeres, de mujeres negras, de homosexuales, listas que traerían a gente diferente al Film Forum". Entrevista en *Women and Performance*: 43.

ven menos a los propósitos de un documental o de *cinéma vérité*, que a lo que en otro contexto podría llamarse caracterización: están allí para proporcionar un medio de identificación de los personajes y con ellos, aunque no el tipo de identificación psicológica generalmente dada a los personajes principales o a los *protagonistas* privilegiados. "Quise hacer una película con la que el público pudiera relacionarse en distintos niveles; si querían ignorar el lenguaje podían hacerlo", dijo Borden a otra periodista, "pero no quise hacer una película que fuera antilenguaje".[25] La importancia del *lenguaje* y su presencia constitutiva tanto en la esfera pública como en la privada se ve realzada por la multiplicidad de discursos y tecnologías de comunicación -visual, verbal y auditiva- puestas en primer plano tanto en la forma como en el contenido de la película. Si el muro del lenguaje oficial, los omnipresentes sistemas de altavoces y la estrategia misma de la toma de una estación de televisión por mujeres afirman la conexión fundamental entre comunicación y poder, la película también insiste en representar los discursos sociales no oficiales, su heterogeneidad y sus efectos constitutivos con respecto al sujeto social.

En este sentido, yo afirmaría que tanto los personajes como el público de la película de Borden están ubicados en relación con los discursos y representaciones sociales (de clase, raza y género) dentro de *límites subjetivos y discursivos* particulares que son análogos en su especificidad histórica a los que Silverman vio simbolizados por el muro de Berlín en *Redupers*. Es que también el público está limitado en su visión y comprensión, confinado en su propia ubicación social y sexual, como lo sugieren su *incomodidad* y sus diversas respuestas. El declarado intento de Borden de hacer del público un *locus* ("un depósito") de diferentes puntos de vista y configuraciones discursivas ("estos distintos estilos de retórica") me sugiere que el concepto de una heterogeneidad del público también involucra una heterogeneidad del espectador o de la espectadora individual o en ellos o ellas.

Si como lo proclaman algunas teorías recientes de textualidad, el Lector o la Lectora o el Espectador o la Espectadora está im-

[25] Betsy Sussler, "Interview", en: *Bomb*, núm. 7 (1983): 29.

plícito en el texto como un efecto de su estrategia -ya sea como figura de una unidad o coherencia de significado construida por el texto (el *texto de placer*), o como figura de la división, diseminación, incoherencia inscrita en el *texto de jouissance*-, entonces el público de *Born in Flames* está en otra parte, resistente al texto y diferente de él. Este público cinematográfico no sólo no está cosido al texto *clásico* por una identificación narrativa y psicológica, sino que tampoco está confinado dentro del tiempo de la repetición, "en el límite de cualquier subjetividad fija, materialmente inconstante, dispersa en el proceso", como Stephen Heath describe con agudeza al público imaginado por una película de vanguardia estructural materialista.[26] Lo que ocurre es que el espectador de esta película no es fácilmente capturado por el texto.

Y, sin embargo, una se ve atrapada por la poderosa carga erótica del filme; una responde a la inversión erótica que los personajes femeninos sienten y a la que la directora siente hacia ellas, con algo que no es ni placer ni *jouissance*, ni edípico ni preedípico, tal y como esto fue definido para nosotras; sino con algo que es nuevamente (como en *Jeanne Dielman*) un reconocimiento inconfundible y sin precedente. Una vez más, el espacio textual en sus dimensiones erótico-críticas se extiende a la espectadora dirigiéndose a ella, hablándole, creando espacio, pero (esto es lo inusitado y sorprendente) sin adular, incitar o seducir. Estas películas no me colocan en el lugar de la espectadora; no me asignan un papel, una imagen, una posición en el lenguaje o en el deseo. Por el contrario, hacen un lugar para mí, sabiendo que no conozco ese mí, y *me* dan lugar para tratar de conocer, ver y comprender. Dicho de otro modo, al dirigirse a mí como mujer, no me atan ni me nombran Mujer.

La *incomodidad* de la crítica a Borden podría situarse exactamente en esta des-ilusión del espectador o la espectadora y el texto: la desilusión de no encontrarse una misma, de no verse *interpelada* o atraída por la película, cuyas imágenes y discursos le devuelven a la persona que está mirando un espacio de heteroge-

[26] Stephen Heath, *Questions of Cinema* (Bloomington: Indiana University Press, 1981): 167.

neidad, de diferencias y de coherencias fragmentadas que no llegan a constituir un espectador o una espectadora individual o un sujeto espectadora, burgués o de otro tipo. No hay una correspondencia unilineal entre la heterogeneidad discursiva de la película y los límites discursivos de cualquier espectador o espectadora. Se nos invita y a la vez se nos mantiene a distancia, se dirigen a nosotras intermitentemente, y sólo en tanto podamos ocupar la posición de destinatarias; por ejemplo, cuando Honey, la disc-jockey de Radio Phoenix, le dice directamente al público las palabras: "Mujeres Negras, estén listas. Mujeres Blancas, prepárense. Mujeres Rojas, sigan listas, pues ésta es nuestra oportunidad y debemos llevarla a cabo".[27] ¿Qué persona en el público, ya sea varón o mujer, puede sentirse interpelada individualmente como sujeto espectadora o, en otras palabras, interpelada sin lugar a dudas?

Hay un momento famoso en la historia del cine, casi paralelo a éste, y no es casualidad que lo hayan descubierto críticas de cine feministas en una película sobre mujeres, *Dance, Girl, Dance*, realizada por una mujer, Dorothy Arzner. Es el momento en que Judy interrumpe su actuación en el escenario y, enfrentando al público de vaudeville, se sale de su papel y habla como una mujer a un grupo de gente. La novedad del dirigirse directamente al público, señalaron las críticas feministas, es que no sólo rompe con los códigos de la ilusión teatral y del placer *voyeurista*, sino que también demuestra que no puede haber complicidad, ni discurso compartido, entre la artista (situada como imagen, representación, objeto) y el público masculino (situado como mirada controladora); ninguna complicidad, fuera de los códigos y reglas de actuación. Al romper los códigos, Arzner reveló las reglas y las relaciones de poder que las constituyen y que, a su vez, las sustentan. Y, seguramente, el público de vaudeville en su película se sintió muy incómodo con el discurso de Judy.

Se me ocurre que la incomodidad con el discurso de Honey está también relacionada con los códigos de representación (tanto

[27] El libreto de *Born in Flames* fue publicado en *Heresies*, núm. 16 (1983): 12-16; Borden discute cómo fue elaborado el libreto junto con los actores y las actoras, según sus habilidades y antecedentes particulares, en la entrevista de *Bomb*.

de raza y clase, como de género) y las reglas y relaciones de poder que las sustentan -reglas que también impiden el establecimiento de un discurso compartido y, por lo tanto, el sueño de un lenguaje común-. ¿De qué otro modo podrían ver los espectadores en esta traviesa, exuberante, película de ciencia ficción un programa de acción política, que según ellos de todos modos no funcionaría? ("Ya hemos pasado por esto antes. Como hombre no me siento amenazado por esto, porque sabemos que no funciona. Esta política es infantil, esas mujeres se hacen las machitas como antes nos hacíamos machos los hombres".)[28] ¿Qué otra razón podían tener para ver la película, al decir de Friedberg, "como una *prescripción* por intermedio de la fantasía?" Borden opina que "a la gente no le molestan los temas de clase y raza [...] Lo que en realidad molesta a la gente es que las mujeres sean lesbianas. La ven separatista".[29] En mi opinión, a la gente le molestan los tres temas: la clase, la raza y el género —siendo el lesbianismo, precisamente, la demostración de que el concepto de género está fundado tanto en el de raza como en el de clase, sobre una estructura que Adrienne Rich y Monique Wittig llamaron, respectivamente, *heterosexualidad obligatoria* y el *contrato heterosexual*.[30]

La noción teórica fílmica del público espectador fue desarrollada en gran medida para intentar contestar la pregunta insistentemente planteada por las teóricas feministas y muy bien resumida en las palabras de Ruby Rich ya citadas: "¿Cómo se formula la comprensión de una estructura que insiste en nuestra ausencia aun frente al hecho de nuestra presencia?". Según las diferencias desde el primer momento entre feministas sobre las dimensiones políticas de las imágenes, la noción de la condición del público espectador se desarrolló a lo largo de dos ejes: uno que comienza en la teoría psiconanalítica del sujeto y que emplea conceptos tales

[28] Entrevista en *Bomb*: 29.

[29] Entrevista en *Women and Performance*: 39.

[30] Adrienne Rich, "Compulsory Heterosexuality and Lesbian Existence", en: *Signs* 5, núm. 4 (verano de 1980): 631-660; Monique Wittig, "The Straight Mind", en: *Feminist issues* (verano de 1980): 110.

como primario y secundario, consciente e inconsciente, y procesos imaginarios y simbólicos; otro que parte de la diferencia sexual y hace las siguientes preguntas: ¿cómo ve la espectadora femenina?, ¿con qué se identifica?, ¿dónde/cómo/en qué géneros fílmicos se representa el deseo femenino?. Y así sucesivamente. La infracción al código que comete Arzner en *Dance, Girl, Dance* fue una de las primeras respuestas a esta segunda serie de preguntas y hasta ahora parece haber sido la más provechosa para el cine de mujeres. En mi opinión, *Born in Flames* me parece haber proporcionado las respuestas más interesantes hasta el momento.

En primer lugar, la película da por sentado que la espectadora femenina puede ser negra, blanca, "roja", de clase media o no, y quiere que tenga un lugar en el filme, algún tipo de identificación -"identificación con una posición", especifica Borden-. "Con los espectadores es una cosa totalmente diferente", agrega, sin demostrar mayor interés en explorar este punto (aunque, más tarde, sugiere que los espectadores masculinos negros responden a la película "porque no la ven solamente como una película de mujeres. La ven como algo que empodera").[31] En suma, *Born in Flames* se dirige a la espectadora desde el género y con multiplicidad o heterogeneidad en cuanto a la raza y la clase; es decir, aquí también, todos los puntos de identificación son femeninos o feministas, pero en vez de las *dos lógicas*, de personaje y directora como Jeanne Dielman, *Born in Flames* coloca en primer plano sus discursos diferentes.

En segundo lugar, como lo plantea Friedberg en una de sus preguntas, las imágenes de mujeres en *Born in Flames* "no están estetizadas"; "nunca se hace un fetiche del cuerpo con máscaras. En realidad, la película parece conscientemente desestetizada, lo que le da un aire de documental".[32] No obstante, para algunas personas, esas imágenes de mujeres parecen ser extraordinariamente hermosas. Si éste fuera el caso para la mayoría de las espectadoras de cualquier posición social, estaríamos frente a una paradoja teórica fílmica, ya que en la teoría fílmica el cuerpo femenino está

[31] Entrevista en *Women and Performance*: 38.

[32] Íbid.: 44.

construido como fetiche o mascarada.[33] No es casualidad, quizá, que la respuesta de la cineasta esté notablemente de acuerdo con la de Chantal Akerman, aunque sus películas sean muy distintas, y la película de esta última haya sido aclamada como obra *estética*.

Borden:

> lo importante es filmar los cuerpos femeninos como nunca los han filmado antes [...] Yo elegí a las mujeres para la postura que quería. La postura es casi como la *gestalt* de una persona.[34]

Y Akerman (citada arriba):

> Yo doy lugar a cosas que nunca, o casi nunca, se mostraron de esa manera [...] Si una elige mostrar los gestos de una mujer con tanta precisión, es porque una las ama.

El sentido de estas referencias de dos películas que tienen poco en común, salvo el feminismo de sus directoras, es subrayar la persistencia de ciertos temas y de ciertas preguntas formales sobre la representación y la diferencia, que yo *llamaría* estéticas y que son el producto histórico del feminismo y la expresión de su pensamiento teórico crítico.

Como las obras de las cineastas feministas a las que me he referido, y muchas otras demasiado numerosas para incluir aquí, *Jeanne Dielman* y *Born in Flames* están comprometidas con un proyecto transformador de la visión, inventando las formas y los procesos de representación de un sujeto social, las mujeres, que hasta ahora no pudo ser casi representado; un proyecto ya esbozado (en retrospectiva una se animaría a decir, programáticamente) en el título de la película de Yvonne Rainer, *Film about a Woman who...* (1974), que en algún sentido todos estas películas siguen reelaborando. La división de género específica de las mujeres en el lenguaje, la distancia con la cultura oficial, la urgencia de imaginar nuevas formas de comunidad, además de crear nue-

[33] Véase Mary Ann Doane, "Film and the Masquerade: Theorising the Female Spectator", en: *Screen* 23, núms. 3-4 (septiembre-octubre de 1982): 74-87.

[34] Entrevista en *Women and Performance*: 44-45.

vas imágenes ("crear otra cosa para ser") y la conciencia de un *factor subjetivo* en el centro de todo tipo de obras son algunos de los temas que articulan la relación particular entre la subjetividad, el significado y la experiencia que engendran al sujeto social mujer. Estos temas reducidos a la frase *lo personal es político* fueron estudiados formalmente en el cine de mujeres de diversas formas: mediante la disyunción de la imagen y la voz, la reelaboración del espacio narrativo, la elaboración de estrategias de discurso que cambian las formas y el equilibrio de la representación tradicional. Con la inscripción del espacio y el tiempo subjetivos dentro de un marco (un espacio de repeticiones, silencios y discontinuidades en *Jeanne Dielman*) y la construcción de otros espacios sociales discursivos (los espacios discontinuos, pero que se interceptan en la cadena de comunicación de las mujeres, en *Born in Flames*), el cine de mujeres encaró una redefinición del espacio tanto público como privado que bien puede responder a la necesidad de *un nuevo lenguaje del deseo* y, en la actualidad, respondió al pedido de *destrucción del placer visual*, si por *placer visual* una se refiere a los cánones tradicionales de representación estética, ya sean clásicos o modernistas.

Por lo tanto, una vez más, la contradicción de las mujeres en el lenguaje y la cultura se manifiesta en una paradoja: la mayoría de los términos que utilizamos para hablar de la construcción del sujeto social femenino en la representación cinematográfica llevan en su forma gráfica el prefijo *de* para marcar la deconstrucción o la desestructuración, si no se trata de la destrucción, de lo que se quiere representar. Hablamos de la desestetización del cuerpo femenino, de la desexualización de la violencia, de la desedipización de la narrativa, y así sucesivamente. Al repensar el cine de mujeres de esta manera, podremos contestar provisoriamente la pregunta de Bovenschen de la siguiente forma: existe una cierta configuración de problemas, y de problemas formales que fueron articulados de forma sistemática en lo que llamamos el *cine de mujeres*. La manera en que fueron expresados y desarrollados, tanto artística como críticamente, parece apuntar no tanto a una *estética femenina* como a una *desestética* feminista. Y si la palabra suena torpe y poco elegante...

Mujeres, hombres, teorías y literatura*

Carolyn G. Heilbrun

Querría empezar con una confesión, ya que es la manera más rápida de anunciar un problema vigente para casi todas las que enseñamos literatura inglesa. Además de ser catedrática de literatura inglesa en la Universidad de Columbia, soy autora de libros de literatura popular. En lo personal, esta nomenclatura me parece descorazonadora; si existe una Asociación de Cultura Popular profesional (y, en realidad, la hay), ¿significa eso que las que estamos dedicadas a la literatura inglesa nos ocupamos de cultura impopular? Hace poco, el *CEA Critic*, una publicación del College English Association publicó un artículo que planteaba la siguiente pregunta: "¿Obras maestras o basura?".[1] Esto significa, y no necesitamos que nos lo explique un deconstruccionista, que debemos elegir entre enseñar obras maestras, que nadie lee sino a la fuerza, o enseñar basura, una empresa que, por desgracia, no necesita explicación. Es, sin embargo, como profesora de obras maestras y productora de "basura" que cuento la siguiente anécdota.

Un curso nocturno de cultura popular -para ser más exacta, sobre novela policial- en algún lugar en la costa oeste de los Estados Unidos (no sé exactamente dónde por razones que pronto quedarán claras) tuvo su última clase y, en ella, votaron por la novela favorita del curso. Decidieron (claro está que esto es una de las ventajas que tiene la cultura popular) que llamarían por te-

* Título original en inglés: "Women, Men, Theories, and Literature", publicado en: *Hamlet's Mother and Other Women* (Nueva York: Columbia University Press, 1990). Traducción de Julia Constantino, revisada y corregida por Marysa Navarro.

[1] Donald E. Morse, "Masterpieces or Garbage: Martin Tropp and Science Fiction", en: *CEA Critic* 43, núm. 3 (marzo de 1981): 14.

léfono a la autora de su obra favorita. Me sorprendió enormemente que se pusieran en contacto conmigo y, mucho más todavía, saber que su aula ostentaba un teléfono conectado para hacer llamadas de larga distancia. (Fui catedrática durante casi una década pero Columbia sólo me permite hacer llamadas locales.) Llamaron a medianoche, cuando mi esposo y yo, según nuestra costumbre decorosa, nos íbamos a acostar. No sé si las autoras o autores de literatura popular deben pasar la noche en vela o la clase entera había perdido la noción de los diferentes horarios por zonas del país. De hecho, mi asombro fue tal que habría creído que todo era un sueño de no haber estado ahí mi esposo. Llevamos mucho tiempo casados pero todavía no tenemos los mismos sueños.

Como pertenezco al tipo literario, inmediatamente después de colgar el teléfono se me ocurrieron dos citas. La primera es de un discurso de J. Hillis Miller, hace dos años, en un seminario de la ADE:

> Creo en el canon establecido de la literatura inglesa y de la literatura norteamericana y en la validez del concepto de textos privilegiados. Pienso que es más importante leer a Spencer, Shakespeare o Milton que a Borges traducido o, incluso, para decir verdad, que leer a Virginia Woolf.[2]

Ni siquiera me atrevería a pensar qué diría de leer a Heilbrun.

La segunda cita viene de la cultura popular, de *El cazador oculto* de Salinger, para ser exacta. El joven héroe explica:

> Leo muchos libros clásicos, como *The Return of the Native* y otros, y me gustan. [...] Lo que realmente me deja sin aliento es

[2] J. Hillis Miller, "The Function of Rethorical Study at the Present Time", en: *The State of the Discipline, 1970s-1980s*, 62, núm. especial del ADE *Bulletin* (septiembre-noviembre de 1979): 12. Tomé, sin embargo, la cita de Sandra Gilbert, "What Do Feminist Critics Want? or, A Postcard from the Volcano", ADE *Bulletin* 66 (invierno de 1980): 16-23. Recomiendo este excelente artículo, fundamental para comprender la situación de la crítica feminista, a quienes todavía no lo leyeron.

> un libro que, cuando lo terminaste, querrías que el autor fuera un gran amigo tuyo y pudieras llamarlo por teléfono cuando se te antojara. Pero eso no sucede a menudo. (25)

Ante mi devoción, como profesora, por las obras maestras y mi deleite ante el entusiasmo de una clase de cultura popular que llama por teléfono a una autora, no creo que la elección que debemos hacer, si deseamos entusiasmar a una clase, sea tan violenta como para optar por la *basura*. Impedidos por cosas mayores que los cambios de horarios por zonas, es posible que no podamos, ni tampoco deseemos, telefonear a nuestros autores o autoras favoritas. Sin embargo, creo que podemos devolver el entusiasmo al aula si aplicamos, a las *obras maestras*, las ideas de la crítica que, al decir de Stanley Fish, "desafía los supuestos dentro de los que se llevan a cabo las prácticas ordinarias".[3] Agregaría que la crítica feminista -ya sea que la practiquen las mujeres o, como sucede cada vez más, los hombres- es, probablemente, el desafío más poderoso de la práctica ordinaria.

Querría empezar con un libro nuevo de Robert Kiely, catedrático de literatura inglesa en Harvard en el que discute tres cuentos: "The Dead" ["Los muertos"], de James Joyce, "The Shadow in the Rose Garden" ["La sombra en el jardín de rosas"], de Lawrence, y "The Legacy" ["El legado"], de Virginia Woolf. En cada relato, nos dice Kiely, "un matrimonio aparentemente común y feliz pasa por un rompimiento repentino y violento". Continúa explicando:

> La historia del matrimonio se convierte en un asunto completamente diferente para el autor moderno cuando comienza a ocuparse de él como una trama con dos autores [...] La trama definida como el diseño anticipado de una sola imaginación no

[3] Citado en Annette Kolodny, "Not-So-Gentle Persuasion: A Theoretical Imperative of Feminist Literary Criticism", Coloquio sobre la crítica literaria feminista, National Humanities Center, Research Triangle Park, NC, marzo de 1981: 7. La cita proviene de Stanley Fish, *Is There a Text in This Class?* (Cambridge: Harvard University Press, 1980). Véase también Annette Kolodny, "A Map for Rereading; or, Gender and the Interpretation of Literary Texts", en: *New Literary History* 9 (1980): 45-55.

> parece más apropiada que el matrimonio definido de manera igualmente rígida y estrecha. Los esposos de los tres cuentos son narradores *obtusos* de tramas matrimoniales sobre las que, al fin de cuentas, descubren tener solamente un control limitado. El cuento fue vivido, al mismo tiempo, por las esposas que tienen en mente capítulos que los esposos ni siquiera empezaron a imaginar. La crisis se presenta cuando se unen los *textos* de las dos tramas matrimoniales. No hay *corpus delicit*, no hay intruso desnudo bajo el lecho conyugal que deba ser azotado o arrojado por la ventana sin pantalones. El enfrentamiento es verbal, no es un choque de acontecimientos sino de lenguajes que provienen de situaciones distintas y que no llegan a unirse.[4]

No es necesario recalcar que la idea de dos *textos* en el matrimonio suena a la última novedad en psicología o en crítica feminista. Y así es. Nueve años atrás, Jessie Bernard demostró que, si en un matrimonio hablamos con ambas partes en vez de hacerlo sólo con la persona que cree tener problemas, se descubre que no existe un matrimonio sino dos: el de él y el de ella. Ni siquiera están de acuerdo en lo que, con toda ternura, llamamos los hechos: ¿en qué se gasta el dinero?, ¿con qué frecuencia hacen el amor?, ¿con qué frecuencia hablan y de qué?.[5] Es posible que Kiely no sepa quién es Bernard y no conozca sus investigaciones; él está escribiendo sobre dos autores y una autora de obras maestras que ama y que leyó y enseñó desde sus días de estudiante graduado. Sin embargo, hace las mismas preguntas críticas que las escritoras y profesoras feministas plantean en este momento con resultados de gran intéres.

Hablemos ahora de otro crítico contemporáneo, Tony Tanner, en *Adultery in the Novel* [*El adulterio en la novela*].[6] Quiero detenerme en un pasaje que empieza con una cita del Nuevo Testamento acerca de la mujer sorprendida en adulterio:

[4] Robert Kiely, *Beyond Egotism: The Fiction of James Joyce, Virginia Woolf, and D. H. Lawrence* (Cambridge: Harvard University Press, 1980): 87, 89.

[5] Jessie Bernard, *The Future of Marriage* (Nueva York: World, 1972).

[6] Tony Tanner, *Adultery in the Novel* (Baltimore: Johns Hopkins University Press, 1979).

> Los escribas y fariseos (en este contexto, la sociedad) construyen una situación en la que la mujer es traída como un objeto clasificado para que la vean y se hable de ella; la han despersonalizado (una mujer sorprendida durante el adulterio) y reificado (la *colocan* en el centro). Cristo se niega a mirar y, en un comienzo, se niega a hablar. Es decir, se niega a participar de esta actitud puramente especular hacia la mujer y a discutirla como una categoría. Al hacer esto, devuelve a la situación toda la realidad existencial que la sociedad procura negar. Al tratar a la mujer como un espectáculo y una categoría, los representantes de la sociedad intentan apartarla de su propio ser y separarse de ella al adoptar el papel de la comunidad de la cual la mujer se aisló por su ofensa. Cristo se niega a participar en el discurso de escribas y fariseos y, cuando por fin habla, se dirige directamente a ellos. Esto tiene dos consecuencias. Los devuelve a su propia interioridad (son *presos de su propia conciencia*) y desintegra la identidad de grupo dentro de la que se escondieron.
>
> De esta manera Cristo disipa la mirada social que petrifica a la pecadora, de la misma manera que descongela el lenguaje legal que pretende encerrarla en una categoría [...] Éste es un acto más sutil que el de expulsar a los prestamistas, pues, en esta ocasión, Cristo expulsó del templo todo el lenguaje y la actitud de *acusación* social. Luego le habla directamente a la mujer, como a un ser individual [...] Lo que Cristo hizo fue imponer una reconsideración del contexto en el que debe considerarse la acción de la mujer. (21-22)

Una vez repuestos del susto de ver a Jesús haciendo crítica feminista, podemos estar de acuerdo en que esta interpretación es interesante y provocativa, al menos para aquellas que no nos sentimos profundamente enojadas. Pero nos metemos en problemas cuando esta deconstrucción del canon -este ubicar a la mujer, sin castigo, fuera de su lugar asignado, este conectar su pecado con el pecado masculino- abandona el terreno de la discusión y entra en el del discurso. Al decir *discurso* me refiero a esos intercambios en los cuales se ejerce, realmente, el poder (como cuando Foucault declara en *El orden de las cosas* que "todo sistema educativo es un medio político de conservar o modificar la apropiación de discursos, con el conocimiento y poder que éstos traen consigo").[7] En este mismo sentido, un miembro de la Asociación de Lenguaje Moderno (Modern Language Association, MLA) le escribe a Joel Conarroe, su director ejecutivo, para expresar sus opiniones sobre una conferencia reciente en la que se sintió molesto por una supuesta "toma feminista del poder". Estas observaciones, comenta Conarroe,

> me sorprendieron por ser maravillosamente extrañas. Después de décadas de no sentirse bienvenidas a la fiesta, las feministas colocaron, finalmente, una mesa llena de vida casi en el centro del salón, ¿es por eso que dominan? [...] ¿que están tomando el poder? [...] El hecho de que las reuniones traten del [feminismo], no es verdaderamente un indicio de toma de poder, sino una indicación de que éste es un tema en el que hay energía, proyectos de investigación, en este momento particular".[8]

Es fácil entender lo que digo. Con discursos así podemos tener problemas, pero también devolvimos el entusiasmo a las aulas y no lo hicimos con una discusión de novelas de detectives o de ciencia ficción. No cabe duda de que la lucha entre la crítica más teórica y los humanistas al estilo antiguo, como el hombre que le escribió a Joel Conarroe, en términos académicos, alcanzó el rango de campeonato mundial. Pero dejemos que Geoffrey Hartman describa la situación:

> En los últimos años [...] ha aparecido un nuevo frente de batalla. Los críticos, trátese de periodistas o académicos, apuntan su ingenio y sus palabras contra la *deconstrucción*, el *estructuralismo*, el *revisionismo* y otras herejías extranjerizantes. La repentina llamarada de atención, como cuando estalla una guerra, llegó al programa de television "The Dick Cavett Show", que, recientemente, dedicó dos de sus emisiones a la crítica literaria [...] Ahora, la gente se pelea por la crítica [...] como si también hubiera política en ese asunto. Un crítico, Gerald Graff, se metió con la

[7] Citado en Alan Sheridan, *Michel Foucault: The Will to Truth* (Londres: Tavistock, 1980): 127.

[8] Joel Conarroe, *MLA Newsletter* (primavera de 1980): 2.

> llamada escuela de Yale no menos de cuatro veces [...]; un crítico australiano encabeza su ensayo en *The London Review of Books* con el título de "La pandilla de la deconstrucción"; Alfred Kazin [en *The New Republic*] deplora "el triunfo del deconstruccionismo" [...] mientras que William Pritchard, en *Hudson Review*, habla de una "mafia hermenéutica" que contamina la buena prosa inglesa [...] En Inglaterra, la teoría literaria se ha vuelto el foco de un debate público acalorado. "Estructuralismo y deterioro" fue el título de un ataque en *The Observer*.[9]

Los comentarios de Hartman sobre la situación continúan, pero quiero citar otra frase suya: "El marxismo, el estructuralismo, el psicoanálisis, la deconstrucción, todos ellos, consideran el lenguaje como una fuerza social poderosa y compleja que limita o hasta socava la autonomía individual". La palabra "feminismo" brilla por su ausencia. Pero ni siquiera Hartman negaría que el lenguaje fue una fuerza social poderosa, masculina, que socava la autonomía del ser individual, femenino. Él sólo se siente incómodo con aspectos de la crítica feminista que conducen a lo que llamó, en otro lugar, "la generización de la literatura".[10]

Si pasamos momentáneamente de Geoffrey Hartman al estructuralismo, nos encontramos con el modelo linguístico de Lévi-Strauss, que da razón de la "realidad social dentro del entramado de una teoría general de la comunicación. Las reglas de parentesco y matrimonio aseguran el 'intercambio' de mujeres entre los grupos, así como las reglas económicas aseguran la circulación de los bienes y las reglas lingüísticas la de los mensajes".[11] ¿Cuál es la respuesta feminista a esto? Cito un artículo reciente de la crítica feminista Nancy K. Miller titulado "Emphasis Added: Plots and Plausibilities in Women's Fiction", que apare-

[9] Geoffrey H. Hartman, "How Creative Should Literary Criticism Be?", en: *New York Times Book Review* (5 de abril de 1981): 11, 24, 26.

[10] Geoffrey Hartman, "Shakespeare Gendrified", en: *New York Times Book Review* (22 de marzo de 1981): 11, 18-19.

[11] Josue V. Harari, "Critical Factions/Critical Fictions", en: Josue V. Harari (ed.), *Textual Strategies: Perspectives in Post-Structuralist Criticism* (Ithaca: Cornell University Press, 1979): 19.

ció en *PMLA*.[12] Las escritoras, nos dice, son autoras cuyos textos se manifiestan como fantasías dentro de otra economía:

> En esta economía, los deseos ególatras se afirmarían, prácticamente, junto a los eróticos. El contenido reprimido, creo, no serían los impulsos eróticos sino un impulso hacia el poder; una fantasía de poder que revisaría la gramática social en la que las mujeres nunca son definidas como sujetos, una fantasía de poder que desprecia un intercambio sexual en el que las mujeres pueden participar sólo como objetos de circulación.

Lo que descubrimos es que las mujeres que fueron los objetos circulados ahora quieren convertirse en sujetos, capaces de usar la circulación y no ser circuladas. Permítanme que lo diga de otra manera, pues Nancy Miller, con quien doy clases, es una especialista en semiótica con un extenso vocabulario y yo soy una humanista, por lo general, con afición por un inglés estándar, si no básico. Como personas, creamos ficciones de nuestras vidas, las escribimos en libros o los leemos, y en las que sólo nos contamos los relatos de las vidas que hemos de llevar. Pero esa ficción ya está inscrita para las mujeres: van a casarse, van a ser circuladas, van a mediar entre el hombre y su deseo de un hijo, y entre grupos de hombres. En la mayoría de las novelas francesas, por ejemplo, el destino de las mujeres contiene dos fines posibles, que Nancy Miller ha llamado el eufórico y el disfórico, es decir, el matrimonio y la muerte.[13] Todo lo que existe es el destino erótico.

En Inglaterra, los novelistas, casi desde el principio, empezaron a imaginar ficciones de mujeres opuestas a los relatos de aventuras masculinas; inscritas de esa manera, ¿podrían las ficciones de mujeres, todavía, revelar textos más emocionantes que los ofrecidos por las ficciones masculinas? Así lo pensó Samuel Richardson, al igual que muchas de sus famosas admiradoras y

[12] Nancy K. Miller, "Emphasis Added: Plots and Plausibilities in Women's Fiction", *PMLA* 96, núm. 1 (enero de 1981): 3.

[13] Véase Nancy K. Miller, *The Heroine's Text* (Nueva York: Columbia University Press, 1980).

admiradores. La novela inglesa, después de descubrir las ficciones de mujeres, rara vez las abandonó: desde Thackeray hasta Wilkie Collins, Meredith y Gissing, pasando por Henry James, Hardy y Lawrence hasta E. M. Forster y Angus Wilson, los escritores ingleses, como lo señalé en otra parte, encontraron el destino femenino más fascinante que el masculino. No sólo las escritoras –Nancy Miller escribe sobre literatura francesa, una literatura en la que sólo las escritoras se entregaron a "una fantasía en otra economía"–, sino también los hombres empezaron a escribir sobre mujeres que salieron de la economía de la circulación femenina. Quienes estudiamos literatura británica moderna, no necesitamos detenernos para dar validez a la crítica feminista. Sólo tenemos que reconocer lo que hemos estado haciendo.

Hace poco enseñé un par de cursos con Nancy Miller, un producto del Departamento de Francés y de Filología Romance de la Universidad de Columbia. Como lo sugiere su nombre austero, ese departamento es un espacio de metacrítica lingüística en su grado más esotérico. Miller, educada por el maestro, Michael Riffaterre, aplicó su gran inteligencia y excelente formación a la crítica feminista. Yo, educada en la escuela de Lionel Trilling al son del realismo moral, todavía me hago eco de lo que Forster llamó "la colilla del liberalismo victoriano". Tuve que aprender a inyectar, en este universo de Trilling, las técnicas de decodificación que me permitan comprender cómo se establecieron estas ideas liberales, que todavía venero. En el extraordinario diálogo (por lo menos para mí) entre Miller y yo, y entre nosotras y nuestras estudiantes, que tuvo lugar en los seminarios, las deslumbrantes técnicas *riffaterrianas* y las opciones morales *trillingnescas* se enriquecieron mutuamente. ¡Quizá, cerca de las colillas de nuestras especialidades, las dos nos vimos impulsadas literalmente a emprender trabajos literarios! Nuestro entusiasmo aumentó con el conocimiento de que la economía de la dominación masculina, cuando se deconstruye, cuando es sometida a decodificaciones posestructuralistas por profesionales deslumbrantes, muestra a la mujer como la clave vital. No cabe duda de que el posestructuralismo adoptó lo femenino como una de sus metáforas más importantes, superando el atolladero entre el feminismo y el estructuralismo, desafió lo que Derrida llama "el hombre crédulo que para apoyar su testimonio, ofrece la verdad y su falo como credenciales".[14]

Mi recomendación para que vuelva el entusiasmo al aula es, lo admito, radical. Pienso que el feminismo, tanto en la esfera intelectual como en la política, es el meollo de una revolución profunda. Además, quienes se oponen al feminismo están en peligro de imitar a los creacionistas que, desde la época de Darwin a la nuestra, cuestionan la validez de la evolución. Como los y las creacionistas, las personas que se oponen a la crítica feminista se presentan como las protectoras de un cuerpo *cultural* común tal como lo conocieron y como las protege.[15]

Llegué a la conclusión de que quienes enseñamos literatura podemos aprender mucho de Darwin y del efecto revolucionario de su obra. Como explica una estudiosa de su obra:

> [el] mundo de 1857 era el único mundo que podía desear un hombre cuerdo, fuera científico o no. Para los biólogos, era un mundo confiable, un mundo clásico, todavía con definiciones fijas. "Para Aristóteles", escribe Herbert J. Muller, "la definición no era simplemente un proceso verbal o una herramienta útil de pensamiento, era la esencia del conocimiento. Era la comprensión cognitiva de las eternas esencias de la Naturaleza, una forma de conocer fija y necesaria por tratarse de una expresión de la forma del Ser fija y necesaria". En ese mundo satisfecho y satisfactorio, el tranquilo, amable y discreto Charles Darwin había lanzado una bomba.[16]

Creo que muchas de nosotras, las que trabajamos en el campo de las humanidades, estamos desafiando una visión del mundo. Es-

[14] Jacques Derrida, "Becoming Woman", trad. al inglés de Barbara Harlow, *Semiotext (E)* (1978); vol. 3, núm. 1, citado en Miller, "Emphasis Added", ob. cit.: 47.

[15] Véase la propuesta *Iniciativa de protección a la familia*, así como algunos artículos que se oponen al *humanismo secular*, en: *New York Times* (17 de mayo de 1981), sección A: 1; y Marvin Perry, "Banning a Textbook", en: *New York Times* (31 de mayo de 1981), sección E: 19.

[16] Philip Appleman, "Darwin: On Changing the Mind", en: Philip Appleman (ed.), *Darwin* (Nueva York: Norton, 1970): 634.

tamos lanzando una bomba en el mundo estable de las obras maestras literarias. Como dice Thomas Kuhn, Darwin cambió el paradigma con el que operaba la ciencia y "cuando los paradigmas cambian, el mundo cambia con ellos". Kuhn describió el cambio ante nosotras:

> Guiados por un nuevo paradigma, los científicos adoptan nuevos instrumentos y buscan en lugares nuevos. Todavía más importante, en las revoluciones los científicos ven cosas nuevas y diferentes cuando miran, con instrumentos viejos, lugares que ya han observado. Es como si la comunidad profesional hubiera sido transportada repentinamente a otro planeta donde los objetos familiares son vistos bajo una luz distinta y, además, se les unen objetos desconocidos [...] La medida en que su único recurso en ese mundo es lo que ven y hacen, quizá queramos decir que después de una revolución los científicos responden a un mundo diferente.[17]

Al igual que Darwin, la crítica literaria actualmente está buscando evidencias de un *libreto* completamente distinto del que escribió para nosotros/as la literatura sagrada. Habrán notado que un siglo después de Darwin, sus descubrimientos y nuestro derecho a enseñarlos están siendo cuestionados. Como el mismo Darwin escribió:

> Aunque estoy completamente convencido de las verdades presentadas [en *El origen de las especies*], de ningún modo espero convencer a naturalistas con gran experiencia, cuyas mentes están repletas de una multitud de hechos que fueron considerados, todos, durante el largo curso de los años, desde un punto de vista directamente opuesto al mío [...] Pero miro el futuro con confianza, miro a los naturalistas jóvenes, que serán capaces de ver ambos lados del problema con imparcialidad. (Citado por Kuhn: 151.)

Años más tarde, Max Planck diría también: "una verdad científica nueva no triunfa convenciendo a las personas que se oponen a

[17] Thomas S. Kuhn, *The Structure of Scientific Revolutions* (Chicago: University of Chicago Press, 1970): 111.

ella y les hace ver la luz, sino, más bien, porque se mueren con el paso del tiempo y llega una nueva generación para la cual ya no es nueva". (Citado por Kuhn: 151.)

El entusiasmo, creo yo, está en hacer que esa nueva generación se familiarice con nuestros descubrimientos, en darnos cuenta de que tenemos la oportunidad de leer obras maestras –no definidas tan estrictamente como lo desea Hillis Miller, pero obras maestras al fin– y, al mismo tiempo, hacer que la clase tenga el deseo de llamar al autor o a la autora. Lo que Darwin puede enseñarnos es que, sin actuar ni sentirnos como revolucionarias decididas a destruir el *statu quo*, podemos proponer una nueva visión del mundo. Además, si dejamos de pensar en el canon como los creacionistas lo hacen con la Biblia, es decir, como un texto que no sólo debe ser *privilegiado* sino aislado y reificado, quizá podamos permitir que algunas literaturas populares y *emergentes* entren en nuestras aulas más conservadoras. Haremos eso no por ser las obras populares la única literatura que la gente está dispuesta a leer, sino porque las obras maestras serán de nuevo tan vitales que continuarán deslumbrando al lado de obras con las que nos topamos con mayor facilidad.

El espejo y la vampiresa: reflexiones en torno de la crítica feminista*

Sandra M. Gilbert y Susan Gubar

¿Qué lugar ocupa la crítica feminista en la historia de las ideas? Hace cinco siglos, Christine de Pisan declaró que debía fundarse una ciudad utópica de mujeres en el "campo de las letras"; unos doscientos años después, Mary Astell invitó a las mujeres a retirarse a una comunidad intelectual donde pudieran participar de los frutos del conocimiento prohibidos hasta ese momento; y, todavía más recientemente, Virginia Woolf propuso establecer "una nueva universidad, una universidad pobre", una "Sociedad de las de Afuera" en la que las mujeres excluidas de los centros masculinos del saber pudieran tener no sólo cuartos, sino también instituciones propias.[1] ¿Se cumplieron los sueños de estas pensadoras en estas últimas décadas, con el surgimiento de la crítica feminista? Si es así, ¿debería verse la crítica feminista como una escuela teórica separada de otros movimientos intelectuales, aunque igual a ellos? Es decir, ¿deberíamos ver los análisis literarios feministas como productos de lo que, hasta ahora, se definió como nuestra herencia crítica o como rupturas con ella? Como

* Título original en inglés: "The Mirror and the Vamp: Reflections on Feminist Criticism", publicado en: Ralph Cohen, *The Future of Literary Theory* (Nueva York: Routledge, 1989). Traducción de Leticia Tatinclaux, revisada y corregida por Marysa Navarro.

[1] Christine de Pizan, *The Book of the City of Ladies*, trad. al inglés de Earl Jeffrey Richards, prólogo de Marina Warner (Nueva York: Persea Books, 1982); Mary Astell, "A Serious Proposal to the Ladies", en: Sandra M. Gilbert y Susan Gubar (eds.), *The Norton Anthology of Literature by Women: The Tradition in English* (Nueva York: W. W. Norton, 1985): 113-117; Virginia Woolf, *Three Guineas* (Nueva York: Harcourt, Brace, Jovanovich, 1938).

lo sugiere nuestro título, sospechamos que la crítica feminista, tal como se practica ahora a ambos lados del Atlántico, es, en gran medida, un producto de las principales corrientes intelectuales que moldearon el pensamiento occidental moderno, aun cuando también creamos que esa crítica, inevitablemente, busca desbaratar las mismas tradiciones que la formaron.

Cuando hace más de treinta años M. H. Abrams publicó *The Mirror and the Lamp* [*El espejo y la lámpara*], su célebre estudio sobre el desarrollo de la ideología y la iconografía romántica, se centró en el contraste entre los impulsos miméticos y los expresivos, entre el concepto clásico del artista como la persona que coloca un espejo frente a la naturaleza y la idea romántica del artista como una lámpara encendida desde el interior por la espontánea inundación de sentimientos poderosamente luminosos. Al revisar y discutir la estética de pensadores desde Platón y Longino a Wordsworth, Coleridge y Shelley, Abrams, por supuesto, no mencionó a ninguna pensadora feminista y ninguna discusión de textos escritos por mujeres le habría parecido apropiada.[2] Sin embargo, nuestro propósito aquí es demostrar, por un lado, que las categorías que él estableció esclarecen los supuestos y las estrategias intelectuales de la mayoría de las teóricas feministas contemporáneas, y, por otro, que las investigaciones feministas pueden revelar nuevos aspectos del material que él analizó.

El espejo. Para muchas críticas feministas, el símbolo que propone Abrams del arte como representación mimética se convierte en un espacio que captura las imágenes históricas cambiantes de una realidad generizada. Ya sea que estas pensadoras critiquen descripciones misóginas de mujeres, recuperen y reevalúen a escritoras perdidas, o celebren personajes creados por hombres o mujeres como modelos de vida positivos, definen implícitamente

[2] M. H. Abrams, *The Mirror and the Lamp: Romantic Theory and the Critical Tradition* (1953; Nueva York: W. W. Norton, 1958): 90-91. Abrams incluye en su libro una breve discusión de Mme. de Stael en la que señala que "la suya es una versión nebulosa y sentimental de las doctrinas que ella aprendió de August Schlegel y otros teóricos románticos".

la función de la crítica actual como el reflejo –la transcripción– de una historia conocible constituida por autores y autoras, lectores y lectoras reales, y condiciones culturales objetivamente verificables. A menudo, al trabajar a partir del supuesto de que la literatura "es un reflejo de objetos y sucesos",[3] usan textos para explorar contextos sociales y psicológicos, señalando las formas en que obras olvidadas o incomprendidas funcionan sólo parcialmente para documentar una historia cultural olvidada o malinterpretada. Además, al reconceptualizar el pasado, cuestionan modos de periodización y evaluación aceptados pero, por regla general, no desafían los conceptos de realidad que subyacen en las actividades mismas de periodización y evaluación.

La lámpara. Para otras críticas feministas, el emblema de la subjetividad e inspiración que presenta Abrams adoptó un género pero conservó su energía romántica. En las obras de estas pensadoras, puede decirse que la brillantez autogenerada del poeta heroico sirve como paradigma de la autonomía expresiva de la crítica, así como de los impulsos rebeldemente antirracionales y antijerárquicos que fueron reprimidos, pero no borrados, por la cultura patriarcal. Pero, como esos impulsos están asociados con lo alienado, lo desposeído y lo marginado –todo lo cual puede ser representado por *lo femenino*– la lámpara de Abrams, metafóricamente hablando, se transforma en las manos de estas críticas y se convierte en una vampiresa, a la vez seductora fatal y figura ferozmente *No Muerta* que ronda el bosque nocturno del inconsciente colectivo. Sea que busquen liberar el poder de lo femenino de las limitaciones del discurso patriarcal, que luchen por invertir o disolver las oposiciones binarias de cultura-naturaleza, hombre-mujer, mente-cuerpo y día-noche, o luchen por aniquilar la hegemonía del sujeto *falocéntrico* y el *falogocentrismo* del concepto mismo de historia, estas teóricas definen, implícitamente, la función actual de la crítica como un ataque desafiante, inspirado y endemoniadamente sensual –de hecho, una seducción y una traición de los sistemas patriarcales de pensamiento–.

[3] M. H. Abrams, *The Mirror and the Lamp*, ob. cit.; 34.

Por lo tanto, aunque quizás de modo paradójico, puede decirse que las categorías *clásico* y *romántico*, en último término, incluyen dos tendencias del pensamiento feminista muy diferentes y que, supuestamente, desean situarse fuera de esas estructuras. Aunque si escritoras tales como Christine de Pisan, Mary Astell y Virginia Woolf soñaron con comunidades intelectuales de mujeres situadas lejos de la exasperante multitud de reyes/filósofos, sus descendientes parecerían haber tenido que tomar sus lugares en la gran cadena de la vida que es la historia de las ideas.

Está claro que poner un espejo frente a la naturaleza de la cultura es, fundamentalmente, un proyecto empirista y, quizá, por esa razón sea una actividad emprendida principalmente por críticas literarias feministas inglesas y norteamericanas. Como lo señaló Elaine Showalter en un importante ensayo titulado "Toward a Feminist Poetics" ["Hacia una poética feminista"], las dos modalidades de crítica feminista - *critique* [*crítica*] y *ginocrítica*- que identificamos con el *espejo* clásico y racionalista de Abrams, se desarrollaron de forma consecutiva, pero siguen produciendo un fuerte interés entre las académicas que estudian las obras tanto de autores como de autoras.[4] Según Showalter, las que optan por la *critique* tienden a enfocar los problemas de la "mujer como consumidora de literatura producida por hombres"[5] y, por lo tanto, a fustigar a los hombres como compañeros problemáticos que definen a las mujeres, según Katherine Rogers, como ayudantes molestas.[6] Siguiendo a Judith Fetterley y su visión de los clásicos escritos por hombres como textos que requieren lectoras que se "identifiquen contra ellas mismas", un grupo de críticas feministas lucha por aprender lo que Susan Shibanoff llama "el

[4] Elaine Showalter, "Towards a Feminist Poetics", en: Mary Jacobus (ed.), *Women Writing and Writing About Women* (Londres: Croom Helm, 1979): 25. Showalter amplió este planteo en su más reciente "Feminist Criticism in the Wilderness", en: Elaine Showalter (ed.), *The New Feminist Criticism: Essays on Women, Literature and Theory* (Nueva York: Pantheon Books, 1985): 243-270.

[5] Showalter, "Towards a Feminist Poetics", ob. cit.: 25.

[6] Katherine Rogers, *The Troublesome Helpmate: A History of Misogyny in Literature* (Seattle: University of Washington Press, 1966).

arte de leer como una mujer", un arte que les permitiría percibir, según Fetterley, los "dictados" patriarcales de los textos masculinistas.[7] Pero, agregaríamos, las partidarias de la metodología de la *critique*, con frecuencia, también reprochan a las escritoras –tanto a las precursoras como a las contemporáneas– su complicidad con ideologías definidas por los hombres o su victimización por esas ideologías.

Mientras que críticas desde Marilyn French hasta Linda Bamber, por ejemplo, reaccionan con inquietud ante la descripción que hace Shakespeare de la mujer como la dama oscura que encarna la otredad, pensadoras desde Lee Edwards hasta Suzanne Juhasz y Denise Levertov se afligieron, respectivamente, por la hostilidad de George Eliot hacia las ambiciones de sus heroínas, el decoro de Señora de Marianne Moore y la retórica del suicidio aparentemente autocomplaciente de Sylvia Plath y Anne Sexton.[8] Sin embargo, al mismo tiempo, un conjunto de *críticas* literarias escritas por hombres funcionan como reivindicaciones de los hombres de letras. Carolyn Heilbrun rastrea imágenes sanadoras de la androginia en una variedad de textos escritos tanto por hombres como por mujeres; Nina Auerbach encuentra una poderosa comunidad de mujeres en *Los bostonianos* de Henry James, e imágenes de mujeres demoníacas inspiradoras de poder en textos de fines del siglo XIX escritos por hombres tales como Algernon Charles Swinburne y H. Rider Haggard; y Suzette Henke y

[7] Judith Fetterley, *The Resisting Reader: A Feminist Approach to American Literature* (Bloomington: Indiana University Press, 1978): XI; Susan Shibanoff, "Taking the Gold Out of Egypt: The Art of Reading as a Woman", en: Elizabeth A. Flynn y Patrocinio P. Schweickart (eds.), *Gender and Reading: Essays on Readers, Texts, and Contexts* (Baltimore y Londres: The Johns Hopkins University Press, 1986): 83-106.

[8] Véase Marilyn French, *Shakespeare's Division of Experience* (Nueva York: Summit Books, 1981); Linda Bamber, *Comic Women, Tragic Men: A Study of Gender and Genre in Shakespeare* (Stanford: Stanford University Press, 1982); Lee Edwards, "Women, Energy and *Middlemarch*", en: *The Massachusetts Review* 13 (invierno-primavera de 1972): 223-254; Suzanne Juhasz, *Naked and Fiery Forms, Modern American Poetry by Women: A New Tradition* (Nueva York: Harper Colophon Books, 1976); y Denise Levertov, *Light Up the Cave* (Nueva York: New Directions, 1981).

Bonnie Kime Scott elogian las descripciones literarias que hace Joyce de lo femenino.[9]

Según Showalter, también las que optan por la *ginocrítica* se ocupan del problema de la "mujer como productora de significado textual, con la historia, temas, géneros y estructuras de la literatura escrita por la mujer", y por lo tanto tienden a recuperar y reevaluar los logros de las literatas a través del tiempo.[10] Así, las críticas feministas exploraron la psicodinámica de la creatividad femenina, desde *Literary Women* [*Mujeres literatas*], de Ellen Moers y *The Female Imagination* [*La imaginación femenina*], de Patricia Meyer Spacks, los primeros intentos críticos de definir una tradición literaria de mujeres, hasta *A Literature of Their Own* [*Una literatura propia*], de Showalter, que sigue la evolución de la ficción inglesa escrita por mujeres a través de las tres etapas que define como "Femenina", "Feminista, "De mujeres", y nuestra *The Madwoman in the Attic* [*La loca en el altillo*], que estudia las estrategias de las escritoras inglesas y norteamericanas del siglo XIX para sobrellevar su "ansiedad de autoría".[11] Más recientemente, desde *Black Women Novelists* [*Novelistas negras*], de Barbara Christian, que sigue "el desarrollo de una tradición" de 1892 a 1976, hasta *Writing beyond the Ending* [*Escribir más allá del final*], de Rachel Blau DuPlessis, que examina un conjunto de estrategias narrativas desplegadas por escritoras del siglo XX para *deslegitimar* las novelas de *romance* (femeninas) y las tramas de búsquedas (masculinas), y numerosos análisis de escritoras, las críticas feministas examinaron el impacto de la historia de las mu-

[9] Carolyn Heilbrun, *Toward a Recognition of Androgyny* (Nueva York: Knopf, 1973); Nina Auerbach, *Communities of Women* (Cambridge, MA: Harvard University Press, 1978) y *Woman and the Demon* (Cambridge, MA: Harvard University Press, 1982); Suzette Henke (ed.), *Women in Joyce* (Urbana: University of Illinois Press, 1982); Bonnie Kime Scott, *Joyce and Feminism* (Bloomington: Indiana University Press, 1984).

[10] Elaine Showalter, "Towards a Feminist Poetics", ob. cit.: 26.

[11] Ellen Moers, *Literary Women* (Nueva York: Doubleday, 1976); Patricia Meyer Spacks, *The Female Imagination* (Nueva York: Knopf, 1975); Elaine Showalter, *A Literature of Their Own* (Princeton: Princeton University Press, 1977); Sandra M. Gilbert y Susan Gubar, *The Madwoman in the Attic* (New Haven: Yale University Press, 1979).

jeres en la historia literaria de las mujeres, así como las metáforas, los temas y las formas empleadas por las escritoras.[12]

Es evidente que tanto la *critique* como la *ginocrítica* están basadas no sólo en el supuesto de que la literatura está conformada por las condiciones sociales y a la vez las refleja, sino también en la creencia de que la crítica es una actividad que puede analizar y alterar esas condiciones a través de la interpretación de textos. Por lo tanto, si pone un espejo ante obras masculinistas o feministas, la crítica feminista que emplea las estrategias descritas por Showalter es fundamentalmente racionalista: cree que mediante argumentos cuidadosos y una documentación escrupulosa, puede convencer a lectores y lectoras de que cambien la política sexual representada por la poética sexual que ella estudia. Porque es realista, trabaja con estructuras establecidas y generalmente dentro de ellas: ya sea la estructura institucional de la academia como las estructuras intelectuales significadas por palabras como "autor", "historia", "canon", "género", "nacionalidad", "clase" y "raza". Para ella, el significado del significado, que puede ser complejo, múltiple y hasta contradictorio, es y debe ser descifrable como parte de un proyecto militante de renovación cultural.

Para esta crítica, ignorar la significación y la firma del autor o de la autora sería perpetuar la tradicional omisión patriarcal de la realidad femenina. Por lo tanto, sea su enfoque marxista, psicoanalítico o fenomenológico, desea relacionar los textos con sus contextos biográficos para, por un lado, demostrar cómo ciertas escritoras triunfaron a pesar de circunstancias difíciles o, por otro, mostrar cómo las presiones sociales inhibieron o deformaron la creatividad femenina. Piensa que negar la posibilidad de que la historia pueda conocerse e interpretarse es aceptar las construcciones patriarcales de un pasado falso o perder el derecho al futuro que podría inventarse al volver a imaginar el pasado. Así pues, sea que busque desenterrar textos olvidados, alterar métodos de periodización establecidos o rastrear genealogías

[12] Barbara Christian, *Black Women Novelists: The Development of a Tradition, 1892-1976* (Westport, CT: Greenwood Press,1980); Rachel Blau DuPlessis, *Writing beyond the Ending* (Bloomington: Indiana University Press, 1985).

literarias alternativas, junta documentos tanto literarios como socioculturales para reflexionar de forma nueva sobre la relación entre la tradición y el talento individual.

Cree que ignorar tanto la política como la inevitabilidad de la formación del canon sería inocentemente utópico, ya que no pueden evadirse las realidades de los libros de texto, de los programas de curso, de las antologías y listas de editoriales. Por lo tanto, lucha por crear un canon propio que, cuando menos, complementaría y suplantaría la biblioteca de clásicos, en su mayoría escritos por hombres, que heredó. Según ella, no confrontar las convenciones y las limitaciones de las categorías de género literario sería hacer caso omiso de la significación de las jerarquías de género y su efecto en la relación entre el género literario y el género. Así intenta revalorar ciertos géneros en los que a menudo trabajaron las mujeres y explicar por qué otros pueden haber parecido ajenos a la imaginación femenina. Finalmente, afirma que hacer caso omiso del impacto de la nacionalidad, la clase y la raza sería negar el efecto de las condiciones materiales que, con frecuencia, dividieron o unieron a las mujeres. Cualquiera sea su tema, los Estados Unidos durante la colonia, el Londres de la clase obrera en la época victoriana o el Harlem en la década de 1920, trata de integrar la vida de la autora no sólo en pautas históricas recién descubiertas, en un canon reformado y en géneros revalorizados, sino también en esos elementos étnicos y raciales que dan forma a las experiencias femeninas y las diferencian.

Debido a que todos estos proyectos son políticos, en un sentido u otro, a veces tienen los defectos de sus virtudes. Para la crítica que relee las palabras del texto para cambiar el texto del mundo, el espejo de la descripción puede transformarse en una herramienta prescriptiva, a medida que la ideología confunde la evaluación. No cabe duda de que la crítica feminista inglesa y norteamericana surgió del reconocimiento de que las estrategias evaluativas e interpretativas, supuestamente neutras, utilizadas por los Nuevos Críticos, estaban marcadas por supuestos ideológicos ocultos sobre la centralidad de la experiencia de los hombres y la inevitabilidad de las jerarquías patriarcales. En consecuencia, por lo menos al principio, las feministas tuvieron que plantear que ya que todos los actos críticos son en algún sentido políticos, las lectoras deberían resistir tanto las ideologías masculinistas como sus consecuencias evaluativas y diseñar modalidades de interpretación y evaluación específicamente centradas en las mujeres.

Pero desde Cheri Register en 1975 hasta Lillian Faderman en 1981, la necesidad apremiante de proporcionar *modelos positivos* a las mujeres influyó para que algunas críticas alaben o culpen a autores y autoras basándose únicamente en las caracterizaciones que hacen de las mujeres. "Para ganarse la aprobación de las feministas", señaló Register, "la literatura debe cumplir con una o más de las siguientes funciones: 1) servir de foro para mujeres; 2) ayudar a lograr la androginia cultural; 3) proporcionar modelos; 4) promover la hermandad entre mujeres; y 5) incrementar la concientización".[13] Centrándose específicamente en los modelos, Faderman atacó *The Well of Loneliness* [*El pozo de soledad*], de Radclyffe Hall como algo que pasa de lo sublime a lo prosaico y trivial porque este "registro popular de 'inversión congénita' hizo que los impulsos más naturales y las visiones más sanas fueran todavía más mórbidos".[14] Más recientemente, un grupo de críticas feministas cuestionó aun más radicalmente los criterios evaluativos tradicionales y, al decir de Lillian Robinson, decidió que "necesitamos entender si se está reivindicando que muchos de los textos de mujeres recientemente redescubiertos o a los cuales se ha dado validez cumplen con criterios existentes o esos mismos criterios excluyen intrínsecamente o tienden a excluir a las mujeres y por lo tanto deben ser modificados o reemplazados.[15]

El intento de algunas feministas que trabajan sobre literatura norteamericana en sus esfuerzos por responder a la exclusión de las mujeres del llamado canon del renacimiento norteamericano

[13] Cheri Register, "American Feminist Literary Criticism: A Bibliographical Introduction", en: Josephine Donovan (ed.), *Feminist Literary Criticism* (Lexington: The University Press of Kentucky, 1975): 18-19.

[14] Lillian Faderman, *Surpassing the Love of Men: Romantic Friendship and Love between Women from the Renaissance to the Present* (Nueva York: William Morrow, 1981): 321-323.

[15] Lillian Robinson, "Treason Our Text", en: *The New Feminist Criticism*, ob. cit.: 110.

es un ejemplo particularmente dramático de este repudio político de los criterios evaluativos establecidos. Si bien Nina Baym, la autora de *Woman's Fiction* [*La ficción de la mujer*], uno de los primeros estudios sobre *la novela doméstica* como parte de una tradición norteamericana alternativa, matizó cuidadosamente sus lecturas de obras de escritoras como E. D. E. N. Southworth, Susan Warner y Maria Cummings con la siguiente confesión: "aunque he encontrado muchas cosas interesantes en estos libros, no he desenterrado a una Jane Austen o a una George Eliot olvidadas, ni siquiera he descubierto una novela que yo propondría colocar junto a *The Scarlet Letter* [*La letra escarlata*]"; otras no fueron tan moderadas.[16] En una conferencia, por lo menos una académica feminista especialista en literatura norteamericana –Annette Kolodny– recomendó a su público que cierre su Melville y abra su Warner, insistiendo en que si estudiantes y profesores dejaran de leer a Hawthorne, Emerson, Thoreau y Melville durante cinco años y se dedicaran a productos ejemplares de la cultura de mujeres tales como *Wide, Wide World* [*Ancho, ancho mundo*], de Warner y *The Lamplighter* [*El farolero*], de Cummins, cambiarían de opinión no sólo sobre los Estados Unidos durante el siglo XIX, sino también sobre lo que quiere decir *grandeza literaria*.

Un conocido ensayo de Jane P. Tompkins personifica, sin duda alguna, los posibles problemas implícitos en el consejo cargado de política de Kolodny. Al discutir *La cabaña del tío Tom* como una "novela doméstica popular del siglo XIX", que encuentra paradigmática, Tompkins declara que este género "representa un esfuerzo monumental por reorganizar la cultura desde la perspectiva de la mujer [...] [un] corpus [...] notable por su complejidad intelectual, ambición e ingenio". Sin embargo, en la página siguiente admite "que la obra de las autoras sentimentales es compleja y significativa en sentidos *distintos de* los que caracterizan a las obras maestras establecidas", y pide "al lector o a la lectora que deje de lado algunas categorías establecidas para eva-

[16] Nina Baym, *Woman's Fiction: A Guide to Novels by and about Women in America, 1820-1870* (Ithaca: Cornell University Press, 1978): 14-15.

luar la ficción: complejidad estilística, sutileza psicológica, complejidad epistemológica".[17] ¿Pero, con qué criterios reemplazarían críticas como Kolodny y Tompkins estas categorías? ¿Qué claridad tienen los espejos que alzan ante la novela norteamericana del siglo XIX?

Es verdad, como dice Nina Baym, que el canon formado por críticos desde F. O. Mathiessen, Perry Miller y Henry Nash Smith a Lionel Trilling y Leslie Fiedler, está moldeado por una ideología masculina de individualismo heroico.[18] Sin embargo, el canon que críticas como Kolodny y Tompkins oponen a la tradicional Pléyade norteamericana está basado, a menudo, en una ideología igualmente fuerte, aunque diferente, una ideología que define la excelencia como la inscripción de virtudes convencionalmente femeninas y comunales, como el cuidado maternal, el apoyo basado en la hermandad, la pureza piadosa y la expresividad emocional. A su manera, las sucesoras feministas de los norteamericanistas que definieron por primera vez los contornos de nuestra literatura, están emprendiendo actos de evaluación que son tan restringidos ideológicamente como los que critican en sus precursores masculinistas. Asimismo, la ideología que estas feministas abrazan es más sospechosa de lo que reconocen, pues puede decirse, y se ha dicho, que la obra de novelistas sentimentales en realidad perpetúa el concepto de las esferas sexuales separadas que privatizó y subordinó a las mujeres durante el siglo XIX.[19]

Algunas críticas feministas tratan de ir más allá de la cuestión ideológica y apuntan su mira al género literario. Por ejemplo, Tompkins propone que evaluemos *La cabaña del tío Tom* como una lamentación y no como una novela. Para ella, el libro carece de sutileza psicológica y de complejidad epistemológica como

[17] Jane P. Tompkins, "Sentimental Power: *Uncle Tom's Cabin* and the Politics of Literary History", en: *The New Feminist Criticism*, ob. cit: 83-84.

[18] Nina Baym, "Melodramas of Beset Manhood", en: *The New Feminist Criticism*, ob. cit.: 63-80.

[19] Ann Douglas, *The Feminization of American Culture* (Nueva York: Alfred A. Knopf, 1977). Mary Kelley resume el debate sobre la ficción sentimental en "The Sentimentalists: Promise and betrayal in the Home", en: *Signs* 4 (primavera de 1979): 434-446.

novela, pero, como lamentación, encuentra que es retóricamente coherente, compleja y de gran efecto. Sin embargo, ¿es que la necesidad de cambiar las clasificaciones de género literario y privilegiar una ideología femenina diferente implica una suerte de súplica especial? Estos pasos parecen sugerir el acuerdo tácito de la crítica feminista acerca de que las escritoras no pueden ser juzgadas con los mismos criterios que aplicaríamos a los escritores y, por lo tanto, perpetúa el supuesto patriarcal de que las mujeres no son iguales a los hombres. Además, paradójicamente, estos gestos tienen el efecto de crear un canon *femenino* alternativo que excluiría textos escritos por mujeres que pueden considerarse excelentes, a partir de criterios supuestamente masculinistas –por ejemplo, obras psicológicamente sutiles y epistemológicamente complejas como *The Morgesons*, de Elizabeth Drew Stoddard, *The Story of Avis* [*La historia de Avis*], de Elizabeth Stuart Phelps Ward, y los poemas de Emily Dickinson–.

Así también, si ciertos géneros literarios, criterios diferentes y valores particulares son definidos como inevitables y apropiadamente femeninos por las feministas, la recuperación politizada del pasado bien podría conducir a prescripciones políticas para el futuro, con escritoras que son elogiadas como *modelos positivos* si producen textos que se ajustan a ciertos patrones preconcebidos, y son desechadas por *identificarse con los hombres* si escriben otros tipos de obras. Finalmente, si algunos de los adelantos en los estudios del siglo XIX norteamericano apuntan en las direcciones en que las estudiosas feministas que se dedican al Renacimiento o al siglo XVIII comenzaron a moverse, existe el peligro de que el deseo político feminista tienda a falsificar aspectos de la realidad tanto como lo hizo la ideología masculinista. Pues, cuando el espejo de la descripción se convierte en una herramienta de prescripción, su superficie se empaña para que la persona que hace la crítica pueda percibir solamente lo que desea ver, ya que, como dice Blake, "el ojo que cambia todo cambia".

Si el deseo se transforma en un asunto problemático (pero periférico) para las críticas del espejo, es una fuente de poder y también un tema de análisis para el grupo que llamamos las críticas vampiresas. Claro está que las críticas que practican las artes de la vampiresa en Francia, Inglaterra y los Estados Unidos tienen varios proyectos. Para desenredar lo *femenino* de las limitaciones patriarcales, ellas requieren una *écriture féminine* o un *parler femme* que inscriba el cuerpo del deseo femenino, como dice Mary Jacobus, en "un lenguaje liberado de la noción freudiana de la castración, por la que se define la diferencia femenina como carencia más que como Otredad".[20] Para enfrentar las oposiciones binarias y jerárquicas a partir de las cuales, según ellas, se constituyó la cultura patriarcal, procuran, en primer lugar, desenterrar términos subordinados o reprimidos (el cuerpo, lo preedípico, la naturaleza, la mujer, la noche) y junto con la *Revolution in Poetic Language* [*La revolución del lenguaje poético*], de Julia Kristeva, mantienen que debajo el lenguaje simbólico, o detrás de él, puede discernirse el *espacio* de la "*chora* semiótica", un espacio que es "Indiferente al lenguaje, enigmático y femenino [...] rítmico, liberado, irreducible a su traducción verbal inteligible [...] musical, anterior al juicio pero limitado por una sola garantía: la sintaxis".[21] Luego, para eliminar completamente los pares binarios, buscan otorgar al término subordinado o reprimido el don infinitamente fluido de soltura y multiplicidad y dicen, con *Este sexo que no es uno* de Luce Irigaray, que la mujer "es indefinidamente otra en sí misma [...] Tendríamos que escuchar con otro oído, como si escucháramos *un 'otro significado' siempre en el proceso de tejerse a sí mismo, de abrazarse a sí mismo con palabras, pero también de deshacerse de las palabras para no fijarse, para no congelarse en ellas*".[22] Por último, como dice Toril Moi, para permitir que "la crítica feminista escape de un empirismo paralizador centrado en la autoría" alegan que "la escritura femenina" no es lo que algunas críticas, como dice Peggy Ka-

[20] Mary Jacobus, "The Difference of View", en: *Women Writing and Writing about Women*, ob. cit.: 12.

[21] Julia Kristeva, *Revolution in Poetic Language*, traducción al ingles de Margaret Waller, introducción de Leon R. Roudiez (Neueva York: Columbia University Press, 1984): 29.

[22] Luce Irigaray, *This Sex Which Is Not One*, traducción al inglés de Catherine Porter y Carolyn Burke (Ithaca: Cornell University Press, 1985): 29.

muf, "entienden de modo bastante banal" como "obras firmadas por hembras de la especie biológicamente determinadas".[23]

Porque estas críticas escriben tratados que están, como le dice Catherine Clément a Hélène Cixous en un diálogo al final de *La Mujer Recién Nacida*, "a medio camino entre la teoría y la ficción", y como continuamente repiten un "YO SOY" creativo al estilo de Coleridge, basado en la autoridad de su propia subjetividad, tienen, por lo tanto, afinidades significativas con los poetas cuya estética de la lámpara le interesa a Abrams.[24] Pero la seducción satánica y la energía oscurecida de sus discursos las alinea más firmemente con las vampiresas -las *femmes fatales* y vampiros- que con las lámparas. El lenguaje de teóricas como Cixous e Irigaray -sensual y juguetón en su despliegue de engreimientos, juegos de palabras y neologismos- también está marcado por sus persistentes referencias a lo erótico, a la *jouissance* y a las características primarias y secundarias del cuerpo femenino.

Pero, si sus estilos son con frecuencia tan orgánicos y orgásmicos como sus preocupaciones, estas feministas también tienden a organizar encuentros galantes -y participar en ellos- con pensadores tales como Platón y Descartes o Sigmund Freud, Jacques Lacan y Jacques Derrida. Al intentar seducir a los maestros de la historia intelectual masculina, prueban que lo que Jane Gallop llama *la seducción de la hija* es, a la vez, estimulante y peligroso pues, al resucitar, por ejemplo, las figuras reprimidas de la hechicera y la histérica, crean una amenaza: que los deseos femeninos liberados de estas *femmes* sean *fatales* para la cultura engendrada por los padres: "Cuando 'lo Reprimido' de sus culturas y su sociedad regresa", escribe Cixous, "es un regreso explosivo que es *completamente* aniquilador, asombroso y trastornador, con una fuerza nunca antes desencadenada, en la escala de las más

[23] Toril Moi, *Sexual/Textual Politics: Feminist Literary Theory* (Methuen: Londres y Nueva York, 1985), 126; Peggy Kamuf, "Writing Like A Woman", en: Sally McConnell-Ginet, Ruth Borker, y Nelly Furman (eds.), *Women and Language in Literature and Society* (Nueva York: Praeger Special Studies, 1980): 285.

[24] Hélène Cixous and Catherine Clément, *The Newly Born Woman*, trad. al inglés de Betsy Wing, introducción de Sandra M. Gilbert (Minneapolis: University of Minesota Press, 1975): 136.

gigantescas represiones".[25] Sin embargo, estas escritoras también son notablemente vampíricas, incluso cuando sus ataques tienen una meta apocalíptica. Al recuperar el yo femenino preedípico, reprimido y *No Muerto*, según ellas estacado y decapitado a lo largo de la historia, chupan la sangre de la teoría masculina y roban un lenguaje que desean destruir. Soñando con escapadas nocturnas ilícitas o categorías trastocadas, evocan los *aires de murciélagos negros* que rodean a Drácula y sus acólitos. Y, al igual que Drácula, que cruza el canal camino a Inglaterra en la bodega del buque malo *Demeter*, ellas entrarían y transformarían la cultura navegando en el barco de la Gran Madre.

No hay de duda de que tanto los modos como la conducta de la vampiresa surgen de un conjunto de supuestos, muy diferentes, sobre la literatura, la sociedad y la crítica pero tan apremiantes como los que informan las teorías del crítico anglonorteamericano del espejo, racional y empírico. Más radical y romántica que su homólogo, la crítica vampiresa también cree que la literatura refleja y refracta las circunstancias sociales pero, a diferencia de quienes proponen la *critique* y la *ginocrítica*, no supone que la interpretación de textos literarios es la principal actividad políticamente transformadora de la que debería ocuparse la crítica. Al sustituir abiertamente la prescripción por la descripción, es exhortatoria y visionaria, elabora imágenes utópicas del futuro más que documentar análisis de un pasado distópico. Abiertamente excéntrica, trabaja fuera de las estructuras establecidas y rechaza lo que llama categorías hegemónicas representadas por las palabras "autor", "historia", "canon", "género", "nacionalidad", "clase" y "raza". Para ella, el significado del significado es *siempre de antemano* ficcional, y cualquier intento de descifrar la ilimitada indeterminación del lenguaje, necesariamente, repite los modos de control patriarcales y es su cómplice.

Creer en "el autor o la autora como el significante trascendente de su propio texto", piensa la crítica vampiresa, es aceptar un concepto jerárquico de la autoridad que subordina lo que debería ser el "libre juego de la significación" a una intencionalidad

[25] Hélène Cixous, *The Newly Born Woman*, ob. cit.: 95.

monolítica.[26] Por lo tanto, ya sea que lea un texto de un hombre como si lo hubiera escrito una mujer, o que analice un texto de una mujer para "desenredar" -no "descifrar"- las complejidades y contradicciones por las que se manifiesta lo *femenino*, ve el uso crítico de la biografía como una entrega a una "metafísica de la presencia" falocrática.[27] Según ella, de esta desconfianza de una metafísica de la presencia se deduce que imaginar la historia como algo conocible y narrable en el sentido ordinario y empírico es elaborar un conjunto de relatos ingenuos sobre personas, lugares y cosas que reflejan los mismos supuestos falocéntricos contra que los se debate. Así, sea que reflexione, como Irigaray, sobre la historia de las ideas, que cavile con Catherine Clément sobre las figuras de la hechicera y la histérica en textos del siglo XV, desde el *Malleus Maleficarum* hasta *Dora* de Freud, o, como Cixous, reconstruya a la Medusa radiante y risueña, ella procura escribir una antihistoria mística de lo que no es y nunca ha sido, creyendo que "la Historia siempre está en muchos lugares al mismo tiempo, siempre hay muchas historias en proceso".[28]

Siente que participar en el proceso de formación del canon sería contaminarse con un sistema patriarcal y humanístico en que los monumentos de un intelecto que no envejece funcionan despóticamente para establecer un modelo opresivo y normativo de *grandeza*.[29] Por lo tanto, al negarse a construir incluso un canon de escritura *femenina* aceptable, produce lo que, a menudo, son reflexiones esencialmente metacríticas sobre los procesos culturales de significación. Siente que cuidar de las convenciones genéricas limitaría el libre juego de la imaginación crítica. Por lo tanto, con frecuencia lee historias clínicas psicoanálíticas como si fueran ficción, y novelas como si fueran tratados filosóficos, mientras

[26] Toril Moi, *Sexual/Textual Politics*, ob. cit.: 62.

[27] Jonathan Culler, *On deconstruction* (Ithaca: Cornell University Press, 1982): 92.

[28] Luce Irigaray, *Speculum of the Other Woman*, trad. al inglés de Gillian C. Gill (Ithaca: Cornell University Press, 1985); Clément, en: *The Newly Born Woman*, ob. cit.: 3-40; Cixous, *The Newly Born Woman*, ob. cit: 68-69; la cita, de Cixous, aparece en la 160.

[29] Toril Moi, *Sexual/Textual Politics*, ob. cit.: 78.

que ella a menudo produce textos que –como los de Cixous "a medio camino entre la teoría y la ficción"–, con rebeldía, cruzan fronteras de géneros literarios. Finalmente, aunque a veces se define como marxista y manifiesta preocupación por las *condiciones materiales*, tiende –con Kristeva– a borrar las distinciones entre todos los grupos marginados porque, según ella, todos fueron subordinados por las mismas estructuras sociales jerárquicas, o –con Cixous e Irigaray– a ignorar esas categorías por considerar que la *mujer* es una construcción transhistórica y transcultural. Por consiguiente, sea su tema las mujeres chinas, el personaje de Cleopatra de Shakespeare, Alicia de Lewis Carroll o las madonas de Bernini, se centra en las fuerzas múltiples del texto para destruir la autoridad tanto del autor o de la autora como la de la historia, y para liberar las energías libidinales perdidas de lo femenino.[30]

Aunque algunos de los trabajos de estas críticas vampiresas fueron placenteramente sensuales y transgresores, también tienen los defectos de sus virtudes. La vampiresa es glamorosa, es una actriz en una especie de teatro de guerrilla, pero la obra de seducción y traición que representa en su incursión contra las estructuras patriarcales puede terminar siendo tan seductoramente traicionera para las mujeres como para los hombres. Aunque sea paradójico, no hay duda de que los conceptos franceses de *écriture féminine* y *parler femme* son tan prescriptivos como la noción norteamericana de *modelos positivos*. ¿Qué pasa si todas estas imaginaciones femeninas no se ven cautivadas por sueños de *jouissance* literaria, de escribir con tinta blanca, de un tejer y destejer lingüístico, de erupción volcánica y pulsión coral? ¿Por qué textos escritos por supuestas *hembras de la especie biológicamente determinadas* deben ser descartados por no femeninos si no están marcados por esas características? ¿Y por qué textos

[30] Sobre mujeres chinas, véase Julia Kristeva, *About Chinese Women*, trad. al inglés de Alita Earrows (Nueva York: Urizen Books, 1977); sobre la Cleopatra de Shakespeare, véase Cixous, *The Newly Born Woman*, ob. cit.: 122-130; sobre la Alicia de Lewis Carroll, véase Irigaray, "The Looking Glass, from the Other Side", en: *This Sex Which Is Not One*, ob. cit.; y para las madonas de Bernini, véase, de Kristeva, *Desire in Language*, trad. al inglés de Thomas Gora, Alice Jardine y Leon S. Roudiez (Nueva York: Columbia University Press, 1980).

escritos por varones de la especie biológicamente determinados deben ser celebrados como *inscripciones de lo femenino* si cuentan con estas características? Según los criterios prescriptivos de estas críticas, Jane Austen y George Eliot serían enfermizamente reprimidas e *identificadas con los hombres*, mientras que James Joyce y Georges Bataille serían triunfadoramente liberados y *femeninos*.[31] Austen y Eliot parecen trabajar dentro de las estructuras convencionales, usan un lenguaje ordinario y editorializan en contra de la economía del placer, mientras que Joyce y Bataille parecen revisar subversivamente estructuras heredadas, repudian fervores patriarcales con audacia, y con una loable perversidad polimórfica ceden ante una economía de *jouissance*. Sín embargo, como lo planteamos en otro texto, Austen y Eliot se ubicaron de muchas maneras en una tradición literaria conscientemente femenina, tanto al ofrecer resistencia a la autoridad literaria y social masculina, como al identificarse con sus precursoras y contemporáneas, mientras que modernistas como Joyce y Bataille repetidamente crearon y explotaron estrategias experimentales complejas, precisamente para rechazar una nueva e intensa amenaza de lo femenino.[32]

Además de definir una herencia cultural de lo femenino que fue articulada, principalmente, por incursiones en textos de hombres, incursiones que ignoran precisamente las contradicciones que recomiendan que tomemos en cuenta, las críticas vampiresas parecen ser extrañamente desconocedoras de sus propios orígenes románticos. Desde William Blake en Inglaterra y Walt Whitman en los Estados Unidos hasta Arthur Rimbaud y André Breton en Francia, los poetas románticos y surrealistas derribaron los pares binarios jerárquicos (*The Marriage of Heaven and Hell*

[31] Véase, por ejemplo, Kristeva, *Revolution in Poetic Language*: 82-83.

[32] Véase Gilbert y Gubar, *The Madwoman in the Attic*, los capítulos sobre Austen y Eliot; y Gilbert y Gubar, "Tradition and the Female Talent", y "Sexual Linguistics", en *No Man's Land: The Place of the Woman Writer in the Twentieth Century*, volume 1, *The War of the Words* (New Haven: Yale University Press, 1987); véase también Susan Suleiman, "Pornography, Transgression, and the Avant-Garde: Bataille's 'Story of the Eye'", en *The Poetics of Gender*, Nancy K. Miller (ed.) (Nueva York: Columbia University Press, 1986): 183-207.

[*El matrimonio del Cielo y el Infierno*]), celebraron los placeres de lo erótico en oposición a las represiones de lo neurótico (los poemas "Children of Adam" ["Hijo de Adán"] y "Calamus"), se deleitaron imaginando excesos, irracionalidad e intoxicación ("Le bateau ivre" ["El barco ebrio"]) y elogiaron las energías ensoñadoras de lo femenino ("L'Union libre" ["La unión libre"]). De modo más específico, como lo señala Abrams, la estética romántica que da forma a las obras de estos poetas se basa en una dedicación a lo orgánico más que a lo mecánico, a la imaginación más que a la razón, a la espontaneidad de la naturaleza más que al artificio de la cultura, al visionario estado onírico de la noche más que a las limitaciones conscientes del día, a la liberación de la energía más que a la conservación del decoro. Por lo tanto, aunque pensadoras como Cixous e Irigaray parecen afirmar que sus teorías no tienen precedentes históricos, y aunque muchas de sus acólitas aceptan esta afirmación sin cuestionarla, tienen precursores cuyos usos de la estrategia de *renversement* a menudo están tan asociados con el masculinismo como los de Joyce y Bataille. Pues, como lo señaló la crítica, incluso esas románticas cuya ideología podría llamarse protofeminista, dependen de un concepto del héroe o del sacerdote-poeta que habla con la autoridad divina del YO SOY *falogocéntrico* al estilo de Coleridge.

Pero si es posible ubicar a las críticas vampiresas no sólo en una tradición de autoras, sino también en una tradición de autoridad autoral basada en la subjetividad afirmativa del sujeto que habla, ¿qué pasa con la afirmación de Toril Moi de que Cixous permite que "la crítica feminista escape de un empirismo incapacitador centrado en el autor"?[33] En términos generales, ¿qué le sucede al compromiso de la vampiresa con, al decir de Toril Moi, "el libre juego del significante" como oposición "al autor o a la autora como el significado trascendental de su texto"?[34] Y aquí, finalmente, debemos enfrentar la diferencia más importante entre las críticas del espejo y las críticas vampiresas: mientras que aquéllas creen en la existencia real de una entidad llamada autor

[33] Toril Moi, *Sexual/Textual Politics*, ob. cit.: 126.
[34] Íbid: 172 y 162.

o autora –un ser moldeado por la cultura y capaz de moldearla– éstas a menudo consideran, como insiste Nelly Furman, que "la literatura no es una representación de la experiencia" y que, por lo tanto, "desde una perspectiva feminista, la pregunta no es si una obra literaria ha sido escrita por una mujer y refleja su experiencia de vida, o cómo se compara con otras obras de mujeres".[35] Al decir de Peggy Kamuf, estas críticas creen que "agregar una firma" a un texto es atribuir "una intencionalidad determinada" a la obra y, por lo tanto, "contener un sistema textual ilimitado, establecer una medida de protección entre esta falta de límites y el poder de conocer, de ser ese poder y de saber que una es ese poder".[36]

Claro está que la respuesta empirista a estos planteos románticos y ostensiblemente revolucionarios sería doble. Primero, casi nadie, desde el surgimiento de *la nueva crítica* y la caída de la *falacia intencional,* combinó alguna vez la firma autoral con una noción de *intencionalidad determinada*. Segundo, si los textos son absolutamente ilimitados, la autoridad –como en las obras de Barthes– flota inexorablemente libre de lo que Adrienne Rich llama la escritora "absorta y que trabaja como una esclava" y aterriza en la mente de la crítica, la cual puede ser tan coactiva y caprichosa como dicen ser las autoras.[37] Por consiguiente, mientras que la escuela de las vampiresas abraza las "incertidumbres, misterios y dudas" que Keats asoció con la "aptitud negativa", sus prácticas hermenéuticas caen, finalmente, dentro del modo narcisista que Keats definió como lo "sublime egoísta" de Wordsworth. Pues si el texto es misteriosamente ilimitado y no conocible, no contiene significación alguna que la persona que lee deba aceptar, y cualquier cosa –enunciada por la crítica– es válida. Pero que teóricas francesas como Cixous e Irigaray, al igual que pensado-

[35] Nelly Furman, "The Politics of Language: Beyond the Gender Principle?", en: Gayle Green y Coppélia Kahn (eds.), *Making a Difference: Feminist Literary Criticism* (Londres y Nueva York: Methuen, 1985): 69.

[36] Kamuf, en *Women and Language in Literature and Society*, ob. cit.: 297.

[37] Adrienne Rich, "When We Dead Awaken: Writing as Re-Vision", en: Barbara Charlesworth Gelpi y Albert Gelpi (eds.), *Adrienne Rich's Poetry* (Nueva York: W. W. Norton, 1975): 94.

ras anglonorteamericanas, como Moi, Furman y Kamuf, se apropien de esta autoridad solipsista, nos recuerda, nuevamente, la ambición ilimitada de la vampiresa, cuyo *striptease* intelectual, al fin de cuentas, no muestra la autonomía recalcitrante del mundo del texto, sino el brillo desnudo del texto de su deseo.

No cabe duda de que cualquier vampiresa que se respete observaría que, al criticar sus estrategias como lo hicimos, ignoramos la naturaleza de construcciones lingüísticas/estéticas y, específicamente, las maneras en que están constituidas no por autores, sino por "el libre juego del significante". Aunque son diferentes, la teoría de Kristeva (el "Arte –esta semiotización de lo simbólico– [...] representa el flujo de la *jouissance* hacia el lenguaje"), la imagen que tiene Irigaray de la mujer ("constantemente adoptando palabras y sin embargo abandonándolas para evitar fijarse, inmovilizarse") y el sentido de Barthes ("escribir ubica incesantemente el significado para evaporarlo incesantemente") comparten la creencia de que un texto siempre es y debe ser un lugar donde el significante se aleja del significado juguetona y, también, despreocupadamente.[38] Sin embargo, ¿qué es este significante que juega libremente y en qué parque retoza? ¿Qué fuerzas dan forma tanto a sus *pulsiones semióticas* como a sus simbolizaciones fluidas? Es decir, ¿cómo es que un *significante que juega libremente* encuentra *una condición material*?

Más seriamente, si los textos son ontológicamente *ilimitados*, ¿cómo podemos identificar en ellos las marcas de la realidad material y, mucho menos, afirmar –como lo hicieron de varias maneras tanto las críticas del espejo como las vampiresas– que la historia de la realidad material es falocrática y falogocéntrica? Como lo señala Leon Roudiez, la misma Kristeva no niega "toda intencionalidad ni [rehúsa] dar un papel a la persona consciente que escribe la obra; más bien [recalca que] esa conciencia está lejos de dominar el proceso y que el sujeto que escribe es una fuer-

[38] Julia Kristeva, *Revolution in Poetic Language*, ob. cit.: 79; Irigaray, *This Sex Which Is Not One*, ob. cit.: 29; Roland Barthes, "The Death of the Author", en: Stephen Heath (ed.), *Image Music Text* (Nueva York: Hill and Wang, 1977): 147.

za compleja y heterogénea".[39] Es que una consecuencia lógica de la *muerte del autor* barthesiana apoyada por teóricas como Moi, Furman y Kamuf, sería del tipo de *la muerte de la historia* metahistórica que a veces parece proponer Hayden White y los que plantean la ficcionalidad de todo esquema histórico.[40] Sin embargo, ni las críticas del espejo ni las críticas vampiresas aceptan este punto de vista precisamente porque ambas escuelas toman como punto de partida axiomático la larga realidad histórica de la cultura patriarcal. Por lo tanto, incluso desde el punto de vista de la vampiresa, parecería que si hemos de resistir una cultura así, debemos conceder no sólo su existencia autónoma e intransigente, sino también la inscripción de esa existencia en textos que son reales, aunque múltiplemente descifrables.

¿Cómo podríamos, entonces, extraer la fuerza mimética del espejo y el fervor expresivo de la vampiresa para superar los conflictos sobre la descripción y la prescripción, la definición y la evaluación, que dividen estos campos feministas igualmente comprometidos? Para empezar, podríamos prestar más atención a la misteriosa y sin duda extraña relación entre los dos grupos. La crítica del espejo, decorosa y racional, parecería ser una ciudadana mucho más respetuosa de la ley que la vampiresa. Sin embargo, como un oscuro doble, la vampiresa representa el deseo de una revolución apocalíptica contra la ley y el orden que se

[39] Leon S. Roudiez, "Introduction", en: Julia Kristeva, *Revolution in Poetic Language*, ob. cit.: 8.

[40] Véase Hayden White, *Metahistory* (Baltimore: The Johns Hopkins University Press, 1973): x: "El historiador realiza un acto esencialmente *poético*, por el cual él *pre*figura el campo histórico y lo constituye como dominio sobre el cual va a aplicar las teorías específicas que utiliza para explicar 'lo que *realmente* ocurría'". Véase también páginas 3-4: "Los pensadores europeos [...] han puesto en tela de juicio el valor de una conciencia 'histórica', subrayando el carácter ficticio de las reconstrucciones históricas y han cuestionado seriamente que la historia pretenda ocupar un sitio entre las ciencias. Al mismo tiempo, los filósofos anglonorteamericanos produjeron una gran cantidad de trabajos sobre el estatus epistemológico y la función cultural del pensamiento histórico, una literatura que, por lo general, justifica las dudas sobre el estatus de la historia, ya sea como ciencia rigurosa o como verdadero arte".

esconde del otro lado del espejo. Al mismo tiempo, la furia de la vampiresa depende de la evidencia recogida por los espejos y en ellos. Por lo tanto, aunque en apariencia nada pareciera unir a estas dos feministas con metodologías y teorías opuestas, el proyecto revisionista que comparten significa de hecho que aunque tengan una relación difícil, como dice Luce Irigaray, "una no se mueve sin la otra".[41] Hay más, esta paradójica unión de opuestos significa que ningún componente de esta entidad binaria necesita destruir al otro. Mientras que en *La loca en el altillo* delineamos una trama del siglo XIX que requería el sacrificio de la rebelde con deseos para asegurar la supervivencia de su doble más respetable, la historia de las ideas en que colocamos a estas críticas no conduce, felizmente, al mismo desenlace.

En verdad, cuando una crítica feminista mira en el espejo de los textos, bien puede encontrar ahí a la vampiresa, al yo alienado que ella es y no es. Finalmente, quizás por esta razón la idea de Freud de lo *siniestro* ofrece un modelo para una crítica que vincularía el clásico análisis mimético con la expresividad romántica. Al observar la relación etimológica entre "*das Heimliche*" y "su opuesto, *das unheimliche*", Freud plantea que, después de todo, lo "siniestro, en realidad no es nada nuevo o ajeno, sino algo familiar y establecido hace mucho tiempo en la mente, que ha sido enajenado sólo mediante el proceso de represión"; en otras palabras, es lo otro conocido o lo propio desconocido.[42] En el centro de su ensayo sobre el tema, por ejemplo, hay un momento de revelación cuando lo familiar se defamiliariza a medida en que la otredad del yo secreto irrumpe en la aparentemente sellada y coherente superficie de la *realidad*:

> Estaba sentado a solas en mi compartimiento cama cuando un movimiento más violento que lo acostumbrado abrió la puerta contigua del baño y entró un caballero anciano en bata y gorro de

[41] Luce Irigaray, "And the One Doesn't Stir without the Other", trad. al inglés de Hélène Vivienne Wenzel, en: *Signs* 7, núm. 1 (otoño de 1981): 60-67.

[42] Sigmund Freud, "The 'Uncanny'" (1919), en *Studies in Parapsychology*, edición e introducción de Philip Rieff (Nueva York: Collier Books, 1963): 51.

> viaje. Supuse que había estado a punto de salir del baño que divide los dos compartimientos, se había equivocado de dirección y había entrado en mi compartimiento por error. Al levantarme con la intención de hacerle ver su equivocación, para mi sorpresa me di cuenta de inmediato de que el intruso no era otro sino mi propio reflejo en el espejo de la puerta abierta. Todavía puedo recordar que me desagradó mucho su apariencia... ¿No es posible, sin embargo, que [mi] desagrado [hacia él] fuera un rastro de esa reacción más antigua que percibe al doble como algo extraño?[43]

Aunque Irigaray le reprochó particularmente a Freud su valorización de la mirada masculina voyeurística, al plantear en una discusión sobre *lo siniestro* que para Freud y otros hombres "la sexualidad de la mujer es sin duda alguna la forma más básica de *unheimlich*", y al asociar ella misma lo femenino no con la vista sino con el tacto, nos parece que la recurrente metáfora feminista de la re-visión, junto con la continua presencia en las obras de mujeres de espejos en los que dos se ven como uno o una y uno o una se ve como dos, sugiere que el proyecto de las mujeres en la cultura patriarcal podría ser, precisamente, la excavación de lo *siniestro* y el enfrentamiento con él.[44] Pues, indudablemente, por lo menos en *das Unheimliche*, lo *siniestro* es lo que la mirada supuestamente fálica y racional no puede controlar ni poseer. Por consiguiente, puede decirse que representa esos aspectos del ser y del mundo, el lector (o la lectora) y el texto, que de repente, en un momento de fractura, se manifiestan como dijo alguna vez Wallace Stevens "más extraños y con más veracidad".

Si las críticas del espejo y las vampiresas pudieran unirse en la búsqueda tanto de la verdad como de la extrañeza de obras literarias escritas por mujeres y hombres, términos como "autor", "historia", "canon", "género", "nacionalidad", "clase" y "raza" podrían adquirir significados nuevos y fértiles. Todas estas categorías existirían tal y como lo explican las críticas del espejo, pero sus energías múltiples y en conflicto podrían liberarse, tal y como lo desearían las vampiresas. Si pudiéramos, por ejemplo,

[43] Sigmund Freud, "The 'Uncanny'", ob. cit.: 55-56.

[44] Luce Irigaray, *Speculum* (véanse notas 47-48).

responder a los problemas planteados por estos términos desde la perspectiva enajenada de la crítica que recalca los procesos de significación complejos, si pudiéramos admitir y analizar las presiones contradictorias inscritas en cualquier texto, quizás nos liberaríamos, por un lado de las estrategias evaluativas y llenas de fórmulas de las críticas del espejo y, por otro, de los ahistoricismos e imprecisiones de las críticas vampiresas. Si pudiéramos abandonar la prescripción y admitir la posibilidad paradójica de que los textos escritos por hombres o mujeres pueden ser verdaderamente fortalecidos por sus destilaciones de contextos culturales políticamente *incorrectos*, podríamos ser libres de reinscribir de una nueva manera tanto lo masculino como lo femenino.

Además, ¿cómo podrían describir los espejos sin prescribir y sin embargo retener la fuerza fenomenológica del deseo y el temor que se asocia con la vampiresa? De hecho, varias escritoras intentaron resolver este problema. De forma muy simple, Virginia Woolf afirma en *Un cuarto propio* que las mujeres deberían rechazar el espejo amplificador de la grandeza masculina que recomiendan los caballeros patriarcales, para adoptar un espejo que dé a los hombres una visión más realista de sí mismos, una visión inquietante que pueda encarnar reacciones femeninas a gestos masculinos:

> Durante todos estos siglos las mujeres sirvieron como espejos que poseen el poder mágico y delicioso de reflejar la imagen del hombre al doble de su tamaño natural [...] si [la mujer] empieza a decir la verdad, la figura del espejo se encoge; su aptitud para la vida disminuye [...] La visión del espejo es de suma importancia porque impulsa la vitalidad, estimula el sistema nervioso. Retírala y el hombre puede morir, como un drogadicto privado de su cocaína.[45]

En cierto modo, su consejo resume las estrategias de la *crítica* feminista y la rebelión vampiresa en su punto álgido. Más apasionadamente, poetas como Mary Elizabeth Coleridge y Judith Wright describen encuentros con el yo femenino alienado y atrapado en

[45] Virginia Woolf, *A Room of One's Own* (Nueva York y Londres: Harcourt, brace, Jovanovich, 1929): 35-36.

el espejo, encuentros que funcionan como instancias ejemplares de un tipo de *ginocrítica* muy diferente de la que practican algunas de las pensadoras del espejo que hemos descrito, pero en varios sentidos similares a las técnicas usadas por las vampiresas.

En "The Other Side of the Mirror" ["El otro lado del espejo"], la voz poética de Coleridge evoca la visión de "una mujer, salvaje/con algo más que desesperación femenina", una mujer que "carece de voz para decir su temor", pero que sin embargo obliga a su interlocutor a susurrar "¡Yo soy ella!".[46] En "Naked Girl and Mirror" ["Joven desnuda y espejo"], la voz poética de Wright contempla un reflejo de su cuerpo, pero protesta "Esto no soy yo", e, incluso, cuando los "ojos rebosantes y oscuros" del cuerpo le ordenan "–sé yo", ella decide que "Tus amantes deben aprender más y con mayor amargura,/si su arrogancia osa pensar que soy parte de ti".[47] Al usar la metáfora del espejo para objetivar esciones del yo, ambas poetas permiten que del otro lado de la realidad convencional emerjan imágenes ajenas y perturbadoras del cuerpo y del alma de la mujer, y, por consiguiente, ambas enfrentan precisamente la otredad dentro del yo experiencial –la defamiliarización de lo familiar– que Freud asoció con lo Extraño. Es quizás esta otredad problematizadora lo que muchas críticas feministas inglesas y norteamericanas evaden, ignoran o rechazan. Pero, como vimos, es precisamente esta otredad lo que las críticas francesas y francófilas con más inclinaciones románticas quizá fetichizan en exceso. No obstante, diríamos que si el deseo y el temor pudieran retener la esperanza de objetividad y a la vez centrarse en sus propios lineamientos, el espejo podría transformarse en un escenario donde las pasiones de la vampiresa pueden representarse con provecho.

Pero el texto escrito por un hombre también puede verse desde las perspectivas combinadas de las críticas del espejo y de las

[46] Mary Elizabeth Coleridge, "The Other Side of a Mirror", en: *The Norton Anthology of Literature by Women*, ob. cit.: 1162-1163, 1835-1836.

[47] Judith Wright, "Naked Girl and Mirror", en: *The Norton Anthology of Literature by Women*, ob. cit.: 1835-1836.

vampiresas de modo tal que tanto los lectores como las lectoras se vean ahí "más extraños y con mayor veracidad". Si consideramos, por ejemplo, un texto romántico fundamental como "Kubla Khan" -del tío abuelo de Mary Elizabeth Coleridge- y lo exploramos primero como lo haría una crítica del espejo y luego como lo haría una vampiresa, veremos que de alguna forma las dos interpretaciones son necesarias para enriquecer el poema. Veremos, además, que un análisis feminista de la extraña elaboración onírica de este texto podría iluminar aspectos de la imaginación romántica que Abrams no tomó en cuenta, pero que sugieren conexiones inesperadas entre el nacimiento del feminismo y el surgimiento del romanticismo, a la vez que también plantea preguntas interesantes sobre el lugar de las mujeres en la revolución estética de principios del siglo XIX. Como lo demostraremos, "Kubla Khan" se presta de modo especial a este tipo de análisis por su explícita sexualización de las preocupaciones sobre la creatividad del poeta que sueña. Como esos intereses permean la mayoría de las obras de Coleridge y de sus contemporáneos, este texto supuestamente incompleto y elíptico puede verse como un pronunciamiento romántico paradigmático.

Si, para empezar, nos acercamos a "Kubla Khan" como lo haría una crítica del espejo, probablemente veríamos el poema como un producto de las tensiones entre cuatro figuras: Kubla el patriarca divino, el poeta demoníaco "con ojos centelleantes y cabellos que flotan", la mujer abandonada "que llora por su amante demoníaco" y la "damisela con un dulcémele" que parece una musa. Después de señalar que las dos mujeres del poema de un modo u otro están subordinadas -una llora por su amante perdido y la otra funciona como una musa inspiradora para el poeta-, la crítica del espejo recalcaría la autoridad trascendental de Kubla como el artífice creador y la del poeta romántico como *santo* y artífice completo del poema, "un milagro de extraños recursos". Además, observaría que el paisaje femenino de cavernas y abismos está aquí *cercado* por murallas y torres que restringen, incluso cuando está amenazado por la fuerza fálica de una fuente (masculina) que brota sin cesar. Por último, expresaría pesar ante el deseo del poeta demoníaco de apropiarse del fruto femenino (ambrosía) y del fluido materno (la leche del paraíso) y de incorporarlos.

Mientras que la crítica del espejo castigaría a Coleridge por estos elementos, la vampiresa, por su parte, lo elogiaría, pues es probable que su lectura de "Kubla Khan" sea muy diferente. Desde su punto de vista, todo el poema podría verse como una inmersión subversiva en *lo femenino* y también su representación. Al plantarse frente a la gélida autoridad patriarcal de Kubla y distanciarse de los horrores de la fuente fálica, el poeta imagina "voces ancestrales que anuncian guerra" contra la irracionalidad que cercaría con muros y torres que aprisionan un paisaje sin confines. Para ella, los pensamientos nocturnos del poeta que sueña, fragmentados y a veces incoherentes, parecerían articular una identificación rebeldemente fluida con el deseo apasionado de la mujer que se lamenta o la primacía visionaria de la damisela con su dulcémele, una mujer cuya extrañeza racial (como una doncella abisinia) destacaría la lucha de él por alcanzar la otredad. Por último, diría que en su deseo de transformarse en un hechicero –una especie de brujo con "ojos centelleantes y cabellos que flotan" a cuyo alrededor la cultura tendría que tejer un círculo limitante– y en su pasión por la ambrosía femenina y la leche del paraíso, el narrador se alinea con la valorización que hace la vampiresa de la hechicera y de la histérica, de las pulsiones corales y de los silencios, de los llantos desquiciantes y de los susurros.

¿Cómo podríamos negociar entre el castigo mimético de la crítica del espejo, por un lado, y, por el otro, la celebración expresiva de la vampiresa? ¿Cómo podemos aprovechar los puntos fuertes y las tensiones implícitas en las posturas interpretativas de estas dos escuelas? Nuestra propuesta es que "Kubla Khan" puede leerse como una visión extrañamente ansiosa de la sexualidad femenina y de la demora masculina. Más aun, diríamos que el *abismo* romántico entre lo masculino y lo femenino que recorre el texto divide sus efectos, a la vez que profundiza su significado histórico. Pues, mientras la ideología que sin duda inspiraría y daría forma a la apreciación negativa de "Kubla Khan", por parte de la crítica del espejo, podría tener su base en una comprensión correcta del deseo del texto de apropiarse de "lo femenino" y encerrarlo, la evaluación apreciativa del poema, por parte de la vampiresa, aunque posiblemente esté basada en una lectura errónea de sus ansiedades secretas, seguramente sería más atinada.

Después de todo, lo que el ostensiblemente adormilado poeta de "Kubla Khan" sueña es una versión revisionista de la novela de familia. En la trama edípica clásica el hijo, desafiante pero intimidado por la aparente omnipotencia del padre y deseoso de la madre, procura conseguir un poder propio, pero en el romance de Coleridge el padre, aunque poderoso, ha perdido su omnipotencia mientras que la madre, aunque todavía deseable, es mucho más intimidadora que la versión que da Freud de Yocasta. Como progenitor paradigmático, Kubla erige los muros de la cultura –su "majestuosa cúpula de placer"– encima de las cavernas femeninas originales y el "suelo fértil" que recorre "Alf", el río sagrado cuyo nombre apunta a Alfeo, el origen Miltoniano de la canción, y Alpha o Aleph, las letras que dan origen al alfabeto. Sin embargo, pese a su aparente omnipotencia, el dominio del Khan se ve asolado por la imagen de una "mujer que llora a su amante demoníaco", y la fragilidad de su "cúpula de placer" se ve recalcada por su proximidad a esas cavernas de las que se dice dos veces que "el hombre no puede medir".

Además, desde la pespectiva de la voz del poema, el reino de Kubla se ve sacudido por la violencia casi sexual de una escena primal casi abrumadora, pues desde el "profundo abismo romántico" la tierra jadeante da salida a una "poderosa fuente" fálica que fluye "en tumulto" por "las cavernas que el hombre no puede medir". En un primer momento, esta escena podría ser emblema de la virilidad patriarcal sin igual del gobernante. Pero, como señala el poeta, "este tumulto" de "rocas danzantes" y agua lanzada hacia lo alto se asocia no sólo con la generación del río sagrado, sino también con "Voces ancestrales que anuncian guerra" y sugieren que, por un lado, el paisaje de Xanadu configura una caída a la historia, con su inevitable combate edípico entre padres e hijos, y, por otra parte, que este *paysage moralisé* simboliza una sexualidad en sí misma, una especie de combate.

Pero si el oximorónico "milagro de recurso extraño" de Kubla –su "soleada cúpula de placer con cuevas de hielo"– es frágil, incluso, cuando está bajo el control del patriarca legendario, es un artefacto cuya magia de ninguna manera está disponible a la voz soñadora del poema. De modo significativo, aunque la "damisela con un dulcémele" que se le apareció en una visión como una musa, cantando una canción sobre una montaña patriarcal miltoniana y "donde los Reyes Abasinos guardan sus asuntos", él sólo puede *querer* "revivir en mí/su sinfonía y su canción", y tan sólo *soñar* que entonces "construiría esa cúpula en el aire".[48] Pero, puede decirse que la demora de la voz tanto con respecto a la damisela como a Kubla refleja la demora del mismo Coleridge con respecto a precursores como el Milton de "Lycidas" y *El paraíso perdido*, o el Shakespeare de *La tempestad*, cuyo Próspero ha ordenado "torres cubiertas de nubes" y "palacios espléndidos" que "se disuelven en el aire, en un aire transparente".[49]

Sin embargo, pareciera que el abismo cultural que separa la voz del poema de Kubla y a Coleridge de sus antecesores literarios se asocia específicamente con la aparición extraña de todos los elementos *femeninos* que habrían sido elogiados por las críticas vampiresas: las cavernas incomensurables, la mujer que se *lamenta*, la damisela musa, incluso el inasequible alimento del Paraíso. Por lo tanto, la identificación de la misoginia en el texto que hacen las críticas del espejo podría parecer justificada. No obstante, es precisamente la intensidad con la que Coleridge

[48] "Kubla Khan", en: M. H. Abrams (ed.), *The Norton Anthology of Literature by Women*, (Nueva York: W. W. Norton, 1962), vol. 2: 355. Debemos señalar que nuestra lectura del poema difiere sustancialmente de las interpretaciones clásicas como la de Humphrey House (1953) y Harold Bloom (1962), las que subrayan el poder de la imaginación del que habla y leen "Pudiera [Quisiera] revivir dentro de mí" como "Puedo revivir dentro de mí". "'Kubla Khan', afirma House, "es una visión de la vida humana ideal *tal como la imaginación poética es capaz de crearla*"; y Bloom añade que "Kubla Khan es un poema de autoconocimiento, en el cual la figura del joven como poeta viril se identifica en último término con la voz del poema". Véase Humphrey House, "*Kubla Khan, Cristabel, and Dejection*", reproducido en: Harold Bloom (ed.), *Romanticism and Consciousness* (Nueva York: W. W. Norton, 1970); y Harold Bloom, "'Kubla Khan'", en: *The Visionary Company* (Nueva York: Doubleday, 1962).

[49] William Shakespeare, *The Tempest*, Acto IV, escena 1, versos 152, 150.

transcribe, no como podrían imaginar las críticas vampiresas, sus fantasías de deseos sobre lo femenino y, como podrían imaginarlo las críticas del espejo, su apropiación de la fecundidad femenina, sino más bien su ansiedad sobre la sexualidad, lo que da al poema su resonancia legendaria. Además, la precisión embelesada con la que relaciona la ansiedad sexual tanto con su propia sensación de tardanza histórica como con la incapacidad de su voz poética para reconstruir el *milagro* generador de Kubla en el aire, mucho menos en la tierra, da fuerza a la obra.

Parábola sobre el desgajamiento de la cultura, "Kubla Khan" se presenta como un fragmento nostálgico que el poeta romántico apuntalaría contra la ruina de su imaginación y por lo tanto depende de estrategias que utilizarían muchos de los contemporáneos románticos de Coleridge y sus herederos victorianos y modernistas. También para algunos de ellos, el abismo *unheimlich* en la cultura estaría asociado con el cuerpo femenino, con lo que Freud llamó el "*heim* [hogar] de todos los seres humanos [...] el lugar que todos habitamos alguna vez y al comienzo".[50] Pero la visión-sueño de Coleridge es casi única en los detalles con que acota prolépticamente la afirmación de Freud de que "cuando un hombre sueña un lugar o territorio y se dice a sí mismo, todavía en el sueño, 'este lugar me resulta familiar, he estado ahí antes', podemos interpretar el lugar como los genitales de su madre o su cuerpo".[51] Sin embargo, el poema de Coleridge es, al mismo tiempo, representativo en su demostración de que, cuando el abismo del romanticismo abrió la cultura a las fuerzas revolucionarias y antirracionales asociadas con la naturaleza, con imaginación, inconsciente y espontaneidad –es decir, con todos los términos que habían sido reprimidos por lo que las críticas vampiresas definirían como binarios patriarcales– los artistas no sólo se sintieron oprimidos por la carga del pasado, sino también amenazados por lo que, analógicamente, era *lo femenino* en ellos.

Así, "Kubla Khan" dramatiza las luchas de Coleridge y de otros poetas con lo que Abrams llama "el concepto irrevocable

[50] Sigmund Freud, "The 'Uncanny'", ob. cit.: 51.
[51] Íbid: 51.

de que la creación artística es fundamentalmente un proceso de la mente involuntario e inconsciente" -un ceder casi femenino a fuerzas incontrolables- incluso cuando al demostrar la destreza del poeta componiendo metros sobre "cavernas que el hombre no puede medir", el poema permite por lo menos que Coleridge se establezca en lo que Abrams llama *el maestro del fragmento.*[52] Por lo tanto, finalmente, la relación de esa maestría ansiosa y calificada con la extraña otredad de *lo femenino* sugiere que la teoría de Harold Bloom sobre el romanticismo, fundamentalmente como una defensa estética contra la demora del hijo fuerte en relación con sus padres literarios, necesita complementarse con la conciencia de que esa demora es más espantosa por el temor que tiene el poeta de la feminización o la absorción por las insondables fuerzas de lo femenino.[53]

Para las escritoras, el abismo romántico en la cultura parece haber tenido dos consecuencias contradictorias. Para empezar, la autoridad ganada a duras penas mediante la cual el hombre de letras romántico procuró controlar y confinar los procesos desordenados que daban energía a su arte, como lo han señalado Margaret Homans y otras, tendía a definir a las mujeres como musas, como *femmes fatales*, como madres tierra y como novias de la naturaleza, pero nunca como enunciadoras del poderoso YO SOY de Coleridge.[54] Es posible que sea ésta la razón por la cual en la época llamada tradicionalmente *el período romántico* -los años com-

[52] Abrams, *The Mirror and the Lamp*: 170. En su sutil meditación sobre "Kubla Khan", Theodore Weiss comenta que "las yuxtaposiciones parecen precursoras de la mente afiebrada ordenadora y reordenadora de un Pound. Si hubiera continuado, "Kubla Khan" podría estar compuesto de una extensa serie de interrupciones y acoplamientos, de fragmentos unidos a fragmentos, un verdadero poema de imágenes". Véase Theodore Weiss, *The Man from Porlock: Engagements 1944-1981* (Princeton: Princeton University Press, 1982): 4-5.

[53] Harold Bloom, *The Anxiety of Influence* (Nueva York: Oxford University Press, 1973); y también Walter Jackson Bate, *The Burden of the Past and the English Poet* (Nueva York: W. W. Norton, 1972).

[54] Véase Margaret Homans, *Women Writers and Poetic Identity* (Princeton: Princeton University Press, 1980); Irene Tayler y Gina Luria, "Gender and genre: Women in British Romantic Literature", en: Marlene Springer (ed.), *What Manner of Woman* (Nueva York: New York University Press, 1977): 98-123.

prendidos entre la publicación de *Lyrical Ballads* en 1798 y la adopción de la Primera Reforma en 1832– haya habido una discrepancia tan sorprendente entre la producción literaria masculina y la femenina. Pues resulta claro que, dada la cronología aceptada del romanticismo, sería posible decidir que las mujeres no tuvieron ningún período romántico; por lo menos, en esta época no existen poetas mujeres de la talla de Blake, Wordsworth, Coleridge, Byron, Shelley y Keats.[55] Al mismo tiempo, sin embargo, la inversión de jerarquías convencionales que impulsó la aparición de fuerzas revolucionarias asociadas analógicamente con lo femenino inició claramente una reacción en cadena que llevaría al movimiento feminista de mediados del siglo XIX.

Después de todo, ya en 1792, Mary Wollstonecraft pasó directamente de la *Vindicación de los Derechos del Hombre*, profundamente influida por su compromiso con los ideales que inspiraron la Revolución Francesa, a su más famoso *Vindicación de los Derechos de la Mujer*. Como lo hizo durante el resto de su vida, luchó por definir y defender esos derechos y también osciló entre las dos modalidades de discurso feminista representadas por las escuelas del espejo y de la vampiresa que estuvimos discutiendo. Por un lado, en su polémica *Vindicación* habló en un estilo racional y neoclásico, con energía reprobadora, de las imágenes misóginas de las mujeres que reflejaban y perpetuaban las injusticias sexuales de su sociedad. Por otro, tanto en su vida como en sus obras de ficción, manifestó una determinación perturbadoramente romántica de desafiar los decretos patriarcales al confrontar la locura en ella misma y en su mundo. Además, con respecto a esto último, los autoanálisis de Wollstonecraft eran más representativos que excéntricos, pues, como señalaron con agudeza Irene Tayler y Gina Luria, "a medida que la novela evolucionó durante la década, de Wollstonecraft a Austen, lo que surgió fue la versión de la mujer del paso del espejo a la lámpara, su análogo de

[55] Joan Kelly [Kelly-Gadol] exploró los problemas de la periodización histórica en su clásico ensayo "Did Women Have a Renaissance?", en: Renate Bridenthal y Claudia Koonz (eds.), *Becoming Visible: Women in European History* (Boston: Houghton-Mifflin, 1977): 137-164.

la poesía de los poetas románticos, en la medida en que ambos se definen por su intenso interés en la autoexploración y autodeterminación".[56]

Indudablemente más influidas por las energías revolucionarias del movimiento romántico, las descendientes de Wollstonecraft y Austen desarrollaron y ampliaron estrategias tanto miméticas como expresivas. Desde Mary Shelley y Charlotte y Emily Brontë en Inglaterra hasta Emily Dickinson en los Estados Unidos, las escritoras posrománticas revivieron y revisaron las energías del romanticismo para sus fines implícitamente feministas, criticando la reclusión de las mujeres por la cultura, a la vez que articulaban apasionadamente su propia "hambre, rebelión, furia" a la Byron.[57] Al hacer esto, junto con las polemistas del siglo XIX tales como Caroline Norton, Margaret Fuller y Florence Nightingale, crearon un eslabón entre la compañía visionaria de Coleridge y la compañía revisionista de las pensadoras feministas contemporáneas. Así, "Kubla Khan", en su desfamiliarización de lo familiar, en su enfrentamiento con lo femenino extraño, registra un sueño masculino en el que deben poner atención tanto las críticas del espejo como las vampiresas porque, en un sentido, es un mito fundador de la cultura que, de hecho, trajo a la vida la tradición intelectual en la que, como planteamos aquí, participan ambas escuelas feministas.

¿Pero no sería posible que, aunque desfamiliaricemos lo familiar como lo hemos sugerido, la naturaleza misma de las estructuras institucionales -especialmente las estructuras de la academia- nos llevara, a espejos y vampiresas por igual, a situaciones de apropiación que familiarizarían, precisamente, lo ajeno que nos proponemos explorar? De modo más específico, ¿al colocar la crítica feminista en el contexto de una historia de las ideas predominantemente patriarcal, estamos sugiriendo que esa crítica

[56] Tayler y Luria, "Gender and genre", ob. cit.: 115.

[57] Matthew Arnold, en: George W. E. Russell (ed.), *Letters of Matthew Arnold* (Nueva York y Londres: Macmillan, 1896): 1-34. Véase nuestra discusión de estas figuras en *The Madwoman in the Attic*.

puede o debería alinearse con tradiciones que casi siempre han sido opresivas para las mujeres? Después de todo, ¿cómo puede la teoría feminista tener continuidad con los modos de pensamiento que busca desbaratar? Éstas son preguntas polémicas e irritantes que, indudablemente, tienen implicaciones profesionales e intelectuales. Pues si las críticas feministas fueron asimiladas tanto por la academia como por la historia de las ideas, parecerían correr el peligro de repetir lo que Gerald Graff llamó "la paradoja ya familiar del revolucionario institucional".[58] El problema del feminismo podría ser, como lo temía Virginia Woolf en *Tres guineas*, que si las mujeres entran en la esfera pública, simplemente aceptan las actividades masculinistas, pero si permanecen en lo privado, renuncian a la oportunidad de transformar las jerarquías patriarcales.[59]

Es posible que la salida de este aprieto doble en apariencia esté, de nuevo, en la reflexión de Freud sobre lo siniestro. "El efecto de lo siniestro", escribió, "es producido a menudo y fácilmente al borrar la distinción entre la imaginación y la realidad, como cuando algo que hemos considerado imaginario aparece ante nosotros en la realidad".[60] Para Christine de Pisan, Mary Astell e, incluso, Virginia Woolf, la comunidad de académicas feministas que aquí clasificamos como críticas del espejo y vampiresas era todavía, esencialmente, un imaginario utópico. Pero ahora esa ciudad de las mujeres apareció ante nosotras en la realidad, una realidad que, de manera inevitable, debe ser extrañamente transformada por la emergencia de lo reprimido.

Quizás en último término, el abismo entre las categorías de la imaginación y la realidad, como la gran división entre los conceptos *masculino* y *femenino,* o la división crítica entre el espejo y la vampiresa, pueden ser negociados solamente si, como en la cita de W. B. Yates que Abrams usó en su epitafio de *El espejo y*

[58] Gerald Graff, "Criticism in the University", en: Gerald Graff y Reginald Gibbons (eds.), *Tri-Quarterly Series on Criticism and Culture*, núm. 1 (Chicago: Northwestern University Press, 1985): 56.

[59] Véase Virginia Woolf, *Three Guineas*, ob. cit.: 62-64.

[60] Sigmund Freud, "The 'Uncanny'", ob. cit.: 50.

la lámpara, "el alma [...] es su traidor, su liberador, su única actividad, el espejo transformado en lámpara".[61] Quizás, a medida que nos traicionemos en otras posiciones y que nos entreguemos a la historia, nuestro diálogo crítico feminista del debate familiar que Abrams documenta, con ecos extraños, hasta el momento en términos en gran medida no familares, representará un cambio cultural tan profundo como las revoluciones intelectuales y políticas que acompañaron el paso del clasicismo al romanticismo. Pero, para promover esta metamorfosis cultural, debemos entender sus raíces históricas, ya que el futuro sólo puede inventarse de nuevo si interpretamos de nuevo el pasado. El hecho de que la crítica feminista puede ser definida con metáforas similares, aunque diferentes, a las que gobiernan otras formas de discurso crítico, significa, precisamente, que podemos entrar en los diálogos que nos permitirán ver bajo una nueva luz la imagen de la herencia cultural movediza que tratamos de cambiar continuamente.

[61] Abrams, *The Mirror and the lamp*, ob. cit., página del título.

Una crítica propia: autonomía y asimilación en la teoría literaria afronorteamericana y en la teoría literaria feminista*

Elaine Showalter

La otra mujer

En el verano de 1985 fui una de las oradoras en el coloquio anual de teoría literaria de la Universidad de Georgetown. La primera mañana, alguien presentó a un famoso teórico marxista y al empezar a leer su ponencia apareció, del otro lado del escenario, una esbelta joven en malla y falda larga que parecía una bailarina de ballet. Después de situarse a unos metros del orador se puso en movimiento, movía sus dedos y manos, movía sus labios sin decir palabras, alternando sonrisas y gestos ceñudos. Hubo murmullos en el público: ¿qué podía significar eso? ¿Era una protesta contra los coloquios académicos? ¿Una plegaria a la musa de la crítica al estilo de Jules Feiffer? ¿Una representación que celebraba el paso doble althusseriano? Por supuesto, como nos dimos cuenta pronto, no era nada tan dramático ni extraño. Georgetown había contratado a esta joven que formaba parte de

* Agradezco las valiosas sugerencias que hicieron los participantes de la Escuela de Crítica y Teoría de Darmouth College a los borradores de este texto. También doy gracias a Skip Gates, Houston Baker, Brenda Silver, Marianne Hirsch, Evelyn Fox Keller, Valerie Smith, Daryl Dance y a la Showalter inglesa.

Título original en inglés: "A Criticism of Our Own: Autonomy and Assimilation in Afro-American and Feminist Literary Theory", publicado en: Ralph Cohen, *The Future of Literary Theory* (Nueva York, Routledge: 1989). Traducción por Julia Constantino, revisada y corregida por Marysa Navarro.

una organización llamada "Orgullo de los Sordos" para que tradujera todas las ponencias en lenguaje de señas para los discapacitados auditivos.

No obstante, desde la perspectiva del público, este espectáculo pronto comenzó a parecer algo así como un teatro de guerrilla sobre la diferencia sexual, montado especialmente para nuestro beneficio. Después de los primeros diez minutos resultó imposible simplemente *escuchar* al hombre famoso, inmovilizado detrás del estrado. Nuestras miradas se veían atraídas por la mujer anónima y el lenguaje elocuente corporal que traducía de forma muda las palabras del conferenciante. En este contexto, sus señas parecían misteriosamente femeninas y *otras*, como si estuviéramos viendo a una embajadora kristeviana venida de lo semiótico o al fantasma de una histérica freudiana venido del más allá. ¡Anna O. está viva y camina en Georgetown!

Además, las implicaciones feministas de esta disposición se fueron subrayando cada vez más durante el primer día del coloquio, porque aunque la joven llegaba a niveles cada vez más deslumbrantes de ingenio, movilidad y gracia, ninguno de los tres teóricos blancos que nos dirigieron la palabra se percató siquiera de su presencia. Ninguno la presentó, ninguno aludió a ella. Era como si no pudieran verla. Se había vuelto transparente, como la *medium* de los simbolistas, que según Mary Ann Caws, "servía el signo, lo transmitía con fidelidad, paciencia y un silencio personal absoluto. Ella misma era excluida pacientemente".[1]

Sentada entre el público esa primera mañana me pregunté qué sucedería cuando llegara el momento de presentarme como la cuarta oradora. Tuve fantasías extravagantes de que Georgetown me daría un intérprete barbudo que traduciría mi ponencia a la retórica de la deconstrucción. (Resultó que fueron dos mujeres jóvenes las que se turnaron para interpretar. Parecería que esto

[1] Mary Ann Caws, "The Conception of Engendering, the Erotics of Editing", en: Nancy K. Miller (ed.), *The Poetics of Gender* (Nueva York: Columbia University Press, 1986): 42-63. Este episodio es mucho más irónico a la luz de la protesta exitosa que hizo en la primavera de 1988 el estudiantado de Gallaudet College, en Washington. (Gallandet sólo acepta estudiantes sordos.)

no es un trabajo de hombres.) También me pregunté cómo debía hablar desde una posición de poder, como *teórica*, cuando también me identificaba con la mujer silenciosa y transparente. La presencia de la otra mujer era un regreso de la paradoja reprimida de la autoridad femenina, la paradoja que Jane Gallop describe como un fraude: "Una teórica es ya una exilada, desterrada de su *langue maternelle*, habla un lenguaje paterno: aspira a un poder fraudulento".[2] La traductora parecía representar no sólo la *langue maternelle*, el otro lado femenino del discurso, sino también a la *Otra Mujer* del discurso feminista, la mujer que está fuera de la academia, en el *mundo real* o en el Tercer Mundo, ante la cual una crítica feminista es responsable, así como es responsable ante los criterios y convenciones de la crítica.[3] Gayatri Chakravorty Spivak nos recordó que siempre debe ser reconocida en nuestro trabajo: "¿Quién es la otra mujer? ¿Cómo la estoy nombrando? ¿Cómo me nombra"?[4]

En el coloquio de Georgetown mi conciencia de la Otra Mujer fue compartida por otras mujeres del programa. En nuestras presentaciones, todas nosotras presentamos a la intérprete y cambiamos nuestras conferencias para así trabajar con su presencia. Pero el único orador que prestó atención a la intérprete fue Houston Baker. El segundo día, cuando le tocó hablar, Baker había aprendido lo suficiente del lenguaje por señas como para producir una traducción virtuosa del inicio de su propia charla y trabajar con la traductora en un duo juguetón.

El coloquio de Georgetown no era la primera vez que críticos y críticas afronorteamericanos y feministas se encontraban del mismo lado de la otredad, pero fue una de las ocasiones más dra-

[2] Jane Gallop, *The Daughter's Seduction: Feminism and Psychoanalysis* (Ithaca: Cornell University Press, 1982): 126-127.

[3] En este ensayo necesito distinguir entre una crítica feminista genérica, practicada por un crítico o una crítica feminista de cualquier sexo, la crítica *feminista* practicada por mujeres y la crítica feminista masculina practicada por hombres.

[4] Gayatri Chakravorti Spivak, "French Feminism in an International Frame", en: *Yale French Studies* 62 (1981): 184. Véase también Jane Gallop, "Annie Leclerc Writing a Letter, with Vermeer", *The Poetics of Gender*, ob. cit.: 154.

máticas. Para quienes trabajamos dentro de críticas culturales o *de oposición* –negra, socialista, feminista o *gay*– las preguntas sobre la conciencia doble, la audiencia doble y el papel doble forman parte de nuestro trabajo y surgen todos los días. No son sólo el tipo de preguntas globales que plantea Terry Eagleton en *Teoría literaria* –como si un análisis de lo imaginario lacaniano pudiera ayudar a las madres indigentes–, sino asuntos más mundanos de etnicidad y ética: cómo contestamos las cartas, cómo nos movemos en el aula o el estrado y cómo actuamos no sólo en relaciones simbólicas, sino también en encuentros reales con gente de dentro y fuera de la academia.

En este ensayo, esbozo brevemente las historias paralelas de la teoría y la crítica literaria afronorteamericana y de la feminista durante los últimos veinticinco años, para así aprender de nuestra experiencia mutua con relación a la cultura dominante. Quizás éste parezca un momento extraño para un proyecto así. Tanto en la crítica feminista como en la afronorteamericana, la *Otra Mujer*, la compañera silenciosa, fue la mujer negra, y el papel que desempeñan las críticas feministas negras al tender puentes entre estas dos escuelas es polémico. Si bien tanto las feministas negras como las blancas criticaron el sexismo de la historia literaria negra, las mujeres negras también pusieron en tela de juicio el racismo de la historia literaria feminista. Los escritores negros protestaron contra la representación de los hombres negros en la ficción de novelistas afronorteamericanas, y la última novela de Ishmael Reed, *Reckless Eyeballing* (1986), imagina una venganza violenta contra las feministas en general y las escritoras feministas negras en particular.

Sin embargo, este registro de malentendidos oscurece lo que me parece que son conexiones fuertes e importantes entre dos tipos de crítica cultural; tenemos mucho que ganar con un diálogo.[5] Tanto la crítica feminista como la afronorteamericana aportaron

[5] Para un ejemplo inspirador de cómo podría realizarse esa transfertilización crítica, véase Craig Werner, "New Democratic Vistas: Toward a Pluralistic Genealogy", en: Joe Weixlmann y Chester Fontenot (eds.), *Studies in Black American Literature*, II (Florida: Penkevill Press, 1986): 47-83.

temas personales, intelectuales y políticos a nuestros enfrentamientos con la tradición literaria occidental. Hemos seguido esquemas tradicionales en la institucionalización de movimientos críticos, desde nuestros primeros pasos hacia una estética cultural separatista, nacida de la participación en un movimiento de protesta, a una etapa intermedia de atención profesionalizada en un ambiente textual específico en alianza con la teoría literaria académica, hasta un campo de especialización en diferencias sexuales o raciales, expandido y plural. Juntamente con la crítica *gay* y poscolonialista, compartimos muchas metáforas críticas, teorías y dilemas, tales como el concepto del discurso de dos voces, las imágenes del velo, la máscara o el armario; y el problema de la autonomía *versus* el mimetismo y la desobediencia civil.

Al abandonar nuestros propios territorios marginales en pos de lugares en el desierto crítico posestructuralista, ¿también nos arriesgamos a cambiar la autenticidad por la imitación y los modelos críticos autogenerados por lo que Lisa Jardine llama la *teoría de los diseñadores de modelos*? Si nos oponemos a la idea de que las mujeres deben tener la franquicia exclusiva del *género*, o los negros y las negras la de la *raza*, ¿cuál puede ser el lenguaje o el papel distintivo del negro de la feminista y cómo identificamos el lugar desde el cual hablamos? ¿Podemos hacer las concesiones necesarias para tener la aceptación de las tendencias dominantes y aún así trabajar por una crítica propia? ¿O el sueño de una crítica alternativa que es "simultáneamente subversiva y autoautentificadora" es la más utópica de todas las fantasías subculturales?[6]

La revolución crítica negra

En un ensayo con un argumento espléndido titulado "Generational Shifts and the Recent Criticism of Afro-American Literature",

[6] Véase Jonathan Dollimore, "Shakespeare, Cultural Materialism and the New Historicism", en: Jonathan Dollimore y Alan Sinfield (eds.), *Political Shakespeare: New Essays in Cultural Materialism* (Ithaca: Cornell University Press, 1985): 15. (En este ensayo, "tendencias dominantes" corresponde a *mainstream* en inglés, N. de la T.)

Houston Baker se sirvió de las obras de Thomas Kuhn y Lewis Feuer para dar cuenta de las transformaciones en la crítica afronorteamericana desde la década de 1950 hasta principios de la de 1980. En su opinión, el conflicto intergeneracional y las presiones de los intereses de las clases en ascenso pueden explicar el movimiento hacia una alianza con las tendencias dominantes [*mainstream*].[7] Aunque el ensayo de Baker es la descripción más importante y coherente que tenemos de la revolución crítica negra, su concepto de *cambio generacional* plantea varios problemas. En primer lugar, las personas que hacen crítica pueden ser encasilladas en generaciones de manera precisa, pues como nos lo recuerda David Riesman, la gente "no nace en tandas, como los *panqueques*, sino que nace de forma continua".[8] Además, los cambios dentro de los campos críticos no pueden considerarse, simplemente, desde una perspectiva generacional, pues antes que aferrarse obstinadamente a paradigmas originales hasta la muerte en las humanidades, la gente inteligente a menudo transforma y revisa su posición teórica a la luz de nuevas ideas. En la crítica feminista la tendencia de escritoras como Toril Moi a construir rígidas oposiciones binarias de pensamientos feministas sin considerar las complejas permutaciones e intercambios en el interior del discurso feminista actual ignora los contextos históricos en que comenzaron las ideas y el proceso de autocrítica y revisión que las ha mantenido vivas.[9]

Un segundo problema en el ensayo de Baker, y con la historia crítica afronorteamericana en general, es que no presta suficiente atención al género y al papel de las mujeres negras en la forma

[7] Houston A. Baker, Jr., "Generational Shifts and the Recent Criticism of Afro-American Literature", en: *Black American Literature Forum* 15 (primavera de 1981): 3-21. Mi discusión de la teoría literaria afronorteamericana debe mucho al ensayo de Baker y a mis discusiones con él sobre los paralelos con la crítica feminista.

[8] Citado por Werner Sollers, *Beyond Ethnicity* (Cambridge: Harvard University Press, 1986): 209.

[9] Véase Toril Moi, *Sexual/Textual Politics* (Londres y Nueva York: Methuen, 1985). [Traducción al castellano: Toril Moi, *Teoría literaria feminista* (Madrid, Cátedra: 1988).]

del discurso tanto literario como crítico. Por lo tanto, al usar varias de las categorías de Baker intenté repensarlas también a la luz de los trabajos de las feministas negras.

Antes del movimiento por los derechos civiles, la crítica de la literatura afronorteamericana estaba dominada por una *poética integracionista* –un escepticismo con respecto a una conciencia negra unificada y la ambición de que los autores negros se incorporaran a las tendencias dominantes de la tradición literaria norteamericana–. Esta perspectiva fue articulada en las décadas de 1940 y 1950 por escritores y estudiosos como Richard Wright, Arthur P. David y Sterling Brown, que negaban cualquier especificidad a la *escritura negra* e insistían en que la literatura negra debía ser evaluada y juzgada a partir de los criterios de la comunidad crítica dominante. Como lo señaló Davis en 1941, en una introducción a *The Negro Caravan*, "el negro escribe en las formas desarrolladas por la literatura inglesa y norteamericana [...] Los editores consideraban que la escritura negra era escritura norteamericana y que la literatura de los negros norteamericanos formaba parte de la literatura norteamericana".[10] Así como a la población negra se le prometió igualdad de derechos con leyes como la decisión de 1954 de la Suprema Corte, los críticos integracionistas esperaban que la *escritura negra* ganara un lugar igualitario en la cultura literaria norteamericana. Mientras tanto, decían, los escritores negros "deben exigir un criterio único para la crítica" y rechazar cualquier consideración especial basada en la raza. El éxito excepcional de un escritor como Ralph Ellison era visto como la prueba de que un artista negro serio sería reconocido.

Sin embargo, la poética integracionista se basaba en la creencia optimista y engañada de que un "criterio único para la crítica" podría responder equitativa e inteligentemente a la escritura afronorteamericana, que el criterio *único* podría ser universal y

[10] Arthur Davis, Ulysses Lee y Sterling Brown (eds.), *The Negro Caravan* (Nueva York: Dryden Press, 1941). Durante la década de 1950, Davis y otros críticos afronorteamericanos imaginaron la desaparición final de las condiciones sociales que producían de modo identificable la literatura *de negros*.

no una camisa de fuerza cultural basada en valores literarios limitados y exclusivos de una élite.[11] En la práctica, la escritura negra, a menudo, era considerada inferior o con fallas por los críticos blancos que usaban la excusa de la poética integracionista. Además, aun cuando los escritores negros lograban algún reconocimiento con novelas de mujeres negras como *The Street* [*La calle*] (1946), de Ann Petry, y *Maud Martha* (1953), de Gwendolyn Brooks, eran marginadas por las comunidades literarias masculinas negras y blancas. Cómo lo señaló Mary Helen Washington, el "verdadero 'hombre invisible' de los cincuenta era la mujer negra".[12]

No obstante, la poética integracionista fue puesta en tela de juicio en la década de 1960 por la nueva ideología política que Stokely Carmichael llamó el Poder Negro. Al exigir un liderazgo y una identidad racial y el rechazo de los criterios racistas disfrazados de igualdad que ofrecía la sociedad blanca, el Poder Negro produjo el Movimiento por las Artes Negras, encabezado por intelectuales, artistas y escritores afronorteamericanos como Amiri Baraka (LeRoi Jones), Larry Neal, Addison Gayle, Jr. y Stephen Henderson. Estos dirigentes de la *intelligentsia* masculina negra insistieron en la singularidad y la autenticidad de la expresión negra, especialmente en la música y en las formas folclóricas, y rechazaron la idea de que un criterio uniforme de crítica proveniente de la cultura blanca podía servir para la interpretación y evaluación del Arte Negro. El Arte Negro propuso "un reordenamiento radical de la estética cultural de Occidente [...] un simbolismo, una mitología, una crítica y una iconología propios".[13] El término "negritud", surgido en París, el Caribe y el Africa francófona, celebraba la existencia de una conciencia artística negra única que trascendía la nacionalidad. Al decir de Melvin Dixon,

[11] Véase Baker, "Generational Shifts", ob. cit.: 3-4. La expresión *poética integracionista* proviene de este ensayo.

[12] Mary Helen Washington, "Rage and Silence in *Maud Martha*", en: Henry Louis Gates, Jr. (ed.), *Black Literature and Literary Theory* (Nueva York y Londres: Methuen, 1984): 258.

[13] Larry Neal, "The Black Arts Movement", en: Addison Gayle, Jr. (ed.), *The Black Aesthetic* (Nueva York: Doubleday, 1971): 272.

mediante el concepto de la negritud una "generación de negros dispersos en el mundo reclamó una parte de su identidad como miembros de la diáspora africana".[14]

En los Estados Unidos, la Estética Negra intentó producir "un código distintivo para la creación y evaluación del arte negro".[15] La *negrura* se volvió una categoría ontológica y crítica para evaluar la literatura afronorteamericana.[16] Stephen Henderson, uno de los principales teóricos de la Estética Negra, pensaba que el poema negro no debía considerarse aisladamente, como lo habían exigido los Nuevos Críticos, sino como una representación verbal en los contextos más completos de la *experiencia negra*, la "compleja galaxia de significados personales, sociales, institucionales, históricos, religiosos y míticos que afectan todo lo que decimos o hacemos como gente negra que comparte una herencia común".[17] Su valor solamente podía ser determinado por la comunidad interpretativa negra que compartía el *campo del alma* de la cultura afronorteamericana.[18]

De este modo la Estética Negra ofrecía la posibilidad de un discurso crítico literario negro coherente y autónomo, que no imitaba solamente la tradición blanca o tenía con ella una relación parasitaria, sino que poseía sus propias raíces, temas, estructuras, términos y símbolos provenientes de la cultura afronorteamericana. Además, la preferencia teórica que se daba la comunidad interpretativa negra a su vez concedía al crítico o a la crítica negra una especie de autoridad cultural que le permitía destacarse en su profesión. Como lo señala Baker, la afirmación de la negrura como

> categoría de existencia precisa y positiva [...] no sólo fue un acto político radical destinado a llevar a cabo las luchas de liberación

[14] Melvin Dixon, "Rivers Remembering Their Source", en: Robert Stepto y Dexter Fisher (eds.), *The Reconstruction of Instruction* (Nueva York: MLA, 1979): 25-26.

[15] Baker, "Generational Shifts", ob. cit.: 6.

[16] "Negrura" es aquí la traducción de *blackness*. (N. de la T.)

[17] Stephen Henderson, "The Forms of Things Unknown", en su libro *Understanding the New Black Poetry* (Nueva York: Morrow, 1973): 41.

[18] "Sentimiento" corresponde aquí a la expresión *Soul Field*. (N. de la T.)

> de los afronorteamericanos, sino también un acto crítico audaz destinado a quebrar el monopolio interpretativo con respecto a la cultura expresiva afronorteamericana, que desde tiempo inmemorial estaba en manos de una institución crítico-liberal blanca y babía establecido "un criterio único de crítica".[19]

La importancia de la Estética Negra en el establecimiento de la literatura afronorteamericana no puede sobrestimarse. Sin embargo, a muchos intelectuales negros también les pareció sectaria, chauvinista, mística y teóricamente débil. Si sólo los críticos negros tenían las calificaciones necesarias para interpretar la literatura negra en virtud de su experiencia racial, su miedo era que permaneciera eternamente encerrada en un ghetto.

En la práctica, también la preferencia teórica del artista revolucionario negro y la imaginación crítica negra estaban abiertas a acusaciones de sexismo. Los textos más importantes de la Estética Negra ignoraban o trataban condescendientemente la escritura crítica e imaginativa de las mujeres, de la misma forma que el Poder Negro había definido la posición de las mujeres en el movimiento, "boca abajo", con otra frase notoria de Stokely Carmichael.[20] En 1970, la comunidad literaria empezó a escuchar las voces de las críticas y escritoras feministas negras con la publicación de *The Bluest Eye* [*Ojos azules*], de Toni Morrison. Alice Walker daba cursos sobre escritoras negras en Wellesley y en la Universidad de Massachusetts a principios de la década de 1970 y dirigía a otras como Toni Cade Bambara a "la búsqueda de Zora", buscando verdaderamente a Zora Neale Hurston, ignorada por los críticos de la Estética Negra, viendo en ella la antecesora crítica y literaria de la tradición literaria femenina negra. Críticas feministas negras como Barbara Smith, Mary Helen Washington,

[19] Baker, "Generational Shifts", ob. cit.: 9.

[20] Véase Barbara Smith, "Toward a Black Feminist Criticism", en: Elaine Showalter (ed.), *The New Feminist Criticism* (Nueva York: Pantheon, 1985): 168-187; Deborah McDowell, "New Directions for Black Feminist Criticism", en *The New Feminist Criticism*, ob. cit.: 186-199; y Mary Helen Washington, "New Lives and New Letters: Black Women Writers at the End of the Seventies", *College English* 43 (enero de 1981): 1-11.

Gloria Hull y Barbara Christian formularon preguntas importantes sobre el lugar de las mujeres dentro del canon literario afronorteamericano y, en esa década, algunos teóricos de la Estética Negra, incluyendo a Stephen Henderson y Amiri Baraka, reconsideraron sus posturas anteriores. En la introducción a *Black Women Writers* [*Mujeres negras escritoras*] (1983), de Mari Evans, Henderson escribió que "Cuando las mujeres negras descubrieron un contexto político que incluía tanto la raza como el género, nuestra historia dio un giro especial y nuestra literatura dio un salto enorme hacia la madurez y la honestidad".

Pero, aunque se atendiera el problema del sexismo, había evidentes debilidades teóricas en la Estética Negra. El concepto de *raza* era romántico e ideológico; se ignoraban los nuevos adelantos de la crítica literaria. Para Houston Baker:

> La introspección defensiva de la Estética Negra –su atractivo manifiesto para un criterio de juicio crítico condicionado por la raza, revolucionario e intuitivo– hizo del nuevo paradigma un instrumento ideal de visión para quienes querían introducir en el mundo objetos de investigación afronorteamericanos nuevos y *sui generis*. Al fin y al cabo, sin embargo, esta introspección no podía responder los tipos de preguntas teóricas producidas por la entrada de esos objetos al mundo. En cierto sentido el investigador crítico-literario afronorteamericano –mediante un osado acto de imaginación crítica– había sido provisto de una tradición literaria única pero no de un vocabulario teórico distintivo con el que pudiera discutir esa tradición.[21]

El derrumbe político del Poder Negro, el advenimiento del movimiento de liberación de las mujeres y el impacto de la teoría literaria europea en los Estados Unidos, todos juntos llevaron la Estética Negra a la muerte. A fines de la década de 1970, la reemplazó una nueva ola de jóvenes intelectuales negros que aprovecharon el prestigio académico que había ganado la Estética Negra para la escritura negra, pero escépticos en cuanto a los planteos culturales del Movimiento del Arte Negro y en contra de su poética y

[21] Baker, "Generational Shifts", ob. cit.: 10.

sus políticas separatistas. Educados en centros deconstruccionistas tales como Cornell y Yale, estos críticos trataron de establecer una "estructura teórica sólida para el estudio de la literatura afronorteamericana", al situarla dentro del discurso de la teoría literaria posestructuralista. En vez de concebirse, fundamentalmente, como voceros del arte en la comunidad negra, con la misión de ayudar a crear una conciencia literaria negra revolucionaria en la sociedad norteamericana, se definieron como especialistas afronorteamericanos en la comunidad teórica, con la meta de producir "contribuciones importantes a la empresa de la teoría contemporánea de 'salvar el texto'".[22]

Entre los textos críticos más importantes de la generación que Houston Baker llama los *reconstruccionistas* hay dos antologías principales: *Afro-American Literature: The Reconstruction of Instruction* [*Literatura afronorteamericana: la reconstrucción de la instrucción*] (1979), editada por Robert B. Stepto, y Dexter Fisher, y *Black Literature and Literary Theory* [*Literatura negra y teoría literaria*] (1984), editada por Henry Louis Gates Jr. La "Introducción" de Stepto a *Afro-American Literature* aboga por una mezcla de enfoques (formal y cultural) para abordar el texto literario negro, que todavía se considera como el objeto de una práctica crítica negra y como el tema fundamental de una pedagogía afronorteamericana sofisticada y formalizada. *Afro-American Literature*, publicada por la Modern Language Association [Asociación de Lengua Moderna], representó la intersección de los estudios afronorteamericanos y el Departamento de Literatura Inglesa. Ofrecía maneras para que profesores de literatura norteamericana, cualquiera fuera su raza, pudieran aprender a ser lectores competentes de textos afronorteamericanos.

La antología de Gates va bastante más allá y podría fácilmente recibir el subtítulo de "la reconstrucción de la deconstrucción". Dedicada a la memoria de Charles Davis y Paul de Man, *Black Literature and Literary Theory* se presenta como un discurso crítico *de dos tonos* en su estructura, temas y retórica; se sitúa entre

[22] Íbid: 12; y Henry Louis Gates, Jr., "Criticism in the Jungle", en: *Black Literature and Literary Theory*: 9.

los estudios negros y la escuela de Yale. Su territorio textual es africano, caribeño y afronorteamericano, y su propósito es aplicar la teoría literaria contemporánea a la literatura negra. La antología comienza con un manifiesto deslumbrante de Gates sobre la deconstrucción negra: "Criticism in the Jungle" ["Crítica en la jungla"]. El título mismo tiene una voz doble, al igual que *Mumbo Jumbo* (1972) de Ishmael Reed, una novela central de la literatura negra en el canon de Gates que proporciona el epígrafe del ensayo. Gates parodia o significa a partir del manifiesto de crítica retórica de Geoffrey Hartman, *Criticism in the Wilderness* [*Crítica en el desierto*], publicado en 1980. Alude irónicamente a una imagen estereotipada de origen africano primitivo y exótico (cf. "The Congo", de Vachel Lindsay) y de esta manera literaliza la "selva sagrada" del texto de Hartman. Sugiere, astutamente, que la teoría negra debe abrirse paso no sólo en el indeterminado corazón de las tinieblas y en la selva cultural panafricana (el hogar del "mono significante" y del Muñeco de Brea),[23] sino también en la mucho más peligrosa jungla de pizarrones del debate crítico profesional.

Gates considera que su misión es salvar el texto negro de los contextos políticos e ideológicos que reprimieron sus sistemas de significación al ocuparse de él, más que como arte, como sociología, antropología o como un documento de la experiencia negra. Si la tradición negra ha de moverse "hacia las tendencias dominantes del debate crítico en la profesión", debe liberarse de la polémica y aplicar las enseñanzas del formalismo, el estructuralismo y el posestructuralismo. Gates es un vocero audaz y seguro de sí mismo para este nuevo programa:

> En la actualidad, la tradición literaria negra requiere, para su mantenimiento y crecimiento, de los tipos de lecturas que corresponden a la competencia especial del crítico literario, y estos ti-

[23] "Tar Baby", aquí traducido como "Muñeco de Brea", es un personaje de la cultura afronorteamericana que, en una de sus más conocidas leyendas y connotaciones, simboliza el juego entre la asimilación cultural y la conservación de la especificidad étnico-cultural. (N. de la T.)

> pos de lectura compartirán un interés fundamental con la naturaleza y las funciones del lenguaje figurativo tal como se manifiesta en textos específicos. No importa el fin que le demos a nuestras lecturas, nunca podemos perder de vista el hecho de que un texto no es una *cosa* fija sino una estructura retórica que funciona en respuesta a un complejo conjunto de reglas. Nunca puede relacionarse satisfactoriamente con una realidad exterior a sí mismo en una simple relación de uno a uno.[24]

Sin embargo, el proyecto reconstruccionista demostró tener dos problemas principales. En primer lugar, ¿quién es la persona calificada para hacer crítica de la literatura negra? En segundo lugar, ¿la crítica negra puede apropiarse de la teoría literaria occidental o blanca sin sacrificar su independencia e individualidad obtenidas con dificultad? En las fases anteriores de la crítica negra, las personas que hacían crítica negra, primero, fueron reacias o partidarias de la *escritura negra* de facto y, luego, entusiastas defensoras de la *literatura negra*. Durante el período de la Estética Negra, artistas e intelectuales negros o negras que se habían sentido frustrados por la condescendencia o indiferencia del establishment literario blanco hacia la escritura afronorteamericana proclamaron su autoridad crítica privilegiada en el interior de la tradición cultural negra. Sin embargo, durante la primera fase reconstruccionista, se abandonó el énfasis en la negrura del crítico o de la crítica ideal para favorecer el establecimiento de la literatura negra en el canon y se lo reemplazó por un interés en la pericia profesional. Para Stepto y Fisher en 1979, el profesor de literatura afronorteamericana ya no necesitaba ser negro, y la negrura no era garantía de autoridad para descifrar el texto. Más bien, el profesor debía saber leer las "metáforas culturales arraigadas", las "estructuras codificadas" y la "retórica poética" del texto afronorteamericano.[25]

Hacia 1984, afirma Gates, "el crítico o la crítica de literatura negra" ya no necesitaba tener una relación especial con la cultura afronorteamericana, ni un compromiso con el cambio social, obli-

[24] Gates, "Jungle", ob. cit.: 5, 8.

[25] Robert B. Stepto, citado en Baker, "Generational Shifts", ob. cit.: 12.

gaciones que ponen una carga sociológica imposible sobre el proyecto crítico de leer bien la literatura negra. En su lugar, el crítico o la crítica de literatura negra es un especialista intelectual que escribe "fundamentalmente para otros críticos o críticas de literatura".[26] Además, ya no puede ser una persona aficionada al tema, una lectora cualquiera, una artista o una profesora sin teoría, sino que debe venir de la comunidad profesional de la crítica literaria posestructuralista, con formación en las difíciles teorías nuevas y en las metodologías de la lectura, así como con un uso fluido de sus términos.

La retirada de la Estética Negra del populismo difícilmente podía ser más clara. Houston Baker, un crítico que intentó mediar entre la antropología cultural de la Estética Negra y el posestructuralismo, y cuyo ensayo sobre Ralph Ellison está incluido en *Black Literature and Literary Theory*, vincula el surgimiento del posestructuralismo negro con la aparición de profesionales de esa raza en la academia, "cuyo estatus de clase [...] y privilegios están [...] basados en su adherencia a criterios aceptados (o sea, blancos)". Baker afirma que, con la disminución de un gran público negro dispuesto a escuchar el discurso crítico o político después de la década de 1960, se produjo un "profesionalismo clasista entre los críticos o las críticas afronorteamericanas" que llevó a "imponer sobre la cultura afronorteamericana, a veces sin crítica alguna, teorías literarias tomadas de prominentes académicos blancos".[27] Mientras que Baker insiste en que los críticos o las críticas reconstruccionistas imponen estas teorías sin hacer un análisis riguroso de su etnocentrismo, Gates, como vimos, cree que la tradición literaria negra misma *exige* ser leída con estas formas teóricas sofisticadas, para "sustento y crecimiento", es decir, para conservar una curva crítica de crecimiento en el in-

[26] Gates, "Jungle", ob. cit.: 8. Ya en 1987 Gates había cambiado completamente este planteamiento: "No importa qué teorías adoptemos, tenemos más en común unos con otros que con cualquier otro crítico de cualquier otra literatura. Escribimos unos para los otros y para nuestros propios escritores contemporáneos". En: *Figures in Black* (Nueva York: Oxford University Press, 1987): XXII.

[27] Baker, "Generational Shifts", ob. cit.: 11.

terior de la academia que le dé paridad con la tradición dominante de Dante, Milton, Hölderlin y Rousseau.

Sin embargo, en una crítica más reveladora que estas objeciones sociológicas, Baker también se queja de que Gates simplifica y distorsiona las teorías de los estetas negros y crea, alrededor de la literatura, un círculo semiótico que separa el lenguaje literario de la conducta verbal de la cultura afronorteamericana y aísla el texto negro de los sistemas culturales complejos que dan significado a sus palabras. La respuesta de Gates es poner en tela de juicio la noción de un sujeto negro unificado desde una perspectiva tomada del posestructuralismo. Tanto en su introducción como en su propio ensayo sobre Ellison y Reed, Gates acentúa esta crítica del "individuo negro trascendental, íntegro y completo, autosuficiente y amplio, el 'siempre ya' significado negro, accesible a la representación literaria en formas occidentales establecidas, como lo sería el agua sacada de un pozo oscuro y profundo".[28]

Pero, a pesar de su retórica crítica, Gates no está completamente preparado para abandonar ya sea la política de la presencia negra o un sentido vívidamente particularizado de la cultura afronorteamericana y el habla vernacular negra; y hay en su ensayo varias contradicciones y tensiones que apuntan a un deseo distinto, aunque reprimido. A menudo alude a una "diferencia negra significante" producida por el proceso de aplicar la teoría literaria al texto negro, como si éste fuera un catalizador tan poderoso que su combinación con la deconstrucción "cambiara" explosivamente "tanto la teoría recibida como las ideas recibidas sobre el texto".[29] Además, su experto anónimo, "el crítico de literatura negra", a veces se fusiona con un crítico negro más personal y específico que lucha por representar en las lenguas occidentales etnocéntricas un *yo negro* que convierte la negrura en una imagen de ausencia y negación. Este crítico negro habla un lenguaje afro-

[28] Henry Louis Gates, Jr., "The Blackness of Blackness: A Critique of the Sign and the Signifying Monkey", en: *Black Literature and Literary Theory*, ob. cit.: 297.

[29] Gates, "Jungle", ob. cit.: 9.

norteamericano "que hace muy nuestra la tradición negra", al igual que el lenguaje profesional de Ithaca o New Haven.[30]

Estos conflictos entre la centralidad académica y una tradición negra y una *crítica propia* se acentuaron aún más con la crítica más reciente. Últimamente, al crítico negro y a las críticas o críticos de literatura negra se les unieron críticos y críticas que vienen del Tercer Mundo y personas que trabajan sobre la literatura del Tercer Mundo, cuyo tema es "la extraña dialéctica entre el uso formal del lenguaje y la inscripción de diferencias raciales metafóricas".[31] ¿Metafóricas? Sí, según la figura más relevante de este grupo, de nuevo el teórico Henry Louis Gates, Jr., que editó un número especial de la publicación *Critical Inquiry* llamado "'Race', Writing, and Difference" ["*Raza*, escritura y diferencia"] en el otoño de 1985: "Como criterio significativo dentro de las ciencias biológicas, hace mucho tiempo que la raza ha sido reconocida como una ficción. Cuando hablamos de 'la raza blanca' o 'la raza negra', 'la raza judía' o 'la raza aria', hablamos en términos biológicos erróneos y, en forma más general, en metáforas".[32] Como lo señala Anthony Appiah, "aparte de las características morfológicas visibles como la piel, el cabello y los huesos, por las que nos inclinamos a clasificar a la gente en las categorías raciales más amplias -negra, blanca, amarilla-", la investigación genética actual demuestra que hay pocas características biológicas de *raza*.[33] Con excepción de estas *diferencias notorias* insignificantes, el tipo de identidad racial negra positiva por la que abogaba W. E. B. Du Bois y que incluía una tradición común, una historia y un lenguaje, es, entonces, completamente acientífica y "debe desaparecer".(27) En el nivel celular o mitocóndrico, según Appiah, la raza tiene poca relación con las diferencias biológicas entre la gente. Entonces, de lo que estamos hablando es de una construcción lingüística.

30 Íbid: 8.

31 Gates, "Introduction", *Critical Inquiry* 12, núm. 1 (otoño de 1985): 6.

32 Gates, "Writing, 'Race' and the Difference It Makes", en íbid.: 5, 6.

33 Anthony Appiah, "The Uncompleted Argument: Du Bois and the Illusion of Race", en: íbid.: 21-22.

Mientras que algunos críticos negros, como Houston Baker podrían señalar que "el movimiento hacia el terreno común del discurso académico sutil [...], al fin de cuentas, no es muy útil en un mundo donde los taxistas de Nueva York casi nunca piensan en las mitocondrias antes de negarse a llevarme",[34] el desplazamiento de la *raza* como una categoría retórica fundamental en el estudio de la escritura y la formación de la teoría crítica pareciera ser el destino manifiesto de la crítica negra; le da un acceso ilimitado a la literatura del Tercer Mundo, la colonial y la occidental, dándole un término fundamental como el de clase para la crítica marxista. Una de las ventajas principales de la categoría *raza* es que problematiza lo dominante al igual que lo Otro y ofrece una manera de hablar sobre formas y géneros *occidentales* o *blancos*. Además, el énfasis en la *raza* es una solución brillante al problema de la indiferencia institucional hacia la tradición literaria negra. Si la crítica negra requiere experiencia en el texto negro, habrá muchos *otros críticos de literatura* importantes que nunca serán aceptados. No hay manera de hacer que Jacques Derrida lea a Toni Morrison o a Ishmael Reed. Pero cuando el tema es la inscripción retórica de la *raza*, Derrida puede ser traído al interior del círculo hermenéutico de la crítica del Tercer Mundo con toda legitimidad con un ensayo político sobre Sudáfrica, mientras que sería muy difícil incluirlo en el proyecto reconstruccionista, a menos que sea como mentor.

No obstante, desde otro punto de vista, la aceptación de la *raza* también señala un evidente cambio de dirección que se aleja de la crítica afronorteamericana. Destacar el término *raza* no sólo señala el cuestionamiento del esencialismo racial, sino también el desdibujamiento de la identidad negra y un canon literario afronorteamericano. El número reducido de críticos literarios afronorteamericanos que aparecen en el volumen resulta sorprendente. En un número siguiente, incorporado a la versión publicada como libro por la Universidad de Chicago, se agregaron textos de Jane Tompkins, Christopher Miller y Tzvetan Todorov, y una discusión entre

[34] Houston Baker, Jr., "Caliban's Triple Play", en: *Critical Inquiry* 13, núm 1 (otoño de 1986): 186.

dos críticos activistas sudafricanos y Derrida. La mayoría de estos ensayos son muy buenos y algunos son, incluso, brillantes; lo que resulta perturbador en la publicación no es la calidad de la crítica, sino las implicaciones del hecho de que el primer número de *Critical Inquiry* editado por un crítico negro y dedicado al tema de la raza y la escritura tenga una lista de colaboradores prácticamente indistinguible de cualquier otro número de *Critical Inquiry*. La parte más inusitada del número es la sección de anuncios, al final, donde aparecen libros de Trudier Harris, Sunday Anozie y Hortense Spillers, entre otros. El lector o la lectora del volumen debe preguntarse si el advenimiento de la *raza* desplazará el estudio de la literatura negra y traerá de vuelta un canon familiar, ahora visto desde la perspectiva del tropo racial. También resulta perturbador que, si bien en la introducción de Gates el género recibe cierta atención retórica como una categoría fundamental del análisis crítico y fue una preocupación central en la obra reciente tanto de Gates como de Houston Baker, en este volumen la responsabilidad de ocuparse del género se deja casi por completo en manos de colaboradoras.[35] Por último, resulta revelador que, después de una crítica y una refutación enérgica a la contribución de Tzvetan Todorov en el debate, Gates todavía cree que el crítico contracultural debe usar el lenguaje dominante ya que es el único al que Todorov prestará un poco de atención: "Todorov no puede oírnos cuando usamos su palabrerío académico, Houston, ¿cómo va a oírnos si 'hablamos *ese* palabrerío', el palabrerío del habla negra?".[36] En el habla femenina vernácula de mi propio pasado, o como decía mi madre, ¿por qué hablarle a la pared? ¿Por qué todavía importa tanto ser oídos por los maestros de la teoría europea, que tienen mal oído, cuando otros públicos, distintos y más numerosos, quieren escuchar?

Estos aspectos del volumen son particularmente perturbadores porque en su ensayo introductorio Gates anuncia un cambio sig-

[35] La excepción es Sander L. Gilman, que escribió un ensayo sobre la raza y la sexualidad femenina que causó controversia.

[36] Henry Louis Gates, Jr., "Talkin' That Talk", *Critical Inquiry* 13, ob. cit.: 210.

nificativo en su propio pensamiento, un alejamiento de su postura desafiante reconstruccionista y se aproxima a un reconocimiento de los peligros de la asimilación y a un énfasis renovado en el establecimiento de bases culturales para la literatura negra: "Una vez pensé que nuestro acto más importante era *dominar* el canon de la crítica, *imitarlo y aplicarlo*, pero ahora creo que debemos volver a la tradición negra misma para desarrollar teorías críticas indígenas a nuestras literaturas". Ahora Gates advierte contra los peligros que yacen en el posestructuralismo negro y habla de la necesidad de que la crítica del Tercer Mundo "analice el lenguaje mismo de la crítica contemporánea, reconociendo de modo especial que los sistemas hermenéuticos no son universales, daltonianos, apolíticos o neutros. [...] El hecho de intentar adueñarnos de nuestros propios discursos mediante el uso no crítico de la teoría occidental es sustituir un modo de neocolonialismo por otro".[37]

La revolución crítica feminista

Los debates en el campo de la teoría y la crítica afronorteamericana tienen muchos paralelos con lo que sucede en la comunidad crítica feminista, y las genealogías de la crítica feminista y la negra son sorprendentemente similares en muchos aspectos. Para subrayar los paralelos y para facilitar la referencia, di nombres a las diversas fases y modos que conforman la compleja totalidad de la crítica literaria feminista. Pero debe entenderse que ninguno de estos enfoques tiene la especificidad política e histórica exacta que pueden reclamar algunas de las etapas de la crítica afronorteamericana. Ninguna de estas fases que se superponen fue superada o desacreditada y, por lo general, cada una pasó por cambios considerables con un enérgico debate interno.

Antes del movimiento de liberación femenina, la crítica de la escritura de mujeres tenía la forma de una *poética andrógina* que negaba la singularidad de una conciencia literaria femenina y

[37] Gates, "Introduction", ob. cit.: 13, 15.

apoyaba un criterio único o universal para el juicio crítico, al que debían conformarse las escritoras. El movimiento de mujeres de la década de 1960 dio inicio a una *crítica feminista* de la cultura de los hombres y a una *Estética de Mujeres* que celebraba la cultura de las mujeres. A mediados de la década de 1970, la crítica feminista académica, asociada con el trabajo interdisciplinario en los estudios de mujeres, entró en una nueva fase de *ginocrítica*, o sea, el estudio de la escritura de mujeres. Debido al impacto de la teoría feminista y de la teoría literaria venida de Europea a fines de la década de 1970, la crítica feminista posestructuralista o *ginésica*, que se ocupaba de *lo femenino* en filosofía, lenguaje y psicoanálisis, se transformó en una influencia importante en todo el campo. Y, desde fines de la década de 1980, estamos presenciando el surgimiento de la *teoría de género*, el estudio comparativo de la diferencia sexual.

En contraste con la crítica negra, donde la poética integracionista al menos ya no es aceptable, la poética andrógina sigue teniendo muchas adeptas entre las escritoras, creando así un conflicto aparente entre escritoras y críticas del que se aprovechan los medios de comunicación. Muchas críticas feministas, hasta yo misma, se sintieron molestas cuando Gail Godwin y Cynthia Ozick atacaron la *Norton Anthology of Literature by Women* [*Antología Norton de literatura de mujeres*] con el argumento de que la imaginación creativa no tiene sexo y que el concepto de una tradición literaria de mujeres insultaba a aquellas que (como Godwin) se consideran discípulas de Joseph Conrad. No me parece muy probable que los escritores o las escritoras negras presenten objeciones semejantes a la *Norton Anthology of Black Literature* de próxima aparición, editada por el fenomenal e incansable Skip Gates.

No obstante, la poética andrógina, que puede ser una misoginia no revisada y que exige una *universalidad* espuria a la escritura de mujeres, tal y como sucedió con la poética integracionista en relación con los escritores y escritoras de raza negra, así como una forma de odio a sí misma, también habla en nombre de intereses verdaderamente serios y permanentes dentro de la crítica feminista. La posición andrógina fue articulada tempranamente por Mary Ellmann en *Thinking About Women* [*Pensar acerca de las mujeres*] (1969), que deconstruía ingeniosamente los efectos perniciosos del pensamiento por analogía sexual; y por Carolyn Heilbrun en *Toward a Recognition of Androgyny* [*Hacia un reconocimiento de la androginia*] (1973), que planteaba que "nuestra salvación futura radica en alejarse de la polarización sexual y de la prisión del género".[38] Entre las escritoras norteamericanas, quizá Joyce Carol Oates es la representante más persuasiva de esta posición. En un ensayo titulado "(Woman) Writer: Theory and Practice" ["Escritor(a): teoría y práctica"] (1986), Oates se queja de la categoría *mujer* o *género* en el arte: "Los temas son determinados culturalmente, no son determinados genéricamente. Y la imaginación, de por sí sin género, nos permite todas las cosas".

Sin embargo, desde la década de 1970, la mayoría de las críticas feministas rechazaron el concepto de una *imaginación* sin género y plantearon, desde diversas perspectivas, que la imaginación no puede escapar de las estructuras y censuras inconscientes de la identidad de género, a la vez que reconocen la necesidad que tienen autores y autoras de sentirse libres de clasificaciones. Estos argumentos quizá resalten la imposibilidad de separar la imaginación de un ser ubicado social, sexual e históricamente, como insiste con sentido común Sandra Gilbert:

> lo que al fin de cuentas se escribe es, conscientemente o no, escrito por la persona entera [...] Si quien escribe es una mujer que fue educada como tal –y no dudo de que sólo muy pocas hembras humanas biológicamente anómalas *no* fueron educadas como mujeres–, ¿cómo puede deslindarse su identidad sexual de su energía literaria? Incluso una negación de su feminidad [...] sería, seguramente, significativa para comprender la dinámica de su creatividad estética".[39]

[38] Carolyn G. Heilbrun, *Toward a Recognition of Androgyny* (Nueva York: Harper Colophon Books, 1973): IX.

[39] Sandra Gilbert, "Feminist Criticism in the University", en: Gerald Graff y Reginald Gibbons (eds.), *Criticism in the University* (Evanston: Northwestern University Press, 1985): 117.

Una crítica feminista más sistemática de la *imaginación* unificada y sin sexo de la escritora proviene del psicoanálisis lacaniano, que describe la escisión en el sujeto femenino dentro del lenguaje. En un mundo psicolingüístico estructurado por el parecido entre padre e hijo y por la primacía de la lógica masculina, la mujer es un espacio vacío o un silencio, el sexo invisible y desoído. Por consiguiente, en contraste con los problemas de *solamente el escritor* de la poética andrógina, la mayoría de las críticas feministas insisten en que la manera de luchar con el prejuicio patriarcal contra las mujeres no es negar la diferencia sexual sino desmantelar las jerarquías de género. No debe atacarse la diferencia sexual en sí, sino más bien su significado dentro de la ideología patriarcal: "división, opresión, desigualdad, inferioridad interiorizada para las mujeres".[40]

La primera ruptura con la poética andrógina fue la afirmación del ser mujer como algo positivo en la experiencia literaria. Como ocurrió en el desarrollo de una Estética Negra, la Estética de las Mujeres evolucionó durante los primeros años del movimiento de liberación de las mujeres como una reacción racial a un pasado en el que la supuesta meta de la literatura de mujeres había sido un paso sin roces a un terreno estético neutro y *universal*. En su lugar, la Estética de las Mujeres insistía en que la escritura de las mujeres expresaba una conciencia claramente femenina, que constituía una tradición literaria única y coherente y que la escritora que negaba su identidad femenina limitaba o incluso debilitaba su arte. Al mismo tiempo, una crítica feminista de la literatura y la crítica androcéntricas examinó la "misoginia de la práctica literaria: las imágenes estereotipadas de mujeres en la literatura como ángeles o como monstruos, el [...] hostigamiento textual de las mujeres en la literatura masculina popular y clásica y la exclusión de las mujeres de la historia literaria".[41]

[40] Michèle Barret, *Women's Oppression Today: Problems in Marxist Feminist Analysis* (Londres: Villiers, 1980): 112-113.

[41] Elaine Showalter, "The Feminist Critical Revolution", en *The New Feminist Criticism*, ob. cit.: 5.

Prácticamente todas las imágenes fortalecedoras y románticas de la independencia que caracterizaron la Estética Negra tienen su contrapartida en la Estética de las Mujeres. En contraste con la hegemonía de lo que caracterizaba como la *metodolatría* árida y elitista de la crítica patriarcal, la Estética de las Mujeres proponía el empoderamiento de la lectora común (no hay duda de que aquí también podríamos ver una concurrencia de la liberación femenina con lo que Terry Eagleton llamó el Movimiento de Liberación del lector) y la celebración de una conciencia intuitiva crítica femenina en la interpretación de los textos de mujeres. En paralelos sorprendentes con la Estética Negra, la Estética de Mujeres también hablaba de una nación desaparecida, de una patria perdida, de una lengua vernácula femenina o lengua materna y de una cultura de mujeres poderosa pero descuidada. Por ejemplo, en su introducción a una antología internacional de poesía de mujeres, Adrienne Rich presentó la atractiva hipótesis de una diáspora femenina:

> La idea de una cultura femenina común –dividida y en diáspora entre las culturas masculinas bajo las cuales y dentro de las cuales sobrevivieron las mujeres– fue, durante los últimos años, un tema persistente aunque indeciso del pensamiento feminista. Separadas de unas y otras por nuestras dependencias de los hombres –domésticamente, tribalmente y en el mundo de la influencia y las instituciones– nuestra primera necesidad fue reconocer y rechazar estas divisiones, la segunda fue comenzar a explorar todo lo que tenemos en común como mujeres que habitamos este planeta.[42]

Esta fase de rebeldía intelectual, ginocentrismo y separatismo crítico fue un período decisivo en la experiencia de las mujeres, que siempre habían desempeñado papeles subordinados como hijas académicas obedientes, asistentes de investigación, segundas lectoras y esposas de profesores. A través de la Estética de Mujeres, las mujeres experimentaron con la intención de inscribir un habla femenina en el discurso crítico y de definir una estilística crítica feminista basada en la experiencia de las mujeres. En "Toward a

[42] *The Other Voice* (Nueva York: Morrow, 1975): XVII.

Feminist Aesthetic" ["Hacia una estética feminista"] (1978), Julia Penelope Stanley y Susan J. Wolfe (Robbins) plantearon que "las percepciones singulares e interpretaciones de las mujeres requieren un estilo literario que refleje, capte y encarne la calidad de nuestro pensamiento", un "estilo discursivo y conjuntivo en lugar de un estilo de clasificación y distinción complejo, subordinador y lineal".[43]

La escritura feminista del mismo período, aunque vino de fuentes intelectuales radicalmente diferentes, también produjo el concepto de *écriture féminine*, analizando el estilo de las mujeres como un *efecto de escritura* de ruptura y subversión en la literatura de vanguardia, accesible tanto a hombres como mujeres, pero relacionado con la morfología sexual femenina o análogo a ella. El proyecto feminista francés de *escribir el cuerpo* es un esfuerzo particularmente fuerte y revolucionario de proporcionar a la escritura de las mujeres una autoridad basada en la diferencia genital y libidinal de las mujeres con respecto a los hombres. Aunque la crítica francesa del falocentrismo toma rumbos muy distintos en la obra de Hélène Cixous, Luce Irigaray y Julia Kristeva, todas exploran la posibilidad de un discurso femenino concéntrico. Sea clitorídeo, vulvar, vaginal o uterina, centrada en pulsiones semióticas, la maternidad o la *jouissance*, la teorización feminista de la sexualidad/textualidad femenina y su audacia poco convencional al violar tabúes patriarcales cuando descorre el velo que cubre a la Medusa, es un desafío estimulante al discurso fálico.

Sin embargo, la Estética de las Mujeres también tenía graves debilidades. Como lo señalaron atinadamente muchas críticas feministas, su énfasis en la importancia de la experiencia biológica femenina se acercó peligrosamente al esencialismo sexista. Sus esfuerzos por establecer una especificidad de la escritura femenina a través de la hipótesis de un lenguaje de mujeres, una patria perdida o una enclave cultural, no pudieron ser sustentados por la investigación. La identificación inicial con la amazona como una figura de autonomía y creatividad femeninas (en la obra de

[43] Adrienne Rich, "Toward a Feminist Aesthetic", en: *Chrysalis* 6 (1978): 59, 67.

Mónica Wittig y Ti-Grace Atkinson, entre otras) y con el separatismo lésbico como la forma política correcta para el compromiso feminista, fue al mismo tiempo demasiado radical y demasiado estrecha para un movimiento crítico de bases amplias. Los conceptos de estilo femenino o *écriture féminine* sólo describían un modo vanguardista de escritura de mujeres, y muchas feministas se sintieron excluidas por una estilística prescriptiva que parecía privilegiar lo no lineal, lo experimental y lo surrealista. En la medida en que la Estética de Mujeres sugería que sólo las mujeres estaban calificadas para leer textos de mujeres, la crítica feminista corría el riesgo de convertirse en un *ghetto*. Por último, el esencialismo del sujeto femenino universal y de la imaginación femenina se abría a acusaciones de racismo, especialmente debido a que los textos de mujeres negras rara vez eran citados como ejemplos. A medida que las mujeres negras y otras mujeres dentro del movimiento de mujeres se quejaron de la falta de atención a las diferencias de clase y raza, la idea de una cultura común de mujeres tuvo que ser reexaminada.

La ginocrítica, que evolucionó junto con la Estética de Mujeres en la década de 1970, fue un esfuerzo por resolver algunos de estos problemas. Identificó la escritura de mujeres como un tema central de la crítica feminista, pero rechazó el concepto de una identidad y un estilo esenciales femeninos. En un ensayo titulado "Feminist Criticism in the Wilderness" ["Crítica feminista en el desierto"] (1981), una respuesta a Geoffrey Hartman cuyo título ahora parece inadecuado en comparación con la brillante estocada de Skip Gates, presenté un alegato contra las fantasías feministas de una zona salvaje de la conciencia femenina o cultura fuera del patriarcado, insistiendo en que "no puede haber escritura ni crítica fuera de la cultura dominante". Por consiguiente, tanto la escritura de mujeres como la crítica feminista eran, por necesidad, "un discurso de dos voces que encarnaba tanto lo silenciado como lo dominante, hablando desde el interior tanto del feminismo como de la crítica".[44]

[44] Elaine Showalter, "Feminist Criticism in the Wilderness", en: *The New Feminist Criticism*, ob. cit.

Pero la ginocrítica se centró en los múltiples sistemas de significación de las tradiciones e intertextualidades literarias femeninas. Al estudiar la escritura de mujeres, las críticas feministas pusieron en tela de juicio los estilos prevalecientes de discurso crítico, los revisaron y también preguntaron si las teorías de la creatividad femenina podrían desarrollarse más bien desde el interior de la misma tradición literaria femenina. Bajo la influencia del campo interdisciplinario de los estudios de mujeres, aplicaron a sus lecturas de textos de mujeres teorías y términos producidos por la obra de académicas feministas como la historiadora Carroll Smith-Rosenberg, la psicóloga Carol Gilligan y la socióloga Nancy Chodorow. Ésta publicó un estudio que causó un fuerte impacto. *The Reproduction of Mothering* [*La reproducción de la maternidad*] (1978) es una revisión del psicoanálisis freudiano y de la psicología británica de relaciones de objeto con énfasis en la fase preedípica como el elemento clave en la construcción de la identidad de género.

La obra de Smith-Rosenberg, Chodorow y Gilligan llevó a una amplia gama de estudios de filosofía, historia social y religión, que hacen suyos los llamados *valores matriarcales* de la crianza, el cuidado, la no violencia y la conexión, a la vez que exhortan a la sociedad para que los adopte en su totalidad. Las críticas feministas emplearon metáforas de esta maternidad idealizada tanto en la búsqueda de una fuerte ascendencia literaria matrilineal como en el rechazo del método contrario en el discurso crítico. En un famoso y conmovedor ensayo, Alice Walker describió cómo las escritoras negras fueron a la "búsqueda del jardín de nuestras madres" rastreando hasta en las formas de arte no verbales la creatividad suprimida de las mujeres negras en la esclavitud y en la pobreza.[45] En notorio contraste con la poética edípica de la agresión, la competencia y la defensa presentada por Harold Bloom, algunas críticas feministas norteamericas propusieron una *poética femenina de afiliación* preedípica que depende del vínculo de la hija con la madre, donde el conflicto intergeneracional es

[45] Alice Walker, *In Search of Our Mother's Gardens* (San Diego: Harcourt, Brace, Jovanovich, 1983).

sustituido por la intimidad, la generosidad y la continuidad literaria femenina. Joan Lidoff, Judith Kegan Gardiner y Elizabeth Abel son algunas de las críticas feministas que consideran que las fluidas fronteras del ego de las mujeres afectan las convenciones de trama y género y desdibujan los límites entre la lírica y la narrativa, el realismo y el *romance*. Aquí es donde la Estética de Mujeres y el posmodernismo se unen en una celebración de la heterogeneidad, de fronteras que desaparecen y de la *différance*.

Aunque no puedo decir que soy una espectadora inocente en lo que concierne a la ginocrítica, yo diría que a lo largo de la década pasada ésta fue lo suficientemente amplia, poco dogmática y flexible como para acomodar muchas revisiones y críticas teóricas y también fue inmensamente productiva. En un período de tiempo relativamente corto, la ginocrítica produjo una vasta literatura crítica sobre escritoras, estudios convincentes de la tradición literaria femenina desde la Edad Media hasta el presente prácticamente en todas las literaturas nacionales, y libros importantes sobre lo que se denominó *género y género literario*:[46] la importancia del género en el establecimiento de las convenciones genéricas en formas que van del himno al *Bildüngsroman*. No obstante, muchas de las teorías ginocríticas originales sobre la escritura de mujeres se basaron, fundamentalmente, en textos de mujeres inglesas del siglo XIX, de modo que una crítica feminista negra como Hortense Spillers considera que "los temas ginocríticos de la investigación feminista reciente" están separados de una "comunidad de escritura de mujeres negras".[47] Sólo en los últimos años, el interés en la escritura de mujeres negras comenzó a ocuparse de este tema.

Un texto crucial de la ginocrítica es el estudio monumental de Sandra Gilbert y Susan Gubar, *La loca en el altillo* (1979). Gilbert y Gubar ofrecen una detallada lectura revisionista de la teoría de Harold Bloom sobre la ansiedad de la influencia. Convierten el paradigma freudiano de Bloom sobre la lucha edípica entre

[46] En inglés, "gender and genre". (N.de la T.)

[47] Hortense Spillers, en: Spillers y Marjorie Pryse (eds.), *Conjuring* (Bloomington: Indiana University Press, 1985): 261.

padres e hijos literarios en una teoría feminista de la influencia que describe las angustias de la escritora del siglo XIX en una cultura literaria patriarcal. En la década de 1980, bajo el fuerte influjo de la obra de Gilbert y Gubar, el programa teórico de la ginocrítica se caracterizó por una creciente atención al "análisis del talento femenino que lucha cuerpo a cuerpo con una tradición masculina", tanto en la literatura como en la crítica, un proyecto que definió tanto el texto literario femenino como el texto crítico feminista, como la suma de sus "actos de revisión, apropiación y subversión" y sus diferencias de "género, estructura, voz y trama".[48] La ginocrítica había recibido mucha de la fuerza que tenía de sus propiedades autorreflexivas como un modo de escritura femenina a dos voces; las ansiedades de la escritora del siglo XIX eran muy parecidas a las de la crítica feminista moderna al intentar irrumpir en la teoría literaria, el baluarte más defendido de la prosa patriarcal. Conforme las críticas feministas comenzaron a beneficiarse de su labor y a gozar de cierto prestigio y autoridad en la profesión de los estudios literarios, se agudizaron las preguntas sobre la complicidad entre el talento crítico feminista y la tradición crítica masculina, y los actos de revisión teórica, apropiación y subversión dentro de la ginocrítica misma dieron origen a una autoconciencia problemática y a veces obsesiva y culpable.

También, más o menos en esta época, conforme empezaron a aparecer informes sobre las feministas francesas en las publicaciones de estudios de mujeres y a medida que esas obras se volvieron más accesibles a las lectoras norteamericanas en traducciones, un nuevo grupo de críticas feministas entró al campo, principalmente a través de los departamentos de literatura francesa y de literatura comparada. Vieron la lingüística possaussureana, el psicoanálisis, la semiótica y la deconstrucción como las herramientas más poderosas para entender la producción de la diferencia sexual en el lenguaje, la lectura y la escritura y escribieron en un lenguaje principalmente accesible a otras críticas li-

[48] Elizabeth Abel, "Introduction", *Writing and Sexual Difference* (Chicago: University of Chicago Press, 1982): 2.

terarias más que a un público más amplio. A partir de la obra de Jacques Derrida, Jacques Lacan, Hélène Cixous, Luce Irigaray y Julia Kristeva, las críticas feministas franco norteamericas se centraron en lo que Alice Jardine llama *ginesis*: la exploración de las consecuencias y representaciones textuales de *lo femenino* en el pensamiento occidental. La deconstrucción prestó poca atención a las escritoras, individualmente o en grupo, pues, según señala Jardine, "para Derrida y sus discípulos la pregunta de cómo podrían las mujeres acceder al estatus de sujetos, escribir textos o adquirir sus propias firmas, son preguntas *falogocéntricas*".[49] Así es que algunas críticas feministas posestructuralistas insisten en que "la crítica feminista debe evitar 'el *ghetto* de la literatura de mujeres' [...] y regresar al enfrentamiento con 'el' canon".[50] Mientras que la ginocrítica observa la patrilinealidad y la matrilinealidad de la *obra* literaria femenina, la crítica feminista posestructuralista considera el *texto* literario como huérfano de padre y madre: su subjetividad feminista es un producto del proceso de lectura. Además, desde una perspectiva de ginesis, las fracturas en el discurso constituyen fracturas del sistema patriarcal.

La crítica ginésica fue una fuerza intelectual importante en el discurso feminista, pero el proyecto de ginesis también planteó varios problemas. En primer lugar, así como el posestructuralismo negro puso en duda el yo negro trascendente, la crítica feminista posestructuralista tuvo que luchar con la paradoja de las afiliaciones teóricas fundamentales que debilitan la noción misma de la subjetividad de las mujeres. Otros modos de crítica feminista tuvieron como meta específica el empoderamiento del sujeto femenino. En la Estética de Mujeres, la conciencia femenina era celebrada como una guía interpretativa; en la ginocrítica, la mujer crítica podía usar su propio enfrentamiento con la tradi-

[49] Alice Jardine, "Pre-Texts for the Transatlantic Feminist", *Yale French Studies* 62 (1981): 225, y *Gynesis: Configurations of Women and Modernity* (Ithaca: Cornell University Press, 1985): 61-63.

[50] Gayle Greene y Coppélia Kahn, "Feminist Scholarship and the Social Construction of Woman", en: Greene y Kahn (eds.), *Making a Difference: Feminist Literary Criticism* (Londres: Methuen, 1985): 24-27.

ción crítica masculina y su propia experiencia de escritura como una guía para comprender la situación de la escritora. Pero si las mujeres son las silenciadas y las reprimidas del discurso occidental, ¿cómo puede una teórica feminista hablar *como* una mujer sobre las mujeres o sobre cualquier otra cosa? Como pregunta Shoshana Felman, "Si *la mujer* es, precisamente, lo *otro* de cualquier centro concebible de habla teórica occidental, ¿cómo puede la mujer como tal hablar en este libro? ¿Quién habla aquí y quién afirma la otredad de la mujer"?[51] Kaja Silverman también admite que "la relación del sujeto femenino con la teoría semiótica es [...] necesariamente una relación ambivalente. La teoría le ofrece una comprensión sofisticada de su condición cultural actual, pero también parece confinarla para siempre al estatus de una entidad que debe ser vista, hablada y analizada".[52] Los problemas retóricos de expresar un yo masculino negro, a los que Gates alude brevemente en "Criticism in the Jungle", son mucho menos incapacitadores que la carga, inherente a una crítica feminista de ginesis que depende necesariamente y por definición de la teoría psicoanalítica, de hablar desde la posición femenina de ausencia, silencio y carencia.

Además, mientras que las feministas posestructuralistas desempeñaron un papel importante dentro del posestructuralismo como traductoras y defensoras, y también como críticas, de los teóricos europeos, los hombres feministas que participaron en la ginesis, con algunas destacadas excepciones (como Neil Hertz, Stephen Heath y Andrew Ross), por lo general se presentaron como maestros metacríticos de lo femenino más que como estudiantes de la escritura de mujeres o críticos de la masculinidad. Cuando el crítico australiano Ken Ruthven (a veces llamado el Cocodrilo Dundee del feminismo masculino) señala en su libro *Feminist Literary Studies: An Introduction* [*Estudios literarios feministas: una introducción*] que "la *problemática* femenina es

[51] Shoshana Felman, "Woman and Madness: The Critical Phallacy", en: *Diacritics* 5 (1975): 10.

[52] Kaja Silverman, *The Subject of Semiotics* (Nueva York: Oxford University Press, 1983): VIII.

demasiado importante para ser dejada en manos de feministas anti-intelectuales" y que podría someterse a un examen metacrítico más riguroso realizado por hombres imparciales como él, es difícil no tener sospechas. Ya que cuando se llega al fondo del asunto, según Ruthven, la crítica feminista es "sólo otra manera de hablar sobre libros", y puesto que él "se gana la vida hablando de libros" sería grosero (o como de niñas) intentar excluirlo de la conversación.[53] En otros casos, como lo sé por triste experiencia, *los feministas* ni siquiera se molestan en leer los textos críticos feministas a los que supuestamente dan respuesta, pues siempre saben de antemano lo que piensan las mujeres. El posestructuralismo y el feminismo son una pareja crítica aceptada y casi obligatoria en la década de 1980, pero todavía tienen que trabajar mucho para mejorar su relación.

Por último, algunas discusiones recientes de feministas posestructuralistas en torno a lo que llaman la crítica feminista *anglo-norteamericana* fueron sorprendentemente *ad feminam* y severas; introdujeron un tono de acritud en lo que esperábamos fuera una empresa mutua y pluralista, y provocaron ataques igualmente destemplados a la *teoría* en respuestas defensivas. Es indudable que existen verdaderos problemas en juego en los debates teóricos y también luchas por lo que Evelyn Fox Keller llamó el poder epistémico en el escenario crítico feminista. Pero la polarización del discurso feminista en líneas paralelas parece particularmente desafortunada en momentos en que existe un intercambio de ideas tan animado. Mientras *La loca en el altillo* no fue traducida al francés, la crítica de ginesis fue leída extensamente por las críticas feministas norteamericanas; modificó el trabajo norteamericano en la ginocrítica y viceversa. No es de extrañar, por ejemplo, que Sandra Gilbert editara la primera traducción al inglés de *La Jeune Née* de Cixous y Catherine Clément o que, por su parte, Barbara Johnson esté trabajando sobre escritoras negras. Las complejas heterogeneidades del discurso feminista contemporáneo no pueden reducirse a oposiciones jerárquicas.

[53] Ken Ruthven, *Feminist Literary Studies: An Introduction* (Cambridge: Cambridge University Press, 1985): 6.

La última modalidad crítica feminista, que crece a pasos agigantados, es la teoría de género, que corresponde al enfoque que hacen los críticos y las críticas del Tercer Mundo sobre *raza*. Dentro de la academia feminista norteamericana, el concepto de *género* se emplea para significar las construcciones sociales, culturales y psicológicas impuestas sobre la diferencia sexual biológica. Al igual que la *raza* o la *clase*, el *género* es una variable social fundamental de toda la experiencia humana. Dentro de la teoría de género, el objeto de la crítica feminista sufre otra transformación: a diferencia del énfasis en la escritura de mujeres que da contenido a la ginocrítica, o en la importancia de *lo femenino* dentro de la ginesis, la teoría de género explora la inscripción ideológica y los efectos literarios del sistema de sexo/género: "ese conjunto de disposiciones mediante el cual el material bruto y biológico del sexo y la procreación es moldeado por la intervención social humana".[54]

El interés en la teoría de género no se limita a la crítica feminista, sino que también apareció en el pensamiento feminista en los campos de la historia, la antropología, la filosofía, la psicología y la ciencia. En "Anthropology and the Study of Gender" ["La antropología y el estudio del género"] Judith Shapiro explica que la meta de la investigación feminista no es centrarse en las *mujeres* y, de esta manera, reificar la marginación femenina, sino más bien "integrar el estudio de las diferencias de género a las actividades centrales de las ciencias sociales.[55] En las ciencias naturales, la obra innovadora de Evelyn Fox Keller, Ruth Bleier y Donna Haraway analizó "el papel crítico de la ideología de género al mediar entre las formas científicas y sociales".[56] En historia, el análisis más agudo fue realizado por Joan W. Scott. En un

[54] Gayle Rubin, "The Traffic in Women", en: Rayna Rapp Reiter (ed.), *Toward an Anthropology of Women* (Nueva York: Monthly Review Press, 1975): 165.

[55] Judith Shapiro, "Anthropology and the Study of Gender", en: Elizabeth Langland y Walter Gove (eds.), *A Feminist Perspective in the Academy* (Chicago: University of Chicago Press, 1983): 112.

[56] Evelyn Fox Keller, *Reflections on Gender and Science* (New Haven: Yale University Press, 1985): 3.

ensayo titulado "Gender: A Useful Category of Historical Analysis" ["El género: una categoría útil para el análisis histórico"], Scott esboza tres objetivos de la teoría de género: sustituir el determinismo biológico con el análisis de construcciones sociales en la discusión de la diferencia sexual; introducir los estudios comparativos de hombres y mujeres en el campo disciplinario específico y transformar los paradigmas disciplinarios al agregar el género como categoría analítica.[57]

¿Cuáles son las ventajas de la teoría de género para la crítica feminista? En primer lugar, la teoría de género insiste en que toda la escritura, no sólo la de mujeres, está dotada de género. Definir el objetivo de la crítica feminista como un análisis de género en el discurso literario abre de par en par el campo textual. También proporciona una manera de dejar al descubierto las suposiciones implícitas sobre el género en la teoría literaria, que finge ser neutra o sin género. En segundo lugar, el término *género*, como el de raza, problematiza lo dominante. La teoría de género promete introducir el tema de la masculinidad en la crítica feminista y traer hombres al campo en calidad de estudiantes, estudiosos, teóricos y críticos. Ya abrió la crítica feminista para incluir la consideración de la homosexualidad masculina, mediante el trabajo precursor de Eve Kosofsky Sedgwick y de varios escritores *gay*. En tercer lugar, el agregar el género como una categoría analítica fundamental en la crítica literaria, traslada la crítica feminista de las márgenes al centro y tiene un potencial transformativo y revolucionario como leemos, pensamos y escribimos. Pensar en función del género nos recuerda constantemente las otras categorías de diferencia que estructuran nuestras vidas y textos, así como teorizar el género resalta las relaciones entre la crítica feminista y otras revoluciones críticas de minorías.

Sin embargo, como sucede con la crítica del Tercer Mundo, es demasiado pronto para decir cómo funcionarán estas posibilidades. Un peligro es que los hombres sigan leyendo *género* como sinónimo de *feminidad* y que sigan pontificando sobre la represen-

[57] Joan W. Scott, "Gender: A Useful Category of Historical Analysis", en: *American Historical Review* 5 (noviembre de 1986).

tación de las mujeres sin aceptar los riesgos y las oportunidades de investigar la masculinidad o de analizar los subtextos de género de su propia práctica crítica. Otro peligro, aparentemente paradójico pero en realidad relacionado, es que el género se convierta en un término posfeminista que declare obsoleto, o lo que Ruthven denuncia como *separatista*, el estudio de las mujeres y de su escritura. El riesgo más inquietante es que los estudios de género despoliticen la crítica feminista, que los hombres declaren un interés en lo que uno de mis colegas llamó hace poco *género y poder*, aunque se nieguen a llamarse a sí mismos feministas. Después de todo, tanto Ronald Reagan como Sylvester Stallone están interesados en el género y en el poder. En algunos aspectos, como reconoce Joan Scott, el término *género* parece trascender la política del feminismo y prometer una perspectiva académica "más neutra y objetiva", sin duda más aceptable para los hombres, que el enfoque en *las mujeres*.[58] No obstante, pese a los riesgos, ninguno de estos resultados es inevitable. El género puede ser una expansión importante de nuestro trabajo, más que un desplazamiento o una despolitización, si se define dentro de un marco feminista que sigue comprometido con la lucha que continúa contra el sexismo, el racismo y la homofobia.

Repetición y diferencia

¿Adónde vamos ahora? Los paralelos entre la crítica afronorteamericana y la crítica feminista muestran cuán problemática es la idea de un yo unificado *negro* o *femenino*. Ya sea que nos detenga el escepticismo lingüístico del posestructuralismo o nuestro reconocimiento de las diferencias entre las mujeres, en la actualidad, las críticas Feministas ya no pueden hablar como mujeres y de mujeres con la autoridad desinhibida del pasado. Nos dicen que el sujeto femenino está muerto, una posición y no una persona. Nuestro dilema llegó, incluso, a las páginas del *New Yorker*. En el cuento de Tama Janowitz titulado "Engagements", una es-

[58] Joan Scott, "Gender", ob. cit.: 1065.

tudiante de posgrado en crítica feminista de la universidad de Yale toma apuntes mientras su desconsolada profesora le cuenta cómo fue atacada por intentar hablar de *las mujeres* y *la identidad femenina* en un coloquio de la Poética de Género.[59] Sin derecho a la subjetividad o a la identidad de grupo, ¿cómo podemos tener una crítica feminista propia?

Los críticos negros y las críticas negras y los del Tercer Mundo, perseguidos por los mensajes del posestructuralismo, se enfrentan ahora al mismo dilema. ¿Existe una posición del crítico o de la crítica y hay una para el sujeto? Gates pregunta si "el crítico o la crítica de literatura negra adquiere su identidad paródicamente, por decirlo así, como lo hace un loro", pero concluye con optimismo que "somos capaces de lograr la diferencia a través de la repetición" al examinar un objeto crítico diferente.[60] Homi Bhabha trata este tema en los contextos del discurso colonialista al mencionar "la imitación" como una forma de "desobediencia civil dentro de la disciplina de la cortesía: se trata de signos de una resistencia espectacular".[61] En *Ese sexo que no es uno*, Luce Irigaray también sitúa la fuerza subversiva del discurso feminista en una mimesis juguetona, una imitación tanto del discurso falocéntrico que excede su lógica como de la posición femenina dentro de ese sistema. Sin embargo, jugar con la mimesis no puede ofrecernos autoridad excepto en turnos estelares individuales, sobre todo si la cultura dominante también quiere jugar con nuestra *mesis*. Y, al imitar el lenguaje de lo dominante, ¿cómo podemos garantizar que la imitación se *entienda* como ironía, como resistencia pasiva, *camp* o diferencia feminista y no una simple derivación?

La crítica feminista no puede permitirse quedarse con la imitación o abandonar la idea de la subjetividad femenina, incluso si la aceptamos como construida o metafísica. Parafraseando a Baker, los clubes masculinos raramente piensan en la metafísica an-

[59] Publicado nuevamente en Tama Janowitz, *Slaves of New York* (Nueva York: Crown, 1986).

[60] Gates, "Jungle", ob. cit.: 10.

[61] Homi Bhabha, "Signs Taken for Words", en *Critical Inquiry* 12, ob. cit.: 162.

tes de excluir a las mujeres; necesitamos lo que Gayatri Spivak llama un *esencialismo estratégico* para combatir el patriarcado.[62] Tampoco podemos abandonar nuestra investigación de la historia literaria de las mujeres, ni abandonar la creencia de que mediante una lectura cuidadosa de textos de mujeres desarrollaremos una crítica propia que sea tanto teórica como feminista. Vale la pena llevar a cabo esta tarea por su desafío intelectual y por su contribución a una teoría de la literatura verdaderamente amplia, más que por su *defensa* de los dones creativos de las mujeres. La meta que Virginia Woolf imaginó en 1928 para las escritoras y críticas –trabajar en la pobreza y la oscuridad para el advenimiento de la hermana de Shakespeare– ya no parece ni significativa ni necesaria. Nuestra empresa no se levanta ni se cae al demostrar algún tipo de paridad con el *genio* crítico o literario masculino; asumiendo que una Shakespeare o una Derrida serían reconocidas, el cuestionamiento de la idea misma de *genio* es parte del legado que nos dejó Woolf.

A pesar de nuestra conciencia de la diversidad y la deconstrucción, nosotras, las críticas feministas, no podemos depender de las fracturas de la ginesis en el discurso para producir el cambio social. Durante una época en la que muchos de los escasos logros de los movimientos de las mujeres y de derechos civiles sufren amenazas o pueden verse por la nueva derecha; cuando, indudablemente, existe un contraataque dirigido contra lo que los Bennetts y Blooms consideran un *exceso* de poder negro y femenino en la universidad, existe una necesidad apremiante de afirmar la importancia de pensadores y pensadoras, oradores y oradoras, lectores y lectoras y escritores y escritoras de raza negra y mujeres. Puede ser que la *Otra Mujer* sea transparente o invisible para algunas personas, pero es todavía un recuerdo vivo, importante y necesario para nosotras.

[62] Véase Gayatri Chakravorty Spivak, *In Other Worlds: Essays in Cultural Politics* (Londres y Nueva York: Routledge, 1987).

Índice

Se terminó de imprimir en el mes de agosto de 2001
en Latingráfica, Rocamora 4161,
Buenos Aires, Argentina.
Se tiraron 2.000 ejemplares.

www.ingramcontent.com/pod-product-compliance
Lightning Source LLC
Chambersburg PA
CBHW062159270326
41930CB00009B/1586
9789505574230